『居宅サービス計画ガイドライン Ver.3』ご購入の皆さまへ

厚生労働省の通知を受けた
『居宅サービス計画ガイドライン Ver.3』の考え方について

全国社会福祉協議会

　この度は、本書をお買い求めいただき、誠にありがとうございます。
　令和6年4月より、介護支援専門員の法定研修カリキュラムにおいて「適切な
ケアマネジメント手法」が盛り込まれることをふまえ、当該手法との整合性を図
る観点から、厚生労働省老健局認知症施策・地域介護推進課長通知「『介護サー
ビス計画書の様式及び課題分析標準項目の提示について』の一部改正について」
（令和5年10月16日付／老認発1016第1号）が発出されました。これは、厚
生省老人保健福祉局企画課長通知「介護サービス計画書の様式及び課題分析標
準項目の提示について」（平成11年11月12付／老企発第29号／最終改正：令
和3年3月31日）にある別紙4「課題分析標準項目」を改正するものです。
　また、同日、同課事務連絡「『課題分析標準項目の改正に関するQ＆A』の発
出について」が発出されており、「情報収集項目がこれまでと変わるわけではな
い」こと、「『項目の主な内容（例）』について、（略）全体的に具体的な加筆を増
やしているが、これらの内容についてすべての情報収集を行うことを求めるもの
ではない」こと、改正内容は「利用者の課題分析に必要な情報を判断するための
例示であること」、各保険者における「実地指導等において、「項目の主な内容
（例)」に記載されている内容が把握されてないことのみをもって、アセスメン
トが適切に行われていないと判断し、基準違反とすることが無いよう」にするこ
と、などが記載されています。
　『居宅介護サービス計画ガイドライン Ver.3』は各項目の改正内容をすでにカ
バーしており、本通知を受けて様式変更を行う予定はありません。現在の様式で
十分に利用者に沿ったアセスメントを行うことが可能と考えております。
　したがって、下記の2点について、修正および差し替えをお願いいたします。
　皆様におかれては、趣旨をご理解のうえ、引き続き本書を今後のアセスメント
にご活用いただき、個々人の状況に応じたアセスメントを実施してくださいま
すようお願いいたします。

記

1．P142　1行目

修正前	修正後
厚生労働省は、平成11年11月12日に	厚生労働省は、平成11年11月12日に

老企29・各都道府県介護保険主管部（局）長宛の厚生労働省老人保健福祉局企画課長通知「介護サービス計画書の様式及び課題分析標準項目の提示について」を発出した。その後数度の改正が行われたが、令和3年3月31日に、さらに一部改正された。そのため、一部改正された「介護サービス計画書の様式及び課題分析標準項目の提示について」を以下に示すこととする。 平成11年11月12日　老企29・各都道府県介護保険主管部（局）長　宛 厚生省老人保健福祉局企画課長通知 最終改正　令和3年3月31日	老企29・各都道府県介護保険主管部（局）長宛の厚生労働省老人保健福祉局企画課長通知「介護サービス計画書の様式及び課題分析標準項目の提示について」を発出した。その後数度の改正が行われたが、令和5年10月16日に、さらに一部改正された。そのため、一部改正された「介護サービス計画書の様式及び課題分析標準項目の提示について」を以下に示すこととする。 平成11年11月12日　老企29・各都道府県介護保険主管部（局）長　宛 厚生省老人保健福祉局企画課長通知 最終改正　令和5年10月16日

2．P.160 中ほど-161「Ⅱ．課題分析標準項目」
　　以下に差し替え

基本情報に関する項目

No.	標準項目名	項目の主な内容(例)
1	基本情報（受付、利用者等基本情報）	居宅サービス計画作成についての利用者受付情報（受付日時、受付対応者、受付方法等）、利用者の基本情報（氏名、性別、生年月日、住所、電話番号等の連絡先）、利用者以外の家族等の基本情報、居宅サービス計画作成の状況（初回、初回以外）について記載する項目
2	これまでの生活と現在の状況	利用者の現在の生活状況、これまでの生活歴等について記載する項目
3	利用者の社会保障制度の利用情報	利用者の被保険者情報（介護保険、医療保険等）、年金の受給状況（年金種別等）、生活保護受給の有無、障害者手帳の有無、その他の社会保障制度等の利用状況について記載する項目
4	現在利用している支援や社会資源の状況	利用者が現在利用している社会資源（介護保険サービス・医療保険サービス・障害福祉サービス、自治体が提供する公的サービス、フォーマルサービス以外の生活支援サービスを含む）の状況について記載する項目
5	日常生活自立度（障害）	「障害高齢者の日常生活自立度（寝たきり度）」について、現在の要介護認定を受けた際の判定（判定結果、判定を確認した書類（認定調査票、主治医意見書）、認定年月日）、介護支援専門員からみた現在の自立度について記載する項目

6	日常生活自立度（認知症）	「認知症高齢者の日常生活自立度」について、現在の要介護認定を受けた際の判定（判定結果、判定を確認した書類（認定調査票、主治医意見書）、認定年月日）、介護支援専門員からみた現在の自立度について記載する項目
7	主訴・意向	利用者の主訴や意向について記載する項目 家族等の主訴や意向について記載する項目
8	認定情報	利用者の認定結果（要介護状態区分、審査会の意見、区分支給限度額等）について記載する項目
9	今回のアセスメントの理由	今回のアセスメントの実施に至った理由（初回、要介護認定の更新、区分変更、サービスの変更、退院・退所、入所、転居、そのほか生活状況の変化、居宅介護支援事業所の変更等）について記載する項目

課題分析（アセスメント）に関する項目

No.	標準項目名	項目の主な内容(例)
10	健康状態	利用者の健康状態及び心身の状況（身長、体重、BMI、血圧、既往歴、主傷病、症状、痛みの有無、褥そうの有無等）、受診に関する状況（かかりつけ医・かかりつけ歯科医の有無、その他の受診先、受診頻度、受診方法、受診時の同行者の有無等）、服薬に関する状況（かかりつけ薬局・かかりつけ薬剤師の有無、処方薬の有無、服薬している薬の種類、服薬の実施状況等）、自身の健康に対する理解や意識の状況について記載する項目
11	ADL	ADL（寝返り、起きあがり、座位保持、立位保持、立ち上がり、移乗、移動方法（杖や車椅子の利用有無等を含む）、歩行、階段昇降、食事、整容、更衣、入浴、トイレ動作等）に関する項目
12	IADL	IADL（調理、掃除、洗濯、買物、服薬管理、金銭管理、電話、交通機関の利用、車の運転等）に関する項目
13	認知機能や判断能力	日常の意思決定を行うための認知機能の程度、判断能力の状況、認知症と診断されている場合の中核症状及び行動・心理症状の状況（症状が見られる頻度や状況、背景になりうる要因等）に関する項目
14	コミュニケーションにおける理解と表出の状況	コミュニケーションの理解の状況、コミュニケーションの表出の状況（視覚、聴覚等の能力、言語・非言語における意思疎通）、コミュニケーション機器・方法等（対面以外のコミュニケーションツール（電話、PC、スマートフォン）も含む）に関する項目
15	生活リズム	１日及び１週間の生活リズム・過ごし方、日常的な活動の程度（活動の内容・時間、活動量等）、休息・睡眠の状況（リズム、睡眠の状況（中途覚醒、昼夜逆転等）等）に関する項目

16	排泄の状況	排泄の場所・方法、尿・便意の有無、失禁の状況等、後始末の状況等、排泄リズム（日中・夜間の頻度、タイミング等）、排泄内容（便秘や下痢の有無等）に関する項目
17	清潔の保持に関する状況	入浴や整容の状況、皮膚や爪の状況（皮膚や爪の清潔状況、皮膚や爪の異常の有無等）、寝具や衣類の状況（汚れの有無、交換頻度等）に関する項目
18	口腔内の状況	歯の状態（歯の本数、欠損している歯の有無等）、義歯の状況（義歯の有無、汚れ・破損の有無等）、かみ合わせの状態、口腔内の状態（歯の汚れ、舌苔・口臭の有無、口腔乾燥の程度、腫れ・出血の有無等）、口腔ケアの状況に関する項目
19	食事摂取の状況	食事摂取の状況（食形態、食事回数、食事の内容、食事量、栄養状態、水分量、食事の準備をする人等）、摂食嚥下機能の状態、必要な食事の量（栄養、水分量等）、食事制限の有無に関する項目
20	社会との関わり	家族等との関わり（家庭内での役割、家族等との関わりの状況（同居でない家族等との関わりを含む）等）、地域との関わり（参加意欲、現在の役割、参加している活動の内容等）、仕事との関わりに関する項目
21	家族等の状況	本人の日常生活あるいは意思決定に関わる家族等の状況（本人との関係、居住状況、年代、仕事の有無、情報共有方法等）、家族等による支援への参加状況（参加意思、現在の負担感、支援への参加による生活の課題等）、家族等について特に配慮すべき事項に関する項目
22	居住環境	日常生活を行う環境（浴室、トイレ、食事をとる場所、生活動線等）、居住環境においてリスクになりうる状況（危険個所の有無、整理や清掃の状況、室温の保持、こうした環境を維持するための機器等）、自宅周辺の環境やその利便性等について記載する項目
23	その他留意すべき事項・状況	利用者に関連して、特に留意すべき状況（虐待、経済的困窮、身寄りのない方、外国人の方、医療依存度が高い状況、看取り等）、その他生活に何らかの影響を及ぼす事項に関する項目

（参考）
・課長通知
　URL　https://www.wam.go.jp/gyoseiShiryou- files/documents/2023/
　　　　1017100924595/ksvol.1178.pdf

・事務連絡
　URL　https://www.mhlw.go.jp/content/001157102.pdf

居宅サービス計画ガイドライン Ver.3

地域共生社会の実現に向けてのケアプラン作成

社会福祉法人　全国社会福祉協議会

は じ め に

　平成12年度の介護保険制度創設時に、介護支援専門員が在宅の要介護者及び要支援者のための在宅版ケアプランである「居宅サービス計画」を作成することを支援するために、特に介護・福祉分野の長年の蓄積を基盤とし、さらにその普遍化を図ったアセスメント手法として本会が開発したものが『居宅サービス計画ガイドライン』（以下『ガイドライン』）です。

　『ガイドライン』ではアセスメントの基本的な考え方を整理し、アセスメント内容を記載する様式を作成・公開しました。様式の活用は原則自由とし、現在、全国の多数の介護支援専門員に本ガイドラインをご活用いただいています。

　『ガイドライン』の特徴としては、日々の介護を組み立てる職員（介護職・看護職等）と社会資源や家族との調整を行う職員（ソーシャルワーカー、保健師等）の発想や思考方法の違いを踏まえ、両者を統一してケアプランを作成できるようにいたしました。

　本会では『ガイドライン』の普及を通して、福祉の視点を活かしたケアマネジメントの推進をめざして発刊し、その後も一貫して、このような考え方に立ち、必要な改訂を加えてきました。

　今回の『ガイドライン』の改訂では、厚生労働省が令和3年3月に示した改訂内容を反映したことに加えて、地域包括ケアシステムの深化としての地域共生社会の実現に向けて、要介護者本人だけでなく家族全体を捉えた支援をすすめていくためのケアプランの展開ができるよう留意しました。

　介護支援専門員の皆さまが常に本書を手元に置き、支援の方向性やケアマネジメントに迷った際に、繰り返し立ち戻っていただける実践的な参考書となることを願っています。

　　令和5年2月

社会福祉法人 全国社会福祉協議会
常務理事　笹　尾　　　勝

『居宅サービス計画ガイドライン Ver.3 地域共生社会の実現に向けてのケアプラン作成』の刊行にあたって

　介護保険制度が導入され21年が経過したが、地域包括ケアシステムの深化としての地域共生社会の実現に向けて、社会的孤立など既存の制度の対象となりにくい課題や、いわゆる「8050」、ダブルケア、ヤングケアラー等の複合的課題を有する世帯に対する支援の必要性が指摘されるなかで、『居宅サービス計画ガイドラインVer.3　地域共生社会の実現に向けてのケアプラン作成』を刊行した。

　『居宅サービス計画ガイドライン』は、介護保険制度発足以降、多くの居宅介護支援事業者にご活用いただき、使いやすいとの好評を得てきた。今回の改訂のねらいは、地域共生社会の実現に向けて、一層活用しやすいものにすることと同時に、利用者本位の居宅サービス計画作成の考え方を再整理することにある。

　具体的なアセスメント用紙自体の変更内容としては、この間、アセスメント用紙の修正やその考え方を説明することで、単に要介護者の地域生活が可能になるよう支援するという目標を超えて、それぞれの要介護者がもつ「強さ（ストレングス）」を理解し、それをケアプランに活用していくことで、要介護者が自らの問題を自らの力で解決していくといったエンパワメント支援の考え方を強化してきた。さらに、今回の改訂では、地域共生社会の理念を具体的に展開できることを意図し、さらには要介護者やその介護者の生活問題を解決する指向に加えて、要介護者やその介護者の能力や意欲が活用された目標の達成を指向する支援にも視点をあてることにした。また、令和4年3月に厚生労働省が示した「介護サービス計画書の様式及び課題分析標準項目の提示について」の一部改正等に合わせて改訂したものである。

　以上のような改訂の動きを踏まえ、「居宅サービス計画ガイドライン」を活用されておられる多くの介護支援専門員から、この用紙に対する意見や要望をうかがい、作業をすすめてきた。そのため、一層活用しやすいものとなったのではないかと考えている。今後も多くの居宅介護支援事業所で「居宅サービス計画ガイドライン」を活用していただき、要介護者等やその家族の自立した生活を支援できる居宅サービス計画の作成に貢献してまいりたいと思っている。

　なお、「居宅サービス計画ガイドライン」は、初版当時は多くの団体から委員を派遣していただく「在宅版ケアプラン作成方法検討委員会」で議論するなかですすめられてきた。その後「居宅サービス計画ガイドライン」が一つのアセスメント様式として一定の特徴を明確にしたことで、社会的評価が確立した時期を迎えるに至り、平成21年に「在宅版ケアプラン作成方法検討会」は解散した。初版発刊当時「在宅版ケアプラン作成検討委員会」の委員および執筆者としてご協力をいただいた安達真澄氏、故齊藤学氏、平井俊圭氏、村田みちる氏、米澤洋子氏、林和美氏には、改めて、ここに深く感謝申し上げたい。

　令和5年2月

国際医療福祉大学大学院医療福祉学研究科教授

白　澤　政　和

『居宅サービス計画ガイドライン Ver.3 地域共生社会の実現に向けてのケアプラン作成』

　『居宅サービス計画ガイドラインVer.1　エンパワメントを引き出すケアプラン』（平成25年12月刊行）では、アセスメントの後にケアプランに展開する過程の記述が不足しており、その解説が必要であるとして、その過程を中心にマニュアルを作成した『居宅サービス計画ガイドラインVer.2　アセスメントから計画作成へのマニュアル付』（平成29年11月刊行）を改訂した。

　さらにこのたび、地域包括ケアシステムの深化としての地域共生社会の実現に向けて、支援を必要とする要介護者本人だけでなく、家族介護者を含めた家族全体を捉えた支援をすすめていくこと、令和3年3月の「介護サービス計画書の様式及び課題分析標準項目の提示について」の一部改正等を受けて、『居宅サービス計画ガイドラインVer.3　地域共生社会の実現に向けてのケアプラン作成』とし、以下の通りの改訂を加えた。

主な改訂内容

●**地域包括ケアシステムの深化としての地域共生社会の実現に向けて、支援を必要とする要介護者本人だけでなく、家族介護者を含めた家族全体を捉えた支援をすすめていくために、次のようなポイントを踏まえたケアマネジメントが可能となるよう改訂した。**

ポイント①　アセスメント様式2を活用する

・「家族構成と介護状況」の「就労の状況」や「特記事項（自治会、ボランティア等社会的活動）」で家族成員の状況を確認する。それとともに、「家族の介護の状況・課題」で、ほかの家族員のニーズ、要介護者とほかの家族員との関係で生じているニーズ、家族全体のニーズ、家族と地域社会の関係で生じているニーズを記述し、居宅サービス計画書（2）の「生活全般の解決すべき課題（ニーズ）」につないでいく。

・利用者や家族のニーズに合わせて、「インフォーマルな支援活用状況（親戚、近隣、友人、同僚、ボランティア、民生委員、自治会等の地域の団体等）」の利用にも対応する。

・本人とほかの家族員の意向がずれている場合、その原因を、本人やほかの家族と話し合いながら探っていき、本人と家族の意向を明確化しながら、課題分析をすすめることとした。

ポイント②　ほかの専門職との連携を視野に入れる

・作成された居宅サービス計画原案は、地域包括支援センターはもとより、地域にあるほかの相談機関の職員とも連携して、居宅サービス計画を検討し合う。地域全体で、要介護者だけでなく、ほかの家族成員を支援していくという視点をもつ。

●**令和3年3月に厚生労働省が示した改訂内容を反映**

・令和3年3月31日付厚生労働省老健局認知症施策・地域介護推進課長が発出した「介護サービス計画書の様式及び課題分析標準項目の提示について」の一部改正等を中心に様式、説明部分及びそれらに関連する解説の改訂等を行った。

●**アセスメント様式2、3、7の改訂**

改訂①　様式2家族構成の性別を削除

・2「家族構成と介護状況」の氏名欄に記載されていた性別を削除した。続柄の記載（長女、長男等）で性別がほぼわかるため、多様性の観点だけでなく、簡略化で重複を避ける意味がある。

改訂②　様式3サービス利用状況に追記

・「（介護予防）その他の生活支援サービス」を追記した。地域共生社会を実現するうえで、この項目は必要である。

改訂③　様式7個別避難計画に関する欄を追加

・災害対策基本法の改正により、自治体は避難行動要支援者に対して「個別避難計画」の作成が努力義務になったことにともない、記入欄を追加した。

目　　　次

I

居宅サービス計画の位置づけと
居宅サービス計画ガイドライン

I 居宅サービス計画の位置づけと居宅サービス計画ガイドライン

1. 居宅サービス計画の位置づけと計画作成の手法

（1）居宅サービス計画とは

介護保険制度においては、ケアマネジメントが位置づけられている。

ケアマネジメントの中枢となるのが**介護サービス計画**（ケアプラン）の作成である。介護サービス計画には、「居宅サービス計画」と「施設サービス計画」の2種類があり、文字通り「居宅サービス計画」は居宅（在宅）の要介護者のために作成される計画、「施設サービス計画」は介護保険施設を利用する要介護者のために作成される計画である。居宅におけるケアマネジメントを、介護保険法上で**居宅介護支援**という。

本ガイドラインは、前者の居宅サービス計画作成のためのアセスメント手法、ガイドラインを整理したものである。

なお、要支援者に対する介護予防サービス計画の作成に際しては、25項目の簡易なチェックを行ったうえで、アセスメントが行われることになっており、本ガイドラインの方法とは異なることにご留意いただきたい。

（2）居宅サービス計画ガイドラインの開発経緯

厚生省（現・厚生労働省）の介護計画検討会（座長：井形昭弘氏、平成6年1月中間報告）以降、「高齢者ケアガイドライン」（MDS-RAPs）がケアプラン作成のための課題分析・作成手法を代表するものとして試行的に実践され、検討されてきた。一方、それ以前に全国社会福祉協議会のケースマネジメント研究委員会におけるアセスメント用紙開発の取り組みなど、すでに日本においても種々の取り組みがあったこともあり、介護保険制度で使用する手法として、新たなものの開発が順次始まっていった。

比較的早期に提案されたのが、MDS-HC方式、訪問看護振興財団方式、三団体方式（三団体：全国老人福祉施設協議会、全国老人保健施設協会、介護力強化病院連絡協議会〔現・日本慢性期医療協会〕）、日本社会福祉士会方式、日本介護福祉士会方式の5つの手法である。これらは、厚生省（現・厚生労働省）の実施した介護支援専門員指導者養成研修会（各都道府県で実施する介護支援専門員実務研修の講師にあたる人の養成研修）において、それぞれ

介護サービス計画

居宅サービス計画と施設サービス計画の総称

　介護サービス計画
　　├──居宅サービス計画
　　└──施設サービス計画

居宅介護支援

「居宅サービス計画」を作成するとともに、計画に基づく居宅サービス等の提供が確保されるよう、居宅サービス事業者その他の者との連絡調整その他の便宜の提供を行い、及び介護保険施設への紹介その他の便宜の提供を行う事業。

の解説が行われ、また、受講者がめいめい選択して演習を行うという方法で
使用された。そして、介護支援専門員実務研修会においても、同様に５つの
手法を中心に、都道府県の判断でその他の手法も加えて演習が行われること
になった。

　しかし、ケアプランの課題分析・作成手法について、厚生省（現・厚生労
働省）の高齢者介護サービス体制整備検討委員会は、必要な要件を満たした
ものであれば、どれを採用してもよい、という整理をしており、居宅支援事
業者及び介護保険施設の選択に任されることとなっている。

　本『居宅サービス計画ガイドライン』は、このようなケアプランのための
課題分析・作成手法の一つとして開発されたものである。すでにいくつもの
手法が開発されているなかで、あえてさらに開発したのは、それぞれの手法
は優れたものをもっているが、やや個性が強く、特に、種々の領域の事業者
間の調整が必要な居宅サービス計画には、工夫が必要であると考えたからで
ある。

　本ガイドライン開発の基本姿勢は、介護保険のケアプランの論議以前から
ある、介護計画作成の取り組みと、すでに発表されている諸手法の背景にあ
る介護現場での実践内容を基礎とし、要介護者自身が自己選択することを支
援する「利用者本位」の立場に立つことであった。検討をすすめるなかでわ
かったことは、ケアを日々組み立てる職員（介護職・看護職等）と社会資源
や家族との調整を行う職員（ソーシャルワーカー職・保健師等）の発想や思
考方法の違いである。したがって、本ガイドラインの検討の経過においては、
この違いを踏まえ、ケアプラン作成に向けて、両者の考えを採り入れ、ひと
つの流れをつくれるようにすることが最重要課題であった。この課題に応え
ることを通して、まさしく居宅サービス計画のガイドラインとして十分機能
するものになったと自負しているところである。

　本ガイドラインの第一次版は平成10年９月に発行され、その後介護保険制
度の詳細が決定される動きと並行して、まずは平成11年10月、平成12年３月
の２回にわたって改訂を行った。

　その後、本ガイドラインが現場で活用されるなかでさまざまな意見が出さ
れてきたが、平成15年４月の要介護認定調査項目の見直しにあわせて、本ガ
イドラインの様式全体を検討し、変更している。次に、平成18年４月の改正

介護保険法施行等による制度改正にともなう要支援者と要介護者のケアプランの分離、要介護認定調査項目の見直しにあわせて様式を見直すとともに、事例の加除および修正を行った。さらに、平成21年4月の要介護認定調査項目の抜本的見直しにあわせ、様式の変更、事例の変更も行うなど、『新版・居宅サービス計画ガイドライン－エンパワメントを引き出すケアプラン－』として刊行した。

　その後、介護保険制度改正及び地域包括ケアや認知症対策の推進が強調されるなかで、厚生労働省老健局内に設置された「介護支援専門員の資質向上と今後のあり方に関する検討会」での議論を踏まえ、様式に新たな項目を追加し、『居宅サービス計画ガイドラインVer.1　エンパワメントを引き出すケアプラン』を平成25年に改訂した。

　平成29年には、事例を用いてアセスメントとケアプランの策定を解説したマニュアルを加え、より適切なケアプランの作成を推進することと同時に、家族介護者支援も本ガイドラインの特徴とすべく見直しを行い『居宅サービス計画ガイドラインVer.2　アセスメントから計画作成へのマニュアル付』とした。

　今回のVer.3では、地域包括ケアシステムの深化としての地域共生社会の実現が謳われるなかで、介護支援専門員が8050世帯やダブルケア世帯、さらにはヤングケアラーの世帯に適切に対応でき、制度の狭間にいる人々や世帯に対しても適切にアセスメントをし、他の専門職とも連携しながら、ケアプランを作成し、支援できることを目的に改訂した。同時に、厚生労働省が令和3年3月31日に「介護サービス計画書の様式及び課題分析標準項目の提示について」の一部改正を行ったことを受けて改訂するものである。

2.「居宅サービス計画ガイドライン」の特徴

1．要介護者の生活像を捉える

2．介護保険に対応する

　（1）要介護認定と連続する行為としての計画作成

　（2）居宅サービス事業者への依頼内容の明確化

　（3）本人や家族を交えたケアカンファレンス等の円滑な推進

３．在宅対応の計画作成用紙であり、施設サービス計画と連続性をもつ

４．主訴をもとに生活での困りごとを明らかにしていく

５．エンパワメントを導き出す視点の導入

６．認知症の人本人に焦点をあてる

７．地域包括ケアを推進する

８．地域共生社会の実現を担うべく、家族全体を支援する

９．家族介護者を支援する

❶要介護者の生活像を捉える

　要介護者の生活している全体像がアセスメントにより把握でき、それをもとに居宅サービス計画を作成できるようなアセスメント手法が求められている。そのために、本ガイドラインのアセスメント用紙部分については、以下の7領域をアセスメント項目として採用することにした。

　①要介護者の相談内容を含めたフェースシート

　②家族状況とインフォーマルな支援の状況

　③サービス利用状況

　④住居等の状況

　⑤本人の健康状態・受診等の状況

　⑥本人の基本動作等の状況と援助内容の詳細

　⑦全体のまとめ／１日のスケジュール

　これらの項目のアセスメントを通して、要介護者の身体機能的側面、心理的側面、社会的側面が理解でき、要介護者の生活像を浮き彫りにすることができる。要介護者の生活像を捉えることは、保健・医療・福祉の専門職が等距離から要介護者の生活を把握できることを意味している。

　ただし、いかに時間を使い詳細なアセスメントを実施したとしても、要介護者の生活をすべて理解できるわけではない。所与の時間内（要介護者に一度で尋ねられる時間範囲内）に、生活の全体像をいかにコンパクトかつ的確に明らかにするかが重要である。このため本アセスメント用紙は、基本的に１時間から１時間半以内で尋ねることができる用紙となっている。

❷介護保険に対応する

　ここでは、**介護支援専門員**（ケアマネジャー）が、介護保険制度において居宅サービス計画を作成し、実施するうえで有効となることに配慮して、以下の3つの観点からアセスメント用紙や居宅サービス計画用紙に工夫を加えた。この結果、介護支援専門員が、円滑に、要介護者やその家族とともに居宅サービス計画を作成し実施することができるようになっている。

（1）要介護認定と連続する行為としての計画作成

　介護保険において、在宅の要介護者の場合は、**要介護認定**による**要介護状態区分**（より正確にいえば、要支援状態か、要介護状態か。どの要支援状態区分やどの要介護状態区分にあてはまるか）をもとにして、サービスの利用限度額（保険給付の限度額）が決まる。そのため、介護支援専門員は要介護認定と連続した行為として、居宅サービス計画を作成しなければならない。したがって、アセスメント用紙に要介護認定調査項目を導入するよう工夫をした。

　アセスメント用紙に要介護認定調査項目が含まれていることには、次のような利点がある。

　第1には、要介護認定調査で尋ねたことと同じことを再度居宅サービス計画作成の際に尋ねなくてすむことである。要介護者にとっても同じ内容を重複して尋ねられないメリットがある（ただし、要介護認定調査項目にない項目については介護支援専門員がアセスメントする必要がある）。モニタリングや要介護認定調査から時間が経過した場合、介護支援専門員が訪問した際に観察した状況等を確認したうえで、認定結果と異なるアセスメント結果となる場合もあり得る。そうした場合であっても、要介護認定調査結果と現在の状況の差異を具体的に確認できる利点がある。

　第2に、居宅サービス計画作成が容易になることである。介護支援専門員は要介護者に対して要介護認定の結果が出る前に、緊急に暫定的な居宅サービス計画を作成・実施しなければならない場合がある。その際には、介護支援専門員は要介護状態区分を意識して居宅サービス計画を作成することになるが、アセスメント用紙に要介護認定調査項目が入っていると、要介護認定の仮の判断を踏まえた居宅サービス計画の作成が容易となる。

介護支援専門員

　介護保険法では次のように定められている。

　「要介護者又は要支援者（以下「要介護者等」という。）からの相談に応じ、及び要介護者等がその心身の状況等に応じ適切な居宅サービス、地域密着型サービス、施設サービス、介護予防サービス若しくは地域密着型介護予防サービス又は特定介護予防・日常生活支援総合事業を利用できるよう市町村、居宅サービス事業を行う者、地域密着型サービス事業を行う者、介護保険施設、介護予防サービス事業を行う者、地域密着型介護予防サービス事業を行う者、特定介護予防・日常生活支援総合事業を行う者等との連絡調整等を行う者であって、要介護者等が自立した日常生活を営むのに必要な援助に関する専門的な知識及び技術を有するものとして第69条の7第1項の介護支援専門員証の交付を受けたものをいう。」

　居宅介護支援事業者及び介護保険施設は介護支援専門員の配置が必須である。

要介護認定・要支援認定

　被保険者の「保険給付申請」に基づき行う認定行為。

　介護保険法上は、要介護者を認定する要介護認定と要支援者を認定する要支援認定は分かれているが、調査、認定はあわせて行われる。本書も要支援認定を含めて「要介護認定」として総称している。

要介護状態区分

　要介護状態について、その介護の必要の程度に応じて厚生労働省令で定める区分。要介護5段階と要支援の2段階をあわせて、要介護の状態の程度を「要介護度」と表現している。

　第3に、即応性の高いサービスが提供できる点があげられる。介護支援専門員が時には要介護認定の調査を委託されることがある。その場合には、要介護認定調査と居宅サービス計画作成が同時並行的に実施されることとなる。そうした際に、アセスメント内容に要介護認定調査項目が含まれていれば、要介護認定と居宅サービス計画作成が連続し、円滑で即応性の高いサービス提供過程とすることができる。

　ただし、要介護認定調査項目は本来介護量を把握するためのものである。一方、「居宅サービス計画ガイドライン」でのアセスメント項目は生活課題（ニーズ）を引き出すためのものであり、両者の目的は異なっている。そのため、アセスメント項目として取り入れるにあたって、介護実態をもとにして、そこから生活課題（ニーズ）が生じているかどうかへと、視点を転換させるよう工夫を凝らした。

（2）居宅サービス事業者への依頼内容の明確化

　介護保険では、介護支援専門員が居宅サービス計画を要介護者と作成した後で、**居宅サービス事業者**を中心としたさまざまな機関・団体に対してサービスや支援の提供を依頼することになる。特に、居宅サービス事業者に依頼する場合には、提供サービスの内容、頻度・時間数・時間帯を明示しなければならない。明示しないと、要介護者から居宅サービス事業者への依頼内容が不明確となるおそれがある。さらに、保険給付額が想定できず、したがって自己負担額も明らかにならない。

　そこで明確化を図るために、第1には、具体的に要介護者が困っているケア項目をアセスメント用紙に含めることで、訪問介護事業者や訪問看護事業者等へのサービス依頼内容（サービス内容、頻度・時間数等）が的確に伝達できるようアセスメント用紙を工夫している。また、アセスメント用紙に要介護者の「1日のスケジュール」を含めることで、要介護者の従来からの生活リズムをできる限り守りながら、ホームヘルパーや訪問看護師に対して必要な時間帯に訪問を依頼できるよう工夫をした。さらに、サービス利用票、サービス提供票に「サービス内容の詳細」の欄を加え、居宅サービス事業者への個々の要介護者の依頼内容が全体として理解できるように工夫してある。

　また、本人・家族との合意においても、どの居宅サービス事業者に、どの

居宅サービス事業者

　都道府県知事、指定都市市長、中核市市長が指定する、居宅サービス事業を行う者。法人であること等の要件がある。法文上の表現は「指定居宅サービス事業者」であるが、本書は略称としてこの用語を用いている。
　これに対し、施設サービスを行う施設の総称は「介護保険施設」。法文上の名称は、それぞれ指定介護老人福祉施設、介護老人保健施設、介護医療院という。老人保健施設は介護保険法が根拠法となり、許可を受けているので、「指定」が頭につかない。

ようなサービスの種類・内容を、どの程度依頼するのかを明確にしていることが不可欠であることは言うまでもない。

（3）本人や家族を交えたケアカンファレンス等の円滑な推進

　介護保険では、介護支援専門員がアセスメント結果に基づいて、**居宅サービス計画**の原案を作成した後、要介護者や家族、さらには居宅サービス事業者を交えて原案についての検討を行い、これをもとに最終的に居宅サービス計画に対して本人の了解を得、さらにサービスを提供する事業者の役割を明確化することになっている。居宅サービス事業者等は一堂に集められることとされており、こうした場を**サービス担当者会議**（ケアカンファレンス）と呼んでいる。ここでは、居宅サービス事業者が要介護者についての支援の目標や計画内容を共通のものとして理解し合い、それぞれの事業者が自らの役割を円滑に実行できるようにすることを意図している。

　ただし、介護支援専門員は家庭訪問等での面接や観察で感じたことをそのまま説明することができない場合もある。例えば、「虐待や介護放棄のおそれがある」「本人と介護者の人間関係が悪そうである」というような部分は、ケアカンファレンス等で情報開示することは困難である。しかし、居宅サービス計画作成や実際のケア実施においては重要な情報となる場合があるので、その把握は重要である。そのため、どのような情報をストレートに説明してはいけないのか、その着眼点を60頁に示している。

　ケアマネジメントでは、要介護者やその家族の生活全体を捉え、生活支援の居宅サービス計画を作成・実施することが基本であるが、介護保険におけるケアマネジメントを実施するにあたっては、以上みてきたような特徴に配慮することで、有効で円滑なサービスの提供が可能になる。

❸在宅対応の計画作成用紙であり、施設サービス計画と連続性をもつ

　本ガイドラインのアセスメント用紙は在宅の要介護者を対象にして、在宅生活を支援するためのものである。しかし、要介護者が介護保険施設に入院・入所する場合や介護保険施設から退院・退所する場合の**施設サービス計画**と

居宅サービス計画

　在宅の要介護者が給付対象サービスや保健医療サービス、福祉サービスの適切な利用ができるよう、要介護者等の依頼を受けて、利用するサービス等の種類・内容・担当者等を定めた計画。要介護者には居宅介護支援事業者が作成する。

サービス担当者会議

　介護保険制度下のケアマネジメントの一環のなかで行われるケアカンファレンス。介護支援専門員が、居宅サービス事業者の担当者の参加を求め、開催する。介護支援専門員は、この会議の開催により、利用者の状況等に関する情報を担当者と共有するとともに専門的見地からの意見を求める。

　ただし、やむを得ない理由がある場合には、担当者に対する照会等により意見を求めることができる。

施設サービス計画

　介護保険施設に入所している要介護者について、提供するサービスの内容・担当者等を定めた計画。当該の介護保険施設が作成する。

の関係が明らかにされなければならない。

　本用紙と、施設で実施される施設サービス計画作成のためのアセスメント用紙とは、同じ用紙とすることはできないが、両者は連続していなければならない。具体的には、指定介護老人福祉施設、介護老人保健施設、介護医療院の介護保険施設や、介護付き有料老人ホーム（特定施設入居者生活介護）等への入院・入所時点や退院・退所時点で、居宅サービス計画と施設サービス計画は連続するよう意図されなければならない。

　例えば、介護保険では在宅で生活できるように支援することを原則としており、介護保険施設入院・入所時点から、退院・退所を想定して作成される居宅サービス計画を前提にして、入所期間内での施設サービス計画を作成し、実施することになる。同時に在宅から介護保険施設に入院・入所する際にも、居宅サービス計画が施設サービス計画作成に有効に活用できることが必要である。

　施設サービス計画はそれぞれの施設が有している人材を中心に活用して、詳細な介護や看護等のケアに関する課題（ニーズ）を、ときには一定の限られた期間内で解決するための計画を作成することになるが、要介護者の施設と在宅の生活を継続してケアしていくことを意図して開発してきた。

❹主訴をもとに生活での困りごとを明らかにしていく

　介護支援専門員が行うケアマネジメントは、要介護者やその家族との面接でのコミュニケーションを通じて展開していくものである。その面接は要介護者の「訴え」が起点となってすすめられていく。そのために、本アセスメント用紙では、まずはフェースシート部分で「相談内容（主訴／本人・家族及び介護者の希望・困っていることや不安・思い）」を尋ねることとした。

　このことは、本アセスメント用紙は、介護支援専門員が要介護者とのコミュニケーションをもとに、生活していくうえで困っていることを、要介護者と一緒に探していくといった姿勢を前提にしたものであり、要介護者が主体であり、介護支援専門員は側面的な支援者である、とする居宅サービス計画を作成していくうえでの思想を表現したものである。

❺エンパワメントを導き出す視点の導入

　ケアマネジメントでは、要介護者の有している潜在的な力が発揮できるように支援することが求められる。これをエンパワメントアプローチと呼ぶが、それを実施する主要なひとつの方法は要介護者のもっている強さ（ストレングス）を活用することであるとされている。この強さには、要介護者自身がもっている意欲、嗜好、能力、願望などの、利用者にとって肯定的なアセスメント項目が含まれる。また、要介護者が有している友人や近隣といった社会環境面での強さもある。本アセスメント用紙のなかでは、個々の項目ごとに「特記、解決すべき課題など」の欄を設けてあるが、ここには強さを記述することも意図しており、この欄を活用して、要介護者の強さを理解し、それをケアプラン作成につないでいくことができる。その結果として、要介護者は自らの能力が活用されたり、嗜好がかなったり、思いが実現することでエンパワメントしていくことになる。そのため、ストレングスを意識したアセスメントを行うことを解説等で提案している（「特記、解決すべき課題など」の欄の書き方は55頁参照）。

　本アセスメント用紙を活用することにより、要介護者をマイナス面だけでなく、プラス面をもった人として肯定的に捉えることで、利用者への尊厳を保持し、かつ介護支援専門員と要介護者との対等な関係づくりを意図している。その結果、利用者本位のケアプランとなり、要介護者がエンパワメントしていく支援となる。

❻認知症の人本人に焦点をあてる

　認知症のある人に対するケアマネジメントでは、介護者の介護負担の軽減に焦点をあててケアプランを作成しがちである。それ自体は重要であるとしても、認知症の本人自身についても焦点をあてたケアプランの作成が求められる。認知症の高齢者の6〜8割が、ある段階で生じる徘徊、暴力等の行動・心理症状（Behavioral and Psychological Symptoms of Dementia ＝BPSD）は、利用者の神経生物的・心理的・社会的な背景から生じており、利用者の思いや意図が現れたものである。こうした背景を観察力で感じたり、サイン

BPSD

　認知症の症状の基盤となる「中核症状」の記憶障害・見当識障害・理解の低下などから二次的に起こる症状。行動症状としては攻撃的行動、徘徊、拒絶、不潔行為、異食などがあげられる。

　心理症状としては抑うつ、人格変化、幻覚、妄想、睡眠障害などがあげられる。

をキャッチすることで理解を深め、ケアプランに反映させていくことが求められる。

そこで、できる限り多くのBPSDをアセスメント項目として示し、それぞれの症状について記すために、「特記、解決すべき課題など」を設定している。この「特記、解決すべき課題など」には、介護支援専門員が感じたり、気づいたり、あるいは家族などから得たBPSDの背景になると思えるような情報や、さらには、うまくいった対応方法等を記入することになる。この情報を課題（ニーズ）に反映させることにより、行動や症状が軽減したり、行動・症状の背景についての介護者等の適切な理解により、適切な行動がとれるようになる。

具体的には、例えば、利用者が外に出たときに必ず小用をたすことから、「徘徊」の背景として自宅内のトイレがどこにあるのかわからないのではないかと気づいたり、常に、以前仕事をしていた畑のほうに行くことから、仕事が気になっていると感じることがある。こうしたことに気づいたり感じた場合には、本アセスメント用紙の6－③認知機能の「家族等からの情報と観察」欄や「特記、解決すべき課題など」の欄にそうした内容を記入できるようになっている。

この結果、前者の事例であれば、ケアプランに利用者の排尿間隔に基づくトイレ誘導が記入されたり、後者の事例であれば、外出につき合い、時間がたてば「畑の仕事は終わったか」と尋ね、引き返してくるといったことになる。この結果、認知症のある高齢者のBPSDに対して適切な対応ができ、時には行動・心理症状が軽減することにもなる。ひいては介護者の負担を軽減することにもつながる。

他方、認知症の人は自らの意思を十分に表現し、自らの思いを実現することができない状況にある。そのため、自らが実施できるにもかかわらずできていなかったり、したいと思っていながら実施できていないことが、他の人に比べて多くみられる。そうしたことを勘案し、潜在的なできることやしたいことに気づき、それらの強さが実現可能になるようなケアプランの作成が求められる。

これは従来の支援が問題解決指向型であるとすれば、こうした支援を目標達成指向型の支援ということができる。このことにより認知症の人の潜在的な能力や意欲を引き出すことができ、より活性化した生活が可能になるよう、

目標達成指向的な視点でニーズを捉えることの必要性を示している。

❼地域包括ケアを推進する

　地域包括ケアとは「地域の実情に応じて、高齢者が、可能な限り、住み慣れた地域でその有する能力に応じ自立した日常生活を営むことができるよう、医療、介護、介護予防、住まい及び自立した日常生活の支援が包括的に確保される体制」(「地域における医療及び介護の総合的な確保の促進に関する法律」第2条)とされているが、これは住み慣れた地域で生活ができる限り長く続けられることをめざすことである。

　この実現には介護支援専門員の役割が大きく、居宅サービス計画ガイドラインにおいては、多様な利用者のニーズに対して公的なサービスに加えて、互助的な支えあいやインフォーマルなサポートも活用して支援していくことを強調している。そのため具体的に、計画書等の様式となるアセスメント用紙では、介護保険制度や医療のサービスに加えて、配食サービス、洗濯サービス、移送サービス等も含めている。さらには、地域の近隣、自治会、民生委員、ボランティア等のサポートとも結びつけるよう支援することを特徴にしている。

　さらには、居宅サービス計画ガイドラインのほかの特徴でも示してきたが、利用者の有している能力が最大限に活用されるために、その能力等をアセスメントし、ケアプランに反映できることを意図している。結果として、自助、互助、共助、公助がバランスよく活用されることで、地域包括ケアを推進していくことにつながっている。

　具体的には、居宅サービス計画ガイドラインの「本人の基本動作等の状況と援助内容の詳細」においては、本人ができないことだけでなく、本人ができることや希望することにも着目をして支援することが求められる。同時に、利用者のニーズに合わせて、ガイドラインの「インフォーマルな支援活用状況(親戚、近隣、友人、同僚、ボランティア、民生委員、自治会等の地域の団体等)」の利用にも対応することになっている。

❽地域共生社会の実現を担うべく、家族全体を支援する

　平成28年６月に閣議決定した「ニッポン一億総活躍プラン」では地域共生社会の実現が謳われ、サービスの担い手と受け手に分かれるのではなく、誰もが役割をもつ社会を実現していくことが求められている。そこでは、従来の縦割りの相談では対応が難しかったり、家族に複数の課題をもっていたり、制度の狭間にあり相談する機関がなかったり、利用者が自ら相談に来所することが困難であったりするような人や家族に対して、適切に相談を受け、支援していくことが必要とされている。

　介護支援専門員には、地域共生社会の実現の一翼を担うことが求められている。介護支援専門員は、要介護高齢者とひきこもりの子どもが同居している8050世帯、要介護者とヤングケアラーの世帯、いわゆるごみ屋敷といわれる世帯、相談支援を受けていないひとり暮らしの認知症の人等に対して、ほかの相談機関や多様なサービス事業者等と連携して、相談を受け、支援をしていくことが求められている。

　これを実現していくためには、アウトリーチによるサービスが必要であり、相談にやって来ない人々を発見し、相談に結びつけていく必要もある。ここでは、介護支援専門員自らが発見するということに加えて、地域の人々や専門職が新たにニーズのある人を発見したら連絡が得られる仕組みをつくっておくことが重要である。つまり、社会福祉法第100条の３に規定される、市町村における包括的支援体制のなかに介護支援専門員も加わっていくことが求められる。

　さらには、介護支援専門員が対象とする要介護者だけでなく、その家族全体を捉えた支援が必要となる。そのため、居宅サービス計画ガイドラインでは、「家族の介護の状況・課題」の欄が設けられており、ここでは、ほかの家族員のニーズ、要介護者とほかの家族員との関係で生じているニーズ、家族全体のニーズ、家族と地域社会の関係でのニーズを記述し、居宅サービス計画書（２）での「生活全般の解決すべき課題（ニーズ）」につないでいくことになる。そうして、作成された居宅サービス計画原案は、地域包括支援センターはもとより、地域にあるほかの相談機関の職員とも連携して、居宅サービス計画を検討し合い、要介護者だけでなく、ほかの家族成員をも支援

していく。

❾家族介護者を支援する

　地域共生社会の実現には、介護支援専門員は家族全体を支える視点が重要であるとしたが、家族支援については、家族介護者の支援も重要である。「ニッポン一億総活躍プラン」では「介護離職ゼロ」を謳っており、介護と仕事や自治会活動、ボランティアや趣味活動等と両立できるよう支援していくことが求められる。厚生労働省は、平成30年３月に『市町村・地域包括支援センターによる家族介護者支援マニュアル』を出し、そこでは「介護者アセスメントの導入—介護者本人のクライエントとしての支援」や「介護離職防止への接近—介護者本人の仕事の継続支援」を提示しており、家族介護者を支援することが、要介護者の在宅生活を持続する秘訣であるといえる。

　これについては、具体的に本ガイドラインの「家族構成と介護状況」の「就労の状況」や「特記事項（自治会、ボランティア等社会的活動）」で家族成員の状況を確認しながら、同時に「家族の介護の状況・課題」についてアセスメントし、居宅サービス計画書につなげていくことになる。

ケアマネジメントの目的と居宅サービス計画

Ⅱ ケアマネジメントの目的と居宅サービス計画

1. ケアマネジメントの目的

　ケアマネジメントにあたっては、その目的、理念を明らかにする必要がある。ここでは、要介護者をいかに支援するかという視点から、ケアマネジメントの目的を3点示す。

　　1. 要介護者の「自立」「QOLの向上」の支援
　　2. 要介護者の「生活全体」の支援
　　3. 要介護者の「コミュニティケア」の支援

❶要介護者の「自立」「QOLの向上」の支援

　要介護者の自立とは「自らの責任で自らの生活設計をすること」であり、それを支援することにケアマネジメントの目的がある。そのため、この自立はADL以外の面での自立を含めたものであり、要介護者がもっているADLを含めた潜在的な力を高めていくことである。結果として、ADLの改善が難しい者についても自立を支援することができ、ケアマネジメントは、生活の質（QOL）を高めることをねらいとしている。

　この自立を支援するために、介護支援専門員は要介護者の自己決定や自己選択を支援していくことになり、「利用者本位」の視点をもつことが重要である。そのためには、介護支援専門員は要介護者のひとりの人間としての尊厳や、対等な人間関係といった価値観を根本にもっている必要がある。

❷要介護者の「生活全体」の支援

　介護保険では要介護者を対象とすることから、概して介護等のケア部分に目を向けがちとなるが、介護支援専門員は、要介護者の生活全体を捉えて、ケア部分を含めた生活全体を支援することが求められ、生活者としての要介護者を支援していく。したがって、介護支援専門員はケアマネジメントを行うにあたっては、アセスメント、ニーズの抽出、居宅サービス計画の作成・実施、モニタリングの諸過程において、常に「要介護者の生活の全体」とい

った観点をもつ必要がある。そのため、利用者の身体機能面、心理面、社会面でのアセスメントが必要となる。

❸要介護者の「コミュニティケア」の支援

ケアマネジメントは世界的にも歴史的にも要介護者のコミュニティケアを促進するためにつくられてきた経緯があり、要介護者の地域生活の支援と密接な関連がある。介護保険制度においても要介護者ができる限り在宅で生活できるように支援することを目的としており、介護支援専門員には要介護者が地域社会のなかで自立し、かつ安心して生活ができるよう支援していくことが求められる。

そのために、介護支援専門員は要介護者のコミュニティケアを推進するという視点から、地域の実態を理解し、地域内の多様な社会資源を駆使しながら、要介護者の在宅生活を支援していく必要がある。

2.　ケアマネジメントの基盤としての地域包括ケア

地域包括ケアとは基本的にコミュニティケアの推進であり、エイジング・イン・プレイス（Aging in Place）をすすめていくことであるが、それをとりわけ日常生活圏域を舞台に実施していくことである。これを実現するためには、2つのことが必要となる。第1は、日常生活圏域で要介護者等に必要なサービスや支援がワンストップで提供され、そこで生じている支援困難な事例から日常生活圏域で必要なサービスや支援が創設されたり、修正されていく仕組みが必要である。もう1つは、日常生活圏域で要介護者の在宅生活を推進していくための多様なサービスや支援が質的・量的に充実していくことが必要である。前者は地域の器をつくることであり、後者は地域という器に盛るべきものを創設していくことである。

介護支援専門員は前者について、地域包括支援センターと一緒に推進していく役割を有している。介護支援専門員は個々の要介護者等についての生活ニーズを明らかにし、ワンストップで必要なサービスや支援を結びつけてい

エイジング・イン・プレイス

地域居住。高齢者の自宅・地域にとどまりたいという根源的な願いに応え、虚弱化にもかかわらず、高齢者が尊厳をもって自立して自宅・地域で暮らすことをいう。
（松岡洋子『エイジング・イン・プレイス（地域居住）と高齢者住宅—日本とデンマークの実証的比較研究—』新評論、2011年、26頁）

くことが基本となる。同時に、支援困難事例を**地域ケア会議**に提出し、関係者間でより適切な支援方法について検討していくことである。さらには、支援困難事例から明らかになった当該地域のニーズについて、地域包括支援センター職員と一緒に明らかにし、地域の関係機関や団体の代表者で構成される会議において対応を協議してもらい、地域のニーズを充足するための活動が計画・実施されていくことになる。こうした活動が地域の関係団体や機関により実施されることで、支援困難事例が少なくなり、同時に地域生活を可能にする社会資源が充実していくことになる。

　さらには、地域ケア会議を活用したり、**重層的支援整備事業における支援会議**に介護支援専門員が参画することで、要介護者の家族も含めた世帯全体の支援を検討していくことも求められる。

　以上のように介護支援専門員が地域包括支援センター職員と一緒になり、日常生活圏域での基盤づくりに積極的に関わることで、個々の利用者はできる限り長く在宅生活を維持していくことにつながっていく。ここに、介護支援専門員は地域包括ケアでの支援の器をつくりあげることができる。

3. ニーズ把握の考え方

1. ニーズは、身体機能的状況、心理的状況、社会的状況の3側面の全体的な結びつきのもとで生じている。（生活ニーズの把握）
2. 生活ニーズを捉える4つの観点は次のとおりである。
　①生活の全体性、②生活の個別性、③生活の継続性、④生活の地域性
3. 専門家による「ノーマティブ（規範的）ニーズ」と要介護者の「フェルト（体感的）ニーズ」から「リアル（真の）ニーズ」を形成する。

　ケアマネジメントでは、要介護者の生活における解決すべき課題（ニーズ）（以下、「生活ニーズ」とする）を明らかにし、それに対応した解決方法を示していくことになる。これを「居宅サービス計画書」に書き込むことで、ケアプラン作成過程が順次すすんでいくことになる。

　その際に、まずは生活ニーズを捉えて、それぞれの生活ニーズに対応して社会資源を選択するよう援助していくことを、「ニーズ主導アプローチ」という。従来の相談援助においては、それぞれの機関が提供できる社会資源に

地域ケア会議

　高齢者個人に対する支援の充実と、それを支える社会基盤の整備とを同時にすすめていく、地域包括ケアシステムの実現に向けた手法。

　具体的には、地域包括支援センター等が主催し、

○医療、介護等の多職種が協働して高齢者の個別課題の解決を図るとともに、介護支援専門員の自立支援に資するケアマネジメントの実践力を高める。

○個別ケースの課題分析等を積み重ねることにより、地域に共通した課題を明確化する。

○共有された地域課題の解決に必要な資源開発や地域づくり、さらには介護保険事業計画への反映などの政策形成につなげる。

重層的支援整備事業における支援会議

　重層的支援体制整備事業とは、「相談支援」「参加支援」「地域づくりに向けた支援」の3つの支援を一体的に実施し、地域住民の複雑化・複合化した支援ニーズに対する包括的な支援体制を構築するものである。社会福祉法第106条の3に規定された市町村による包括的な支援体制づくりのための手法の一つであるため、任意事業となっている。この事業において、多職種・多機関による連携・協働包括的な支援を実施するため、支援会議や重層的支援会議を開催する。

　支援会議は、会議の構成員に対する守秘義務を設け、本人の同意が得られていないケースについて関係者間で情報共有ができるものである。一方、重層的支援会議は、支援関係機関との情報共有について本人の同意が得られた事案に関して関係機関と協議などするものである。

ついて利用の要否を要介護者に尋ねるといった方法が採られてきた。このような相談方法を「サービス主導アプローチ」という。ケアマネジメントでは、「サービス主導アプローチ」ではなく、「ニーズ主導アプローチ」を採ることはいうまでもない。

❶生活ニーズの捉え方

　ケアマネジメントで捉える「生活ニーズ」とは何か。ここで捉えるニーズは、身体機能的なニーズ、心理的なニーズ、あるいは経済、医療・介護といった諸領域に明確に分解された別個に捉えるニーズとは異なる。ケアマネジメントは「要介護者の生活を援助する」といわれるが、その生活を遂行していくうえで解決しなければならない生活ニーズとは、いったいどういうことを意味しているのか。この生活ニーズを捉えることなしに、ケアマネジメントの枠組みは確定できない。

　そこで、介護支援専門員が生活ニーズを具体的に把握する手続きから探ってみることとする。生活ニーズを捉えるためには、アセスメントでの要介護者の身体機能的・心理的・社会的な状態について理解・整理し、そこから「生活を遂行するのに困っている状態」と、次に「その状態を解決する（時には維持する）目標・結果」を導き出していく。例えば、要介護者は、①「脳梗塞の後遺症でリハビリが必要な左手足の麻痺がある」、「一部介助で杖歩行が可能」の身体機能的状況で、「（身体的に疲れるので）外出したくない」「リハビリで歩行を安定させたい」といった心理的状況にあり、「ひとり暮らし」、「階段のある住宅の２階に居住」、「配達してくれるスーパーマーケットが近所にある」といった社会的状況にあり、②「買い物ができない」、「通院ができない」という「社会生活遂行上での困った状況」が生じていることが導き出される。これに対して、再度要介護者の身体機能的・心理的・社会的状況をもとに、③「日常生活用品を含めたすべての買い物を誰かにしてほしい」「自宅でリハビリを受けたい」という具体的ニーズ、解決目標が設定される。

　ここで、「買い物ができない」ので「日常生活用品を含めたすべての買い物を誰かにしてほしい」、また「通院ができない」ので「自宅でリハビリを受けたい」が生活ニーズということになる。すなわち、生活ニーズは「生活上の困っている状態」と「その状態を解決する目標・結果」をあわせた２つ

図1　生活ニーズの把握の流れ

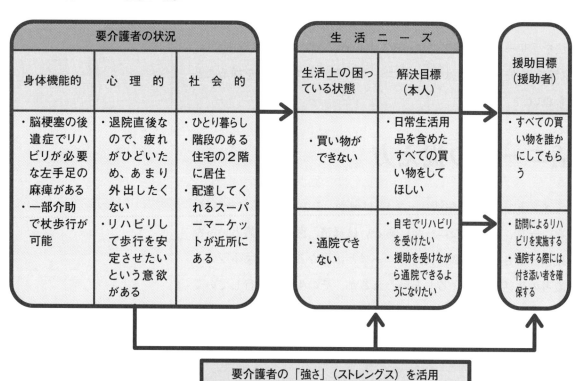

の側面で構成される。

　さらに、この本人の解決目標は、支援者側からの支援目標に置き換えると
「すべての買い物を誰かにしてもらう」、「訪問によるリハビリを実施する」
よう援助することになる。これは、介護支援専門員のそれぞれの生活ニーズ
に対する援助の目標や結果の方向性を示すことになる。

　以上の流れを示すと、**図1**のようになる。この図から理解できるように、
要介護者の身体機能的・心理的・社会的な状況が関連し合って生活ニーズが
生じている。このことは、たとえ身体機能的な状況が同じ要介護者であって
も、心理的・社会的状況がわずかでも変われば、生活ニーズはまったく異な
ることを示している。また、**図1**に示す「生活上の困っている状態」は身体
機能的状況、心理的状況、社会的状況の3つの状況が関連することで生活ニ
ーズが生じていることがわかる。

　なお、アセスメント項目から導き出される生活ニーズは、**図2**のように整
理し、説明することができる。

　また、この図の「生活上の困っている状態」は居宅サービス計画書(2)の「生
活全般の解決すべき課題（ニーズ）」に相当する部分であり、「状態を解決す

図2　アセスメント項目からの生活ニーズの導き出し方

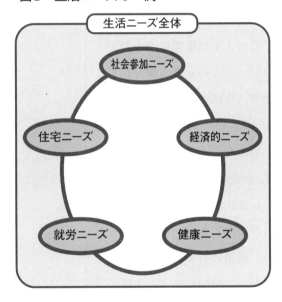

図3　生活ニーズの一例

る目標・結果」は居宅サービス計画書(2)の「目標」に該当する。

　図1の事例では、要介護者の身体機能的状況、心理的状況、社会的状況として7点あげている。これらはそれぞれ関連し合って生活ニーズを構成している。また、個々の要介護者にとって生活ニーズはいくつも見いだされ、1つだけであることのほうがまれである。これらのニーズは相互に関連し、例えば1つのニーズの発生が別のニーズに影響を及ぼし合っており、介護支援専門員はそうした観点をもとに生活ニーズを捉えていくことが求められる。その根底には、1つのアセスメント項目がいくつもの生活ニーズに関連している場合が多い（図3）。

　以上、生活ニーズの捉え方の基本を示してきたが、図1では要介護者の身体機能状況、心理状況、社会状況での問題状況に、要介護者の有する「強さ（ストレングス）」が付け加えられていることがもう1つのポイントである。このようなプラス面の情報が付け加わることで、より利用者本位で、かつ利用者のエンパワメントを可能にするものとなる。例えば、要介護者自身の「強さ」である「リハビリへの意欲が高い」が加われば、通院に関する解決目標や援助目標が異なったものになる。さらにサービス内容やその利用頻度も異なってくる。また、要介護者の社会状況の「強さ」として「配達してくれるスーパーマーケットが近所にある」といった状況があれば、この場合も買い物に関する援助目標やサービス内容に変化をもたらすことになる。そのため、要介護者の身体機能状況、心理状況、社会状況での肯定的なアセスメント項目である「強さ」にも着目して、生活ニーズを捉えることが必要である。

　さらに、認知症の高齢者など意思表示が十分でない人や信頼関係が十分でなく意思表示ができない人については、要介護者についての介護支援専門員の気づきや気になることがアセスメント内容になり、生活ニーズに反映することの重要性を理解しておく必要がある。

　認知症の人がもっている潜在的な能力や意欲といったものに気づき、生活ニーズに反映していくことが重要である。例えば、要介護者の生活歴や表情・態度から「お花をいける能力がある」「家事をする意欲がある」といったことに気づき、能力や意欲をもっているが、それらが発揮できていないという生活ニーズとして捉え、支援していくことになる。結果として、要介護者の有している潜在的な能力や意欲が活用されることから、認知症の人の生活の質が高まることになる。

　また、認知症の人が示す徘徊や暴力といったBPSDの要因として国際老年精神医学会は①遺伝的、②神経生物的、③心理的、④社会的な背景があると示しているが（国際老年精神医学会著、日本老年精神医学会監訳『BPSD痴呆の行動と心理症状』アルタ出版、2005年参照）、神経生物的、心理的、社会的な背景を理解し、支援していくことも重要である。例えば、会話の途中で暴力をふるう人について、コミュニケーションの内容が理解できなくなると心理的に耐えられなくなり暴力的になることに気づき、そうしたことから、話をしたいが理解できなくなることで怒りが生じるという生活ニーズを把握し、適切なケアプランを作成することができる。

　また、レビー小体型認知症では、身体機能的に幻視が生じやすいが、介護者が背中を軽くたたき、「私がここにいますよ」といった安心感を与えると幻視が消えることに気づけば、幻視が生じるという生活ニーズを明らかにし、対症療法ではあるが、すぐにかけつけ、肩を叩き声かけをして安心してもらうといった支援が可能となる。

❷生活ニーズを捉える観点

　前述の構造をもった生活ニーズは、以下の4つの観点で捉えることができる。

　第1は、生活ニーズを「生活の全体性」の観点から捉えることである。現実の生活ニーズは、要介護者の身体機能的状況・心理的状況・社会的状況が互いに密接に関わり合って生じている。このように生活ニーズはさまざまな状況が関連し合っていると認識し、ケアマネジメントは生活ニーズを捉え、解決の方法を考えていく。

　第2は、「生活の個別性」という観点である。要介護者の生活は身体機能的・心理的・社会的状況がそれぞれ異なっており、複合する生活ニーズは要介護者の身体機能的・心理的・社会的状況によって大きく異なる。そのため、ステレオタイプに生活ニーズを把握し、ケアプランを立ててもうまくいかない。個々の要介護者は、身体機能的状況、心理的状況、社会的状況の力動的な相互関係のなかで、極めて個別的な、他の人とは異なる、それぞれ独自の生活ニーズをもっている。その意味では、ケアマネジメントは生活の個別性という観点で生活ニーズやそれらの充足方法を捉える必要がある。

　第3は、「生活の継続性」という観点である。要介護者の現時点での生活ニーズは、過去の生活との関わりのなかで生じている。あるいは、要介護者の将来への希望や展望によっても変化していく。要介護者の過去の状況が現在にどういう影響を与え、さらには将来への希望がどういった影響を生活状況に投げかけるかを見通した、連続している視点で生活ニーズやそれらの充足方法を捉える必要がある。

　第4は、「生活の地域性」という観点である。地域で生活をしていく場合に、生活ニーズはそれぞれの地域の特性によって異なるため、生活ニーズの捉え方、生活ニーズの解決方法としてのケアプランの内容も異なってくる。例えば、医療機関が充実しているか否か、介護サービスの整備量は十分なの

か、あるいは介護サービス利用を権利として捉える住民意識になっているのかどうかといった地域特性の違いが生活ニーズ把握においても違いを引き起こす。そうした違いを踏まえたうえで、要介護者の生活ニーズやそれらの充足方法を捉えていく必要がある。

❸生活ニーズから 居宅サービス計画作成

　前述において、介護支援専門員は生活ニーズを身体機能的・心理的・社会的状況の連関性のもとで捉えることを指摘した。このような生活ニーズの捉え方は社会的規範や専門家の知識から判断（professional judgement）して明らかにされたものであり、「ノーマティブ（規範的）ニーズ」ということができる。他方、要介護者の側が感じ表明している「フェルト（体感的）ニーズ」があり、これは主として「主訴」のなかに含まれる場合が多い。これらの「ノーマティブニーズ」と「フェルトニーズ」が常に合致するとは限らないし、逆に合致していないほうが多いのが実情である。その意味では、要介護者と介護支援専門員は面接を継続していくなかで信頼関係を深め、アセスメント内容を深めることで、真のニーズである「リアル（真の）ニーズ」を形成していくことになる。このことは、ケアマネジメント過程でのアセスメントとケアプランの作成は単純な直線ですすんでいくのではなく、両者が反復していく過程であることを意味している。

　以上のような「リアルニーズ」を明らかにしていく過程は、具体的には「生活を遂行するのに困っている状態」と「その状態を解決する（時には維持する）目標・結果」を、要介護者と介護支援専門員で合致させていくことである。時には、要介護者が十分に生活ニーズを表出できない場合があったり、あるいは介護支援専門員が要介護者の身体機能的・心理的・社会的状況を一部把握できていないといった理由で、生活ニーズを一致させるのに時間がかかる場合もある。その作業は、まず相互のコミュニケーションを深め、信頼関係を形成することから始まる。最初の段階で実施されるケアプランは、要介護者の「フェルトニーズ」に重点を置かざるを得ないが、その時介護支援専門員が「ノーマティブニーズ」をもつことにより、両者間での話し合いが可能となり、一部「ノーマティブニーズ」も採り入れられることになる。

図4　リアル（真の）ニーズの形成

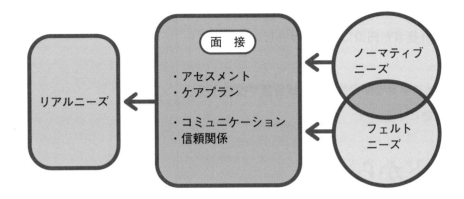

　以上の、介護支援専門員と要介護者との関係のなかで、リアル（真の）ニーズを形成していく過程を図示すれば、**図4**のようになる。

　今まで述べてきたように、ケアプラン作成においては、「どのようなサービス（社会資源）を利用するか」に先立って、「どのようなニーズをもっているか」が検討される。これをニーズ主導アプローチというが、一方「どのようなサービスを利用するか」をまず尋ねることをサービス主導アプローチという。ケアマネジメントは、従来の主流を占めてきたサービス主導アプローチから、ニーズ主導アプローチへの転換を意図するものである。

　こうした立場からは、要介護者を単に解決すべき問題やニーズをもった者として捉えるだけではなく、要介護者の長所や潜在的な能力も含めてニーズの把握がなされることになる。同時に、ケアプランの内容も利用者の長所や能力を探り出し、評価することを含める必要がある。

　以上述べたように、さまざまなファクターが「いかに関連し合っているか」という力動的な観点に立って、生活障害としてのニーズを捉えることが重要である。生活のさまざまな側面を力動的な観点でみるということは、「生活者の全体的・個別的・継続的・地域的観点に立つ」ということを具体化したものである。こうした観点に立つからこそ、要介護者の自立を支援し、生活の質を高めることが可能になる。

4.「居宅サービス計画」の必要性

1. 本人・家族との相談により、要介護者が円滑に必要なサービスを利用することを可能にする。
2. 要介護者への支援におけるサービス事業者間の共通の支援目標や役割分担により、チームアプローチを可能にする。

❶要介護者のサイドから

　介護保険でのサービスの選択は、要介護者やその家族自身に委ねられているといっても、実際には、ケアマネジメントの支援を利用することができなければ、要介護者やその家族は複数のサービス事業者それぞれに対してサービスの提供を依頼するという、わずらわしく、また、場合によっては極めて困難な行為に直面することになる。特に、それぞれのサービスが多くの提供機関から多元的に提供されるようになってくると、要介護者がサービスを選択するにあたって、どこがそうしたサービスを実施しているかという情報だけでなく、そこでのサービスの質やコストといった情報を、自力で入手することは難しいといえる。

　そのために、要介護者は介護支援専門員の支援を得て、「居宅サービス計画書」づくりを通して、生活設計をすることができるようになっている。この計画は要介護者の金銭面での自己負担能力や個々のサービスの介護報酬単価といったコストも意識して作成されることになる。

❷サービス事業者のサイドから

　居宅サービス計画が作成され実施されることで、それぞれのサービス事業者は、要介護者の支援について共通の援助目標をもち、個々の役割分担を認識しながら、役割を果たすことができる。この結果、サービス事業者はチームワークをとりながら、多職種が機能的に関わることができる。

　介護支援専門員が居宅サービス計画を作成することで、サービス事業者間でのチーム・アプローチを可能にするといえる。

介護保険制度下のケアマネジメント
と介護支援専門員の機能

Ⅲ　介護保険制度下のケアマネジメントと介護支援専門員の機能

1. 介護保険におけるケアマネジメントは、要介護者等を対象とするものである。

2. 介護保険におけるケアマネジメントは、保険給付対象のサービスを中心に調整するが、対象とならないサービス（一般の医療・保健・福祉サービス、インフォーマルな支援）についても要介護者等にとって必要な場合には、調整を行う必要がある。

3. 介護保険におけるケアマネジメントには、ケアプラン作成のみではなく、提供されるサービスへの仲介・実施、継続的な管理（モニタリング）、限度額の管理などが含まれる。

4. 要介護認定されない人々のなかにも、ケアマネジメントを必要とする人たちがいることを認識しておく必要がある。

❶介護保険制度下でのケアマネジメントの対象者・対象サービス

　ケアマネジメントとは、要介護者等が生活をしていくうえでのニーズと社会資源を結びつけることである。そのため、結びつけることを「サービス調整（コーディネーション）」といった言葉で説明されることもある。

　このケアマネジメントが介護保険のもとで実施されると、図1のようになる。ケアマネジメントの対象者は要介護認定の結果、要介護者・要支援者と認定された者となる。

　社会資源については、一般にはフォーマルなサービスだけでなく、インフォ

図1　介護保険制度下でのケアマネジメント

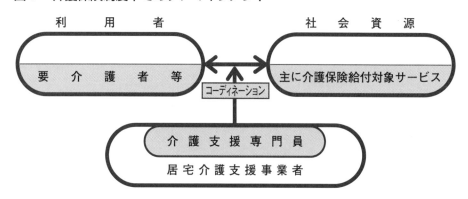

ーマルな支援との両方があるが、介護保険制度下では、保険給付としての居宅介護サービスを主たる社会資源とすることになる。しかし、介護保険給付サービスも希望があれば給付限度額を超えて利用でき、介護保険外の一般の医療・保健・福祉サービスも社会資源として位置づけられる。さらに、要介護者等が求める場合には、ボランティア・近隣などのインフォーマルな社会資源も活用していく必要がある。

　また、介護保険で認定を得られないが、ケアマネジメントを必要としている人々も地域社会には存在することを認識しておく必要がある。

❷介護保険給付とケアマネジメント

（1）介護保険制度下におけるケアマネジメントの枠組み

　厚生労働省では、介護保険制度下におけるケアマネジメントの構成について、次のような整理を行っている。

> ①アセスメント
> ②ケアプランの作成
> ③サービスの仲介や実施
> ④継続的な管理

　居宅介護支援事業者の介護支援専門員の役割は、単に「居宅サービス計画作成」に終始するのでなく、上記のように「サービスの仲介や実施」「継続的な管理（モニタリング）」を担うことに留意しなければならない。したがって、居宅介護支援事業者に支払われる「居宅介護サービス計画費」は居宅サービス計画作成に相当する費用だけではなく、サービス事業者とサービス利用を調整し、管理する費用も含んでいる。

（2）介護保険制度下におけるケアマネジメントの手順

　介護保険制度下におけるケアマネジメントの概念的な手順は以下のようになる。それぞれの過程において制度上要請されている事項を「指定居宅介護支援等の事業の人員及び運営に関する基準」（平成11年3月31日厚生省令第38号、最終改正令和3年1月25日。以下「省令」とする）および「指定居宅

介護保険対象外サービスも含めた居宅サービス計画の作成

「介護支援専門員は、居宅サービス計画の作成に当たっては、利用者の日常生活全般を支援する観点から、介護給付等対象サービス（法第24条第2項に規定する介護給付等対象サービスをいう。）以外の保健医療サービス又は福祉サービス、当該地域の住民による自発的な活動によるサービス等の利用も含めて居宅サービス計画上に位置付けるよう努めなければならない」（指定居宅介護支援等の事業の人員及び運営に関する基準第13条第4号）

指定居宅介護支援の基本取扱方針及び具体的取扱方針

② 指定居宅介護支援の基本的留意点（第2号）
　指定居宅介護支援は、利用者及びその家族の主体的な参加及び自らの課題解決に向けての意欲の醸成と相まって行われることが重要である。このためには、指定居宅介護支援について利用者及びその家族の十分な理解が求められるものであり、介護支援専門員は、指定居宅介護支援を懇切丁寧に行うことを旨とし、サービスの提供方法等について理解しやすいように説明を行うことが肝要である。
（通知第2、3(8)②）
③ 継続的かつ計画的な指定居宅サービス等の利用（第3号）
　利用者の自立した日常生活の支援を効果的に行うためには、利用者の心身又は家族の状態等に応じて、継続的かつ計画的に居宅サービスが提供されることが重要である。介護支援専門員は、居宅サービス計画の作成又は変更に当たり、継続的な支援という観点に立ち、計画的に指定居宅サービス等の提供が行われるようにすることが必要であり、支給限度額の枠があることのみをもって、特定の時期に偏って継続が困難な、また必要性に乏しい居宅サービスの利用を助長するようなことがあっては

介護支援等の事業の人員及び運営に関する基準について」（平成11年7月29日老企第22号厚生省老人保健福祉局企画課長通知、最終改正令和3年3月16日。以下「通知」とする）に従ってみていくこととする。

①要介護認定等の申請に係る援助

居宅介護支援事業者は、被保険者から要介護認定等の申請の代行を依頼された場合には、必要な協力を行わなければならないとされている。

また、指定居宅介護支援の提供に際しては、利用申し込み者が要介護認定等を受けているかを確認し、受けていないことが判明した場合には、当該利用者の意向を踏まえてすみやかに申請が行われるよう、必要な援助を行わなければならないとされている。（省令第8条、通知第2、3(4)）

②内容及び手続の説明及び同意（詳細については44頁(6)「契約」と「同意」参照のこと）

介護保険制度下においては、利用者は指定居宅サービスのみならず、指定居宅介護支援事業者についても自由に選択できることが基本であり、指定居宅介護支援事業者は、利用者からの利用申し込みがあった場合には、あらかじめ、当該利用者または家族に対して当該指定居宅介護支援事業者の運営規程の概要、介護支援専門員の勤務体制、秘密の保持、事故発生時の対応、苦情処理の体制等について説明を行い、当該指定居宅介護支援事業者から居宅介護支援を受けることについて利用者から同意を得ることが必要とされている。

また、当該同意については、利用者及び指定居宅介護支援事業者の保護の立場から書面によって確認することが望ましいとされている。

加えて、この際、居宅サービス計画は利用者の希望を基礎として作成するものであり、指定居宅介護支援についての利用者の主体的な参加が重要であることについても十分説明を行い、理解を得ることが必要である。（省令第4条、通知第2、3(2)）

③課題分析（アセスメント）の実施

居宅サービス計画は、個々の利用者の特性とニーズに応じて作成されることが必要であるため、居宅サービス計画の作成に先立って、利用者の課題分

ならない。
（通知第2、3(8)③）

④　総合的な居宅サービス計画の作成（第4号）

居宅サービス計画は、利用者の日常生活全般を支援する観点に立って作成されることが重要である。このため、居宅サービス計画の作成又は変更に当たっては、利用者の希望や課題分析の結果に基づき、介護給付等対象サービス以外の、例えば、市町村保健師等が居宅を訪問して行う指導等の保健サービス、老人介護支援センターにおける相談援助及び市町村が一般施策として行う配食サービス、寝具乾燥サービスや当該地域の住民による見守り、配食、会食などの自発的な活動によるサービス等、更には、こうしたサービスと併せて提供される精神科訪問看護等の医療サービス、はり師・きゅう師による施術、保健師・看護師・柔道整復師、あん摩マッサージ指圧師による機能訓練なども含めて居宅サービス計画に位置付けることにより総合的な計画となるよう努めなければならない。

なお、介護支援専門員は、当該日常生活全般を支援する上で、利用者の希望や課題分析の結果を踏まえ、地域で不足していると認められるサービス等については、介護給付等対象サービスであるかどうかを問わず、当該不足していると思われるサービス等が地域において提供されるよう関係機関等に働きかけていくことが望ましい。
（通知第2、3(8)④）

析（アセスメント）を行うことになる。

　課題分析とは「利用者の有する日常生活上の能力や利用者が既に提供を受けている指定居宅サービスや介護者の状況等の利用者を取り巻く環境等の評価を通じて利用者が生活の質を維持・向上させていく上で生じている問題点を明確にし、利用者が自立した日常生活を営むことができるように支援する上で解決すべき課題を把握すること」とされている。

　そして、その課題分析が介護支援専門員の個人的な考え方や手法のみによって行われることなく、客観的に課題を抽出できるようにするために課題分

課題分析の標準項目

　介護サービス計画書の様式及び課題分析標準項目の提示について（平成11年11月12日老企29　最終改正令和３年３月31日）

図２　介護保険制度下における要介護者に対するケアマネジメントの手順

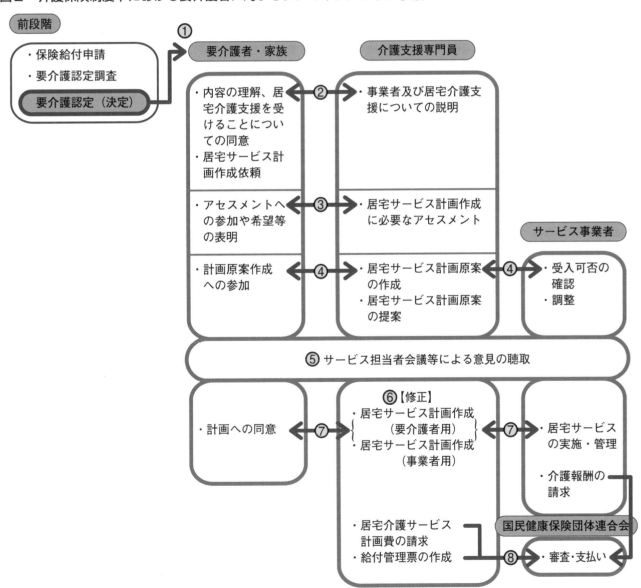

析の方法が示されているのである。（通知第2、3⑻⑥）

　また、利用者の解決すべき課題の把握にあたっては、利用者の居宅を訪問し、利用者及びその家族に面接して行わなければならないとされている。その際には、面接の趣旨を利用者及び家族に対して十分説明し、理解を得ることが必要である。

　なお、当該アセスメントの結果は必ず記録し、2年間保存しなければならないとされている。（省令第13条第7号、通知第2、3⑻⑦）

④居宅サービス計画原案の作成

　介護支援専門員は、利用者の希望及び利用者についてのアセスメントの結果による専門的見地に基づき、利用者の家族の希望及び当該地域における指定居宅サービス等の提供体制も勘案して居宅サービス計画原案を作成することになる。

　なお、当該居宅サービス計画原案には、利用者及びその家族の生活に対する意向を踏まえた課題分析の結果及び総合的な援助方針、ならびに生活全般の解決すべき課題を記載したうえで、提供される居宅サービスについて、その長期的な目標およびそれを達成するための短期的な目標、その達成時期等を盛り込み、当該時期には居宅サービス計画および各指定居宅サービス等の評価が行えるようにすることが必要であるとされている。（省令第13条第8号、通知第2、3⑻⑧）

⑤サービス担当者会議等による専門的意見の聴取

　介護支援専門員は、効果的かつ実現可能な質の高い居宅サービス計画とするため、各サービスが共通の目標を達成するために、具体的なサービスの内容として何ができるかなどについて居宅サービス計画に位置づけた指定居宅サービス等の担当者からなるサービス担当者会議を開催することとなる。ただし、やむを得ない理由がある場合については当該担当者への照会などにより、専門的な見地からの意見を求めて調整を図ることが必要である。

　また、サービス担当者会議の要点または担当者への照会内容については、記録するとともに、2年間の保存が必要であるとされている。（省令第13条第9号、通知第2、3⑻⑨）

居宅サービス計画への専門的意見の聴取

　介護支援専門員は、サービス担当者会議（介護支援専門員が居宅サービス計画の作成のために居宅サービス計画の原案に位置づけた指定居宅サービス等の担当者（以下この条において「担当者」という。）を召集して行う会議をいう。以下同じ。）の開催により、利用者の状況等に関する情報を担当者と共有するとともに、当該居宅サービス計画の原案の内容について、担当者から、専門的な見地からの意見を求めるものとする。ただし、やむを得ない理由がある場合については、担当者に対する照会等により意見を求めることができるものとする。（省令第13条第9号）

⑥居宅サービス計画の説明及び同意

　介護支援専門員は、居宅サービス計画の原案に位置づけた指定居宅サービス等について保険給付の対象となるか否かを区分したうえで、計画原案の内容などについて利用者またはその家族に対して説明し、文書により利用者の同意を得なければならないとされている。

　ここで、説明及び同意を要する居宅サービス計画原案とは、いわゆる居宅サービス計画書の第1表から第3表、及び第6表、第7表に相当するものすべてとされている。（省令第13条第10号、通知第2、3⑻⑩）

⑦居宅サービス計画の交付

　介護支援専門員は、居宅サービス計画を作成したら、遅滞なく利用者及びサービス担当者に計画を交付することとなる。このとき、サービス担当者に対しては当該計画の趣旨及び内容等について十分に説明し、各担当者との共有、連携を図ったうえで各担当者が、自ら提供するサービスが居宅サービス計画においてどのように位置づけられているのかを理解できるように配慮することが必要とされている。（省令第13条第11号、通知第2、3⑻⑪）

⑧居宅サービス計画の実施状況等の把握及び評価等

　指定居宅介護支援においては、利用者の解決すべき課題にあわせて適切なサービスを組み合わせて継続的に提供することが必要であり、介護支援専門員は、利用者の変化に留意し、必要な場合にはすみやかな対応をとることが重要である。

　そのため、居宅サービス計画の作成後においても、利用者及びその家族、指定居宅サービス事業者との連絡を継続的に行い、居宅サービス計画の実施状況や利用者の状況の把握を行い、必要に応じて居宅サービス計画の変更、指定居宅サービス事業者等との連絡調整、その他の便宜の提供を行うこととなる。これがモニタリングに相当する。

　特に、利用者の変化は、直接サービスを提供する指定居宅サービス事業者が把握することも多いことから、介護支援専門員は、当該の指定居宅サービス事業者と緊密な連携を図ることが必要とされている。

　このモニタリングは少なくとも月に1回は利用者の居宅で面接を行い、かつ少なくとも1か月に1回はモニタリング結果を記録することが必要である

とされている。（省令第13条第13号・第14号、通知第2、3⑻⑬）

⑨居宅サービス計画の変更

　居宅サービス計画を変更する際には、原則として、アセスメントからサービス担当者会議等による意見の聴取、原案の作成、同意までの一連の業務を行うことが必要とされている。

　利用者の希望によってサービス提供日時の変更を行う場合等軽微な変更を伴う場合はその必要がないが、利用者の状況、課題の変化についての留意が必要である。（省令第13条第15号、通知第2、3⑻⑮⑯）

（3）居宅サービス計画書と介護給付額

　「居宅サービス計画書」においては、個々のサービスの介護給付の単位となる介護内容の項目と量（回数・時間等）を明確にし、月単位等の給付額を明確にしなければならない。さらに、要介護者や家族に対しては、負担額を明確にしなければならない。

　したがって、計画書に記載する内容は、目標を踏まえること、介護内容の実施における留意点を明らかにすることなど、種々の広がりはもちながらも、介護給付額につながる介護内容の項目・量が明確に記される必要がある。

　「サービス利用票（兼居宅（介護予防）サービス計画）」（様式・17頁）、「サービス提供票」（様式・19頁）といった書類を作成することも介護支援専門員の任務である。

　この介護給付額の計算結果は、前述のように介護支援専門員が本人や家族と居宅サービス計画について合意をとるうえで極めて重要であり、その前提として、どのようなケア内容を実施するかを明確に合意していることが必要となる。

　また、この介護内容の項目・量は、実績がチェックされ、介護支援事業者から国民健康保険団体連合会に「給付管理票」として送られることとなる。

（4）介護保険施設への入・退所（院）計画と居宅サービス計画
　○介護支援専門員は介護保険施設への入所・入院への対応も求められる
　○介護保険施設からの退所・退院の際の居宅サービス計画づくりへの対応
　　も重要である

　基本的に在宅におけるケアマネジメントを中心に述べてきたが、必要に応じて介護保険施設への入所が求められることもあり、本人または家族の意向をくみ取り、対応することが求められる。

　その際には、介護保険施設はそれぞれ機能等が異なるため、主治医の意見を参考にするなどして介護保険施設への紹介等を行うこととされている。（省令第13条第17号）

　また、介護保険制度導入の目的でもある在宅での自立生活を支援するという点からすれば、介護保険施設を退所・退院する際の居宅サービス計画についても、同様にすすめることが求められる。その場合、介護保険施設の環境と在宅の環境の相違を認識し、アセスメントについても、在宅での社会環境を十分検討した上で、課題（ニーズ）を検討する必要がある。さらに、介護保険施設においても、在宅生活が可能となるよう施設サービス計画を作成し実施していくことが求められている。介護支援専門員は、在宅生活と施設生活を連続したものとして支援するため、入所・入院や退所・退院といったことについても積極的な関わりをもち、要介護者の円滑な入所・入院や退所・退院を支援することが必要である。

（5）記録の整備

　次の書類・記録については、完結の日から２年間保存しなければならないこととされている。（省令第29条）

① 　サービス計画の実施状況の把握にともなう指定居宅サービス事業者等との連絡調整に関する記録

② 　個々の利用者ごとの居宅介護支援台帳
　・居宅サービス計画
　・サービス計画作成（変更）のためのアセスメント結果の記録
　・サービス担当者会議の記録
　・サービス計画の実施状況の把握（モニタリング）結果の記録

③ 　市町村への通知に係る記録

④ 　自らの指定居宅介護支援サービス計画に位置づけたサービス等に対する利用者や家族からの苦情の内容等の記録

⑤ 　事故の状況及び事故に際して採った処置の記録

介護保険施設への紹介

　介護支援専門員は、適切な保健医療サービス及び福祉サービスが総合的かつ効率的に提供された場合においても、利用者がその居宅において日常生活を営むことが困難となったと認める場合又は利用者が介護保険施設への入院又は入所を希望する場合には、介護保険施設への紹介その他の便宜の提供を行うものとする。（省令第13条第17号）

介護保険施設から在宅への移行

　介護支援専門員は、介護保険施設等から退院又は退所しようとする要介護者から依頼があった場合には、居宅における生活へ円滑に移行できるよう、あらかじめ、居宅サービス計画の作成等の援助を行うものとする。（省令第13条第18号）

（6）「契約」と「同意」

　利用者との間で必要とされる同意、契約についてケアマネジメント過程に沿って示すと図3のようになる。介護支援専門員は、図3②の、利用者あるいは家族との間で指定居宅介護支援の提供の開始に係る「契約」、また、図3④と⑨の、利用者および家族との間で「同意」を得ておく必要がある。

　②の居宅介護支援を実施することの契約については、指定居宅介護支援の提供の開始に際し、あらかじめ、利用申込者またはその家族に対し、運営規程の概要その他の利用申込者のサービスの選択に資すると認められる重要事項を記した文書を交付して説明を行い、当該提供の開始について利用申込者の同意を得なければならない。また、指定居宅介護支援事業者は、指定居宅介護支援の提供の開始に際し、あらかじめ、居宅サービス計画が第1条の基本方針及び利用者の希望に基づき作成されるものであること等につき説明を行い、理解を得なければならないとされている。（省令第4条）

　居宅介護支援を始めるにあたっては、当該居宅介護支援事業者の重要事項

図3　ケアマネジメントの流れと「契約」「同意」が必要とされるポイント

①相談、選択

③居宅介護支援開始
　の届出（代理申請）　　☆

②契約　　☆

④アセスメント結果及び計画案の
　提出への同意　☆
⑤アセスメント
⑥計画原案作成
⑦サービス担当者会議
⑧計画修正
⑨計画への同意、確定　☆

☆　⇒　文書による同意が必要とされているもの

②居宅介護支援を実施することについての契約

④介護支援専門員が行ったアセスメント内容（個人情報）や居宅サービス計画内容（原案）をサービス担当者会議に提出すること、およびアセスメント内容や決定した居宅サービス計画内容について居宅サービス実施事業者に提供することへの同意

⑨居宅サービス計画の内容についての同意

（運営規程の概要やその他利用申込者がサービスを選択することに役立つ事項）を説明書やパンフレットを材料にして、介護支援専門員が当該居宅介護支援事業者のサービス内容を本人や家族に理解できるよう、ていねいに説明したうえで、本人や家族に居宅介護支援を実施することの了解を得ることになる。これは、インテーク場面でのサービス提供側の内容を説明することに相当する。

　その際には、両者が契約書の書面でもって確認することが、利用者と居宅介護支援事業者の双方を保護する立場からして望ましいことである。（通知第2、3(2)）

　④の個人情報の提供に関する同意については、
「1　指定居宅介護支援事業所の介護支援専門員その他の従業者は、正当な理由がなく、その業務上知り得た利用者又はその家族の秘密を漏らしてはならない。
　2　指定居宅介護支援事業者は、介護支援専門員その他の従業者であった者が、正当な理由がなく、その業務上知り得た利用者又はその家族の秘密を漏らすことのないよう、必要な措置を講じなければならない。
　3　指定居宅介護支援事業者は、サービス担当者会議等において、利用者の個人情報を用いる場合は利用者の同意を、利用者の家族の個人情報を用いる場合は当該家族の同意を、あらかじめ文書により得ておかなければならない。」（省令第23条）
とされている。
　上記のように居宅介護支援においては、秘密保持として、利用者やその家族について業務上知り得た個人情報を他の者に漏らしてはならないことを原則としている。しかしながら、介護支援専門員が知り得た課題分析情報や居宅サービス計画書を直接サービスを提供する事業者にも共有してもらう必要があり、利用者およびその家族から、そうした情報を開示することの了解を得る必要がある。
　この情報開示の了解は、サービス担当者会議を開催する際にも必要であり、また、居宅サービス計画を実施する際にも求められる。さらには、継続的なモニタリングのなかで居宅サービス計画を変更する際や、再度、サービス担当者会議を開催する場合にも求められる。したがって、一定の期間、一定の

相手先に、一定の情報を提供することについて包括的に了解を得る必要があるが、居宅介護サービス事業者との調整やサービス担当者会議を始める前に、契約期間中、サービス担当者会議や居宅介護サービス事業者個々に対して、記入内容を情報開示することについて利用者及び家族の了解を得ることが適切である。これにより何回も繰り返して同意を得ることを回避することができる。この同意については、指定居宅介護支援開始時に、利用者及びその家族の代表者から、連携するサービス担当者間で個人情報を用いることについて包括的に同意を得ることでたりるものであるとされている。（通知第2、3⒅③）

　なお、本ガイドラインでのアセスメント用紙（Ⅸ章　1〜11頁）は、関係者に配布できる内容にすることを前提に設計してあるので、すべてについて提出・提供することの同意をとることが基本になる。なお、④の段階でアセスメント結果そのものを直接利用者及び家族に見せて了解をとるかどうかについては、②の契約で包括的に同意を得ておけば、制度上は開示することは要請されてはいない。ただし、本人の納得を得て居宅サービス計画の作成を行うという観点からは、それを見せることが望ましいと考えられる。

　⑨の居宅介護サービス計画の内容への同意については、介護支援専門員は、居宅サービス計画の原案に位置づけた指定居宅サービス等について、保険給付の対象となるかどうかを区分したうえで、利用者またはその家族に対して説明し、文書により利用者の同意を得なければならないとされている。（省令第13条第10号）

　これについては、居宅サービス計画書の第1表から第3表まで、第6表、第7表を添付して、それらを詳しく説明して同意を得ることが求められる。また、「サービス利用票」は、毎月変わるものなので、同意は当該月について前月の末日までに（すなわち毎月）、得ることが必要となる。

❸ケアマネジメントの機能

（1）介護保険制度下におけるケアマネジメント及び介護支援専門員の機能
　前項までの内容を踏まえると、介護保険制度下におけるケアマネジメントの機能は、次のように整理することができる。
　①ケアの質の確保

②自立した生活、快適・安全な生活に向けた目標の明確化

③本人や家族、介護支援専門員、サービス事業者の三者間の調整・合意
　（介護給付額、利用者負担額の積算を含む）

④居宅サービス計画に基づくサービス実施状況の管理と「給付管理票」の
　国民健康保険団体連合会への送付

⑤居宅サービス計画に基づくモニタリング、調整

　また、介護保険制度における介護支援専門員の機能を列挙してみると、以下のように整理できる。それぞれの詳しい内容については、Ⅳ章の「居宅サービス計画ガイドラインを活用したケアマネジメントの過程」において整理している。

①エントリー
　○地域や施設内で要介護・要支援の状況にある対象者を発見する機能
　○ケアマネジメントを始めることの説明と了解をとる機能
　○保険者への保険給付申請の代行機能
　○保険者から委託を受けている場合には、要介護認定調査の機能

②アセスメント
　○アセスメント用紙をもとにした要介護者との面接の機能
　○アセスメント用紙をもとにした介護者との面接の機能
　○本人の了解をとったうえでの、医師等からの情報の収集の機能

③居宅サービス計画の作成
　○アセスメントに基づき、要介護者等の合意を得た居宅サービス計画原案を作成する機能（要介護度や本人の金銭面での自己負担能力を配慮）
　○サービス担当者会議（ケアカンファレンス）等により専門的意見を聴取し、居宅サービス計画を調整する機能
　○居宅サービス計画について、居宅サービス事業者から確認を得る機能
　○居宅サービス計画について本人や家族から最終合意を得る機能

④居宅サービス計画の実施
　○居宅サービス事業者へのサービス内容・時間・頻度等の依頼機能（サー

ビス提供票）

○本人の了解を得たうえで、アセスメント用紙及び居宅サービス計画書を居宅サービス事業者へ送付し、情報を共有化する機能

○「給付管理票」の国民健康保険団体連合会への送付機能

○サービス実施のチェック機能

⑤モニタリング

○はじめてつくった居宅サービス計画（初動期計画）について、頻繁にモニタリングする機能

○定期的および緊急的に家庭訪問等でモニタリングする機能

○新たな生活課題（ニーズ）や生活課題の変化に対して、再度アセスメントを行い、居宅サービス計画を修正する機能

○本人の要介護認定調査項目に変化が生じた場合の、要介護認定変更の代理申請あるいは本人や家族に助言する機能

　以上のような機能を果たす介護支援専門員は、要介護者の生活課題（ニーズ）を最もよく知っている者である。さらに、要介護者の生活課題（ニーズ）充足の状態をもとに、地域の社会資源の配置状況についても最も認識できる立場にある。そのために、介護支援専門員は、個々の要介護者に対しては在宅生活が維持できるように、他機関等に対して個別的な弁護的機能（ケース・アドボカシー）を果たすことが求められる。他方、それぞれの市町村での要介護者全体での社会資源の問題点を明らかにすることができ、保険者等に社会資源の充実を求めてはたらきかけていくことができるのも介護支援専門員の機能である。後者のことをクラス・アドボカシーというが、これは介護支援専門員は地域包括支援センターと協働して実施していくことになる。

図4　介護支援専門員の機能

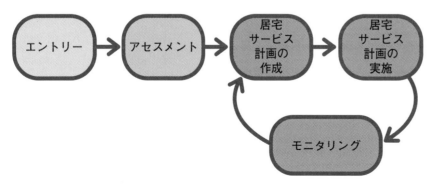

居宅サービス計画ガイドラインを活用した
ケアマネジメントの過程

Ⅳ 居宅サービス計画ガイドラインを活用したケアマネジメントの過程

　介護支援専門員のケアマネジメントの過程は、図1のように、①エントリー、②アセスメント、③居宅サービス計画の作成、④居宅サービス計画の実施、⑤モニタリング、の順で展開している。以上の過程について、順次説明していく。

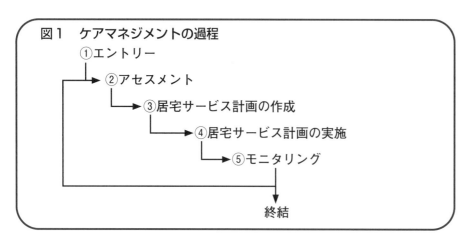

図1　ケアマネジメントの過程
①エントリー
→②アセスメント
→③居宅サービス計画の作成
→④居宅サービス計画の実施
→⑤モニタリング
終結

❶エントリー

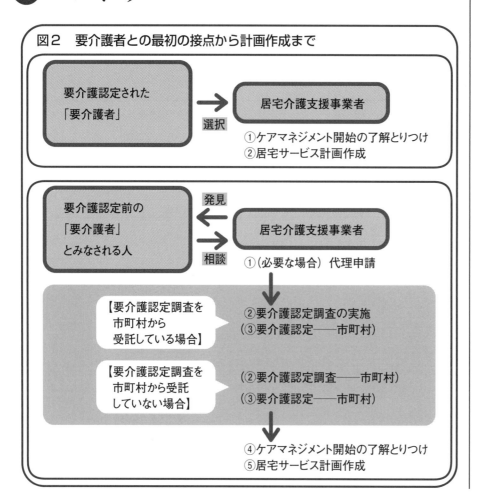

図2　要介護者との最初の接点から計画作成まで

要介護認定された「要介護者」 → 選択 → 居宅介護支援事業者
①ケアマネジメント開始の了解とりつけ
②居宅サービス計画作成

要介護認定前の「要介護者」とみなされる人 ← 発見／相談 → 居宅介護支援事業者
①（必要な場合）代理申請

【要介護認定調査を市町村から受託している場合】
②要介護認定調査の実施
（③要介護認定──市町村）

【要介護認定調査を市町村から受託していない場合】
（②要介護認定調査──市町村）
（③要介護認定──市町村）

④ケアマネジメント開始の了解とりつけ
⑤居宅サービス計画作成

　介護支援専門員が要介護者と最初の接触をもつのは、2つの場合が想定できる。1つは、要介護認定審査が終了し、要介護者と認定された後に、要介護者やその家族から居宅サービス計画作成の依頼があり、それに基づき居宅サービス計画作成が始まる場合である。もう1つは、介護支援専門員あるいはその他の者が要介護者となる者を発見し、あるいはその本人や家族から相談を受け、要介護認定の申請と居宅サービス計画の作成を実施する場合である（図2参照）。

　前者については、最初の接触の際に、ケアマネジメントを始めることの了解をとる必要がある。具体的には、ケアマネジメントの目的、さらにはアセスメント、ケアプランの作成・実施、モニタリングの内容をわかりやすく説明し、要介護者から了承を得ることになる。同時に、介護保険制度の内容として、要介護状態区分によるサービス利用限度額、**上乗せサービス**や**横出しサービス**についても説明し、了解を得ておく必要がある。

　後者の場合には、まずは介護保険制度について詳しく説明をし、保険給付を受けるよう勧め、必要に応じて、保険給付の代理申請（すなわち要介護認定の申請）を行う。介護支援専門員が要介護認定調査の委託を受けている場合には、市町村に連絡をし、保険者からの決定を受けたうえで認定調査を行い、その結果を待って（実際には並行して）、居宅サービス計画作成・実施を開始するという流れが想定される。認定調査の委託を受けていない場合は、必要に応じて代理申請を行う。この申請と同時に、介護支援専門員は居宅サービス計画作成・実施の内容や特徴を説明し、ケアマネジメントを実施することの了解を得る。

　了解を得る際には、ケアマネジメントを利用しなくとも、自ら居宅サービス計画を作成し、市町村に届けることで、直接居宅サービスを利用できることを伝えなければならない。

　なお、介護保険施設への入所・入院を希望する人の場合には、必要な相談を行ったうえで、介護保険施設を紹介することも居宅介護支援事業者の役割となっている。また、居宅サービス計画を種々検討したうえで、入所・入院を希望することもあるが、その場合も、介護保険施設の紹介を行う必要がある。

　また、この段階で、アセスメント等を通じて得た情報をサービス担当者会議や居宅サービス事業者個々に対して情報開示することについて、利用者か

上乗せサービス・横出しサービス

　ともに給付対象外のサービスについての用語。上乗せサービスは、サービスの種類としては保険給付対象サービスに該当しているが、量的に超えているもの。

　横出しサービスは、サービスの種類が該当しないものと整理される。ただし実際には、その区別が難しいものもある。

ら包括的に同意をとっておくことが必要である。「契約」「同意」については44頁（Ⅲ章❷-⑹）を参照されたい。

　このように介護支援専門員が最初に要介護者と会う段階は、従来インテークと呼ばれていた。しかし近年では、この最初の出会いから主訴を傾聴し、感情表出を支援し、取り組む課題と目標を明確にしていくこと、その過程で要介護者の強さを引き出していくこと、自己紹介と介護支援専門員の役割の説明、情報の提供（ケアマネジメントプログラムの説明、苦情申し立ての手順）、連絡方法の提示を行うことなどを通じて対等な援助関係を構築していくエンゲージメントと呼ぶようになってきている。

❷アセスメント

　次に、介護支援専門員はアセスメント用紙を使って、主として面接や観察を通じて、要介護者の生活の全体像を把握することになる。本ガイドラインのアセスメント用紙は、「第Ⅰ部　生活全般アセスメント部分」、「第Ⅱ部　ケアアセスメント部分」、「第Ⅲ部　総括アセスメント部分」で構成されている（図3参照）。

　これらの項目を、フェースシートでの「相談内容（主訴／本人・家族の希望・困っていることや不安・思い）」を起点にしながら、要介護者とのコミュニ

図3　アセスメントの構成

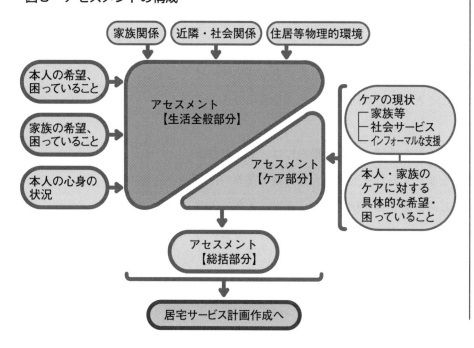

ケーションを深め、記入をすすめていくことが重要である。

　アセスメント全体を通して、要介護者や家族の問題状況にのみ目を向けるのではなく、積極的にプラス面の評価を行う姿勢をもつことが介護支援専門員には求められる。要介護者や家族の有している能力、意欲、好みといったこと、さらには、地域のなかで活用可能な社会資源についての評価も必要である。

（1）アセスメント項目の構成と内容

●アセスメントの構成

　生活全般部分　　1．フェースシート

　　　　　　　　　2．家族状況とインフォーマルな支援の状況

　　　　　　　　　3．サービス利用状況

　　　　　　　　　4．住居等の状況

　　　　　　　　　5．本人の健康状態・受診等の状況

　ケア部分　　　　6．本人の基本動作等の状況と援助内容の詳細

　　　　　　　　　　　※要介護認定調査項目含む

　総括部分　　　　7．全体のまとめ

　　　　　　　　　　1日のスケジュール

【第Ⅰ部　生活全般アセスメント部分】

　「■フェースシート」から「■本人の健康状態・受診等の状況」までがアセスメントの第Ⅰ部で、本人や家族の生活全般を多方面から把握することを目的としている。

　本人や家族の意欲や意思、本人の生活の嗜好は、本人の全体像を把握するためには非常に重要である。また、ここでは、本人や家族の社会関係も含めて、その背景についても把握するように努める必要がある。

　「これまでの生活の経過」には、そうした背景も含めて、自立に向けての支援を行う際にキーポイントとなると思われる情報を記入することになる。これについても、生活の経過から利用者の有している能力や可能性を明示することになる。そのため、本人の生活歴等を細かく把握すること自体を目的としたものではないが、本人や家族が病気や要介護状態などに直面した際に

どのように考え、どう対処してきたかから、本人や家族の生活観や強さを知ることができる。また、その困難な状況に対処するためにどういった人や機関の助力があったかを知ることによって、本人や家族がすでにつながりをもっている社会資源について知ることができる。

　面接をすすめるうえで、フェースシートの「相談内容（主訴／本人・家族及び介護者の希望・困っていることや不安・思い）」が、まず基本となる。ただし、本人・家族等の述べたことそのままが「真の」困っていること、生活ニーズになるとは限らない。十分に傾聴に努めるとともに、他のアセスメント項目の結果を踏まえながら分析を行う（要介護認定の調査内容も参考にする）。

　なお、アセスメント項目のなかには初回の面接調査だけでは把握しきれないもの（例えば、同居家族以外の親族の状況や住居の状況など）や、本人の状態によっては必ずしも一度に把握しなくてもよい項目もあるので、介護支援専門員はその点を踏まえながら面接をすすめ、記入することになる。

　要介護者及び家族が特に困っていること（早急に解決してほしいこと）及び緊急に対応すべきことは何かをまず明らかにすることが最低限必要である。

　すべて必要な項目を把握しきってから計画を作成するのではなく、計画を作成しながらモニタリングの機会を通して追加アセスメントを行い、計画を修正していくのが現実的なアセスメントのすすめ方となる。

【第Ⅱ部　ケアアセスメント部分】

「**6** 本人の基本動作等の状況と援助内容の詳細」が第Ⅱ部にあたる。

　ここでは、要介護者のケア部分でのアセスメントを特化させたものであり、具体的なケアを計画するために、現状ではどのようなケアが誰によって担われているか（家族、サービス事業者、インフォーマルな支援者等）を明らかにし、要介護者の対象領域別でのケアのニーズを導き出す資料になる。各評価項目でのニーズについては、各評価項目でアセスメントを実施し、具体的にニーズに対応するケア項目まで立案する。また、ケア項目以外に対応すべきニーズや留意点も明確にし、「特記、解決すべき課題など」の欄に記入することになる。この欄には以下のような点に留意し、記入する。

「特記、解決すべき課題など」の欄の書き方、内容について

　本ガイドラインにおいて、「特記、解決すべき課題など」の欄は、要介護者と家族の現状について一層理解を深めることで、課題を十分把握するために設定されたものである。要介護者と家族の嗜好や能力、願望といった「強さ」、さらには、自立に向けた支援を考えるうえで介護支援専門員自身が気づいたことや気になることも含めて記入することとしている。

　ADLや居住環境などのそれぞれの項目についても、現状での課題のみを記入するのではなく、前記のような点を記入していくことで、要介護者や家族の希望、さらには潜在的な能力や可能性を内包したニーズを導き出すことができ、利用者本位の居宅サービス計画の作成につながる。

　この点については、介護支援専門員のアセスメントに臨む姿勢や視点が大変重要である。アセスメントの際には、「〜できない」「〜の援助を必要とする」といった要介護者の問題状況や課題のみに目を向けがちであるが、「〜したい」「〜はできるようになりたい」「〜が好きだ」といった「強さ」を敏感にキャッチし、要介護者と家族がどのように生活していきたいと考えているかの思いをくみ取ることが肝要である。

　具体的に示すと、「特記、解決すべき課題など」の欄には以下の5点のうち、1〜3の要素が盛り込まれることになる。そして、そのことを通じて「○○○のために（原因）、△△△である（現状）。しかし、□□□をすることによって（方法）、☆☆☆ができる（課題解決のための可能性）」というように、解決すべき課題を分析し，解決策へと思考を展開することができる。

1．要介護者や家族の現在の問題状況に関する補足
　○　まず、要介護者や家族が抱えている、問題状況について必要な点については詳細な情報を補足する必要がある。また、その際には、例えば○○を使えば□□ができる、といったプラス面も意識的に把握しておくことが重要である。

2．要介護者や家族の嗜好、能力、願望

○　要介護者や家族の「強さ」を評価し、エンパワメントしていくために、嗜好、能力、願望を記入する必要がある。例えば、入浴について考えてみると、「本人は以前から清潔好きであった」「入浴が好きであった」といった嗜好を記入していくこともできる。また、アセスメント項目では洗髪・洗顔が一部介助となっているが、要介護者の能力として、「指示をすれば、洗顔や洗髪をすることができる」といった観察による情報を記入することもできる。また利用者の願望として「できる限り自宅で入浴したいと思っている」「できる限りひとりで入浴したい」といったことも含まれるであろう。また、食事について考えてみると、「おにぎりやパンなどのようなかたちであれば、手でつかんで食べることができる」というような情報、「杖歩行のためにシンクに肘をつきながら台所仕事をしているため、調理の負担は大きいが、『人には頼みたくない。自分の味付けでつくりたい』と話している」といったことも重要である。このように、要介護者や家族の思いをくみ取り、「特記、解決すべき課題など」の欄に書き留めておき、これらを踏まえながらニーズを導き出すことが求められる。

3．介護支援専門員の気づき

○　特に自立支援に向けての鍵になると思われる点で、アセスメントをしながら介護支援専門員が気づいたことも記入しておくことが必要である。例えば、「トイレが居室から遠いために、間に合わないことがある」様子なので、「居室の変更を提案してはどうか」とか、徘徊について、「昼夜逆転において、不眠の場合に徘徊が生じているようである」、家事については「腰痛があるため腰をかがめた姿勢での風呂掃除は負担だが、掃除用具の工夫をすれば風呂掃除はできそうである」というような点を書き込んでおくことで、ケアプラン作成への道筋をたてることができる。

なお、こういった要介護者や家族の「強さ」は、アセスメントをすすめる際に個々の項目ごとに表明されるものだけではな

く、それぞれの項目の相互関係や全体を眺めた時に介護支援専門員が読み取ることのできる部分もあるので、「全体のまとめ」を記入する際に、再度意識しながら記入することも重要である。

4．認知症での行動・心理症状（BPSD）の背景についての気づき

○　認知症の人が示すさまざまな行動・心理症状については、以下のような項目を設定している。

■認知機能

3－1　意思の伝達について

3－2　毎日の日課を理解することについて

3－3　生年月日や年齢をいうことについて

3－4　短期記憶（面接調査の直前に何をしていたか思い出す）について

3－5　自分の名前を言うことについて

3－6　今の季節を理解することについて

3－7　場所の理解（自分がいる場所を答える）について

3－8　徘徊について

3－9　外出すると戻れないことについて

3－10　介護者の発言への反応について

■精神・行動障害

4－1　物を盗られたなどと被害的になることについて

4－2　作話をすることについて

4－3　泣いたり、笑ったりして感情が不安定になることについて

4－4　昼夜の逆転について

4－5　しつこく同じ話をすることについて

4－6　大声を出すことについて

4－7　介護に抵抗することについて

4－8　「家に帰る」等と言い落ち着きがないことについて

4－9　一人で外に出たがり目が離せないことについて

4－10　いろいろなものを集めたり、無断でもってくることについて

4－11　物を壊したり、衣類を破いたりすることについて

4 - 12　ひどい物忘れについて

4 - 13　意味もなく独り言や独り笑いをすることについて

4 - 14　自分勝手に行動することについて

4 - 15　話がまとまらず、会話にならないことについて

4 - 16　実際にないものが見えたり、聞こえることについて

4 - 17　暴言や暴力について

4 - 18　目的もなく動き回ることについて

4 - 19　火の始末や火元の管理ができないことについて

4 - 20　不潔な行為を行う（排泄物を弄ぶ）ことについて、

4 - 21　食べられないものを口に入れることについて

　これらの項目については、症状の背景になると思われる内容や、それに関連する内容を記入することになる。例えば 4 - 17「暴言や暴力について」を検討すれば、「特記、解決すべき課題など」に「介護者が外に出かけようとする時によく起こる」という事実を書き、そうした結果、「一人になるのが不安で、暴力が起こっている可能性がある」と書く場合もある。「どのような時（時間帯、体調の状況、心理的状況、人との関わりの状況）に生じるか」の事実を書き留め、そうした事実から要介護者のどのような思いが症状や行動につながっているのか、介護支援専門員が感じたり、気づいたことを記入する。

　これらの「特記、解決すべき課題など」が記入されていれば、症状の軽減や症状への適切な対応に向けた介護サービス計画（ケアプラン）の作成が可能となる。具体的には、「生活全体の解決すべき課題（ニーズ）」の欄に、どのような背景から症状や行動が生じていると思われるといったことが記入され、それへの援助目標やサービス内容を示すことができ、要介護者の思いに応えることにより、症状や行動が軽減されたり、介護支援専門員だけでなく、家族や他の専門職が症状や行動に対して適切に対応することができるようになる。

　このような事実や思いについての情報は、介護支援専門員が日々得ていくことも大切であるが、介護支援専門員のみの力では

十分に得ることはできない。そのため家族や常時関わっている介護サービス事業者との話し合いのなかで、症状に関する事実や思いについての情報を得て、記入しておくことがポイントである。同時に、そうした情報を介護支援専門員に伝えてくれることを家族や介護サービス事業者に依頼しておくことも大切である。

5．6－③、④の「家族等からの情報と観察」の内容・書き方について

○　③「認知機能」、④「精神・行動障害」では、要介護者が示す行動・心理症状（BPSD）の有無を尋ねることになる。BPSDがある場合には、どうしてそのようなBPSDが生じているのか、生理身体的・心理的・社会的背景を、家族成員、ホームヘルパー等のサービス事業者と一緒に話し合うことになる。こうしたなかで、例えば「便秘がひどく、浣腸する前々日から暴力など拒否的行動がある」といったことに気づいた場合、「家族等からの情報と観察」欄に「便秘がひどい場合に拒否的行動が頻繁になる」といったことを記入する。

さらに、ケアプラン作成において、この背景をもとに暴力行為をとらえ、例えば自然排便に向けての支援がケアプランとして記述され、実施されることになる。

また、ある利用者は「就寝する時に幻視が生じるが、背中を軽くたたき、『私がここにいますよ』と言えば幻視がおさまる」ということが、家族からの情報として得られれば、そうしたことを記述し、対症療法ではあるが、ケアプランには幻視の際にはタッチングと声かけで安心してもらうことを記述できる。

ここでのアセスメントは、現状で行っているケアをチェックすることからスタートするが、「援助の現状」には、要介護者本人や家族の種々の心理的・社会的状況が反映していることが多いので、「相談内容（主訴／本人・家族及び介護者の希望・困っていることや不安・思い）」等の「生活全般部分のアセスメント」と「援助の現状」との関係を十分に検討し、なぜ、そのような援助を行っているか（サービスによるケアにしろ、家族によるケアにしろ）

を検討することが必要である。

　特に家族が実施しているケアについては、特別の注意をもってアセスメントする。例えば、自立できる能力や可能性があっても、時間がかかるために介護者がケアを行ってしまっているなど、本人の自立度と介護者の考え方にくい違いがないかを検討すること、その他、自立や安全性、快適性等に着目して検討を深めることが必要である。

　また、本人や家族の「希望」についても尋ねることになるが、これは、居宅サービス計画原案をつくる前段階の相談を行っていることになる。この場合も「援助の現状」と同様に、要介護者本人や家族の種々の心理的・社会的状況を理解し、例えば、「希望」がなくとも、何らかの支援をする計画が必要となる場合があることも理解しておく必要がある。

　基本動作等の状況の主要部分は、要介護認定調査項目を使用している。対象領域としては、①基本（身体機能・起居）動作、②生活機能（食事・排泄等）、③認知機能、④精神・行動障害、⑤社会生活（への適応）力、⑥医療・健康関係の6つを設定している。

【第Ⅲ部　総括アセスメント部分】

「7　全体のまとめ」と「1日のスケジュール」が第Ⅲ部にあたる。

　「1日のスケジュール」は、本人の生活状況や行われている介護内容の現状を必要に応じて記入していく。本人の生活リズムを把握することで、計画作成の段階で、いつ、どのようなケアが必要かを把握することができる。

共有する情報と介護支援専門員のみが把握しておく情報

　アセスメント結果は、居宅サービス計画を作成し、実施していくうえで、居宅サービス事業者と共有しなければならない情報である。

　このほか、個人情報保護の観点から、居宅サービス事業者等に示すことはできないが、介護支援専門員として把握しておくべきことがある。プライバシー保護の観点などから示せないこと、さらには、例えば、家族が本人には伝えていない情報や家族の人間関係などがある。その着眼点を示しておく。

　　■経済状況　　・生活保護等制度の利用について、利用することが適切
　　　　　　　　　　であるのに利用していないということはないか
　　　　　　　　・支出について、浪費傾向、消費者金融などの問題はな

　　　　　　いか
■家族関係　・要介護者の家族との関係について問題はないか
　　　　　　　特に、虐待や介護放棄の可能性はないか
■社会関係　・近隣や地域の友人関係に問題はないか
■生活歴　　・生活歴による、生活習慣などの問題はないか
■その他　　・本人に伝えていない病名・病状など

家族支援の視点

　近年では要介護者の家族も援助を必要とする例が増えてきている。例えば、老老介護、育児と介護のダブルケア、遠距離介護、8050問題、ヤングケアラー、あるいは経済的困窮、介護離職や仕事と介護の両立の困難、家族が受診を要する健康状態であるにもかかわらず医療受診ができていない等の問題もある。介護支援専門員は家族介護者を「要介護者の家族介護力」として支援するだけでなく、「家族介護者の生活・人生」の質の向上に対しても支援する視点をもち、家族のニーズにも目を向け、家族もまた自分らしい人生や安心した生活が送れるように、地域包括支援センターや市町村、多機関専門職等と連携を図って支援していく必要がある。

その他

　介護保険での介護サービス利用には自己負担がともなうため、限度額や自己負担額、所得が低い場合の軽減措置などについて必要な情報を伝えたうえで、自己負担が可能な金額やサービス利用の考え方（限度額の範囲で利用した、限度額を上回っても利用したい等）を確認しておく必要がある。

（2）アセスメントでの面接のすすめ方

　アセスメントは、自宅への訪問により行うこととなる。それは居住環境や家族の関係等自宅を訪問しなければわからないことが少なくないからである（ただし、退院・退所予定者の場合には、病院・施設を訪問しての面接も必要となる）。

　アセスメントで明らかにすべきことは多様であり、一度にできないことがあるのはもちろんのこと、本人と家族に対して別々に面接しなければならないこともあろうし、本人や家族がいろいろ聞かれることを嫌う場合も考えら

れる。本人が認知症等で十分に意思表示ができない場合もある。種々の状況への柔軟な対応が求められる。

　アセスメントは、多くの場合、ケアマネジメントにおける本人や家族との共同作業となる。介護支援専門員は主訴の傾聴と受容的な応答によって信頼関係の構築を意識しつつ、自らの役割や立場、仕事内容を説明し、本人や家族の理解が深められるよう始めることが必要となる。この時の介護支援専門員の姿勢がその後のケアプラン作成等の作業に大きく影響していくことを自覚しておかなければならない。

　したがって、アセスメントの面接が終了した時点で、さまざまな項目、特にプライバシーにも関わる項目を尋ねたことへのお礼を述べるという礼儀なども軽視してはならない。あわせて、今後ケアプラン作成に移行していくことについて伝えることが重要である。

（3）アセスメントを通して展開していくこと

　アセスメントは、居宅サービス計画作成のための情報を把握するために行うものである。

　具体的には、次のように展開していくものと整理することができる。
○要介護者や家族の介護に対する意向を明らかにすること
○それに基づき、総合的な援助の方針を設定すること
○個々の解決すべき課題（ニーズ）を明らかにすること
○それに基づき、個々の目標を導き出すこと
○また、必要な介護の項目と量（頻度・時間等）を導き出すこと
したがって、アセスメントでは次の点に留意することが必要である。

1．本人や家族及び介護者の主訴をもとにして、その希望・困っていることや不安・思いを十分に見極めること

2．本人の状況、家族の状況、サービス利用状況、住居等の状況、そして、受けている援助の現状から、主訴には現れないが、本人や家族、及び介護者の希望・困っていることや不安・思いを見極めること

3．上記1・2を踏まえながら、本人が生活していくうえで、解決すべき課題（ニーズ）をもれなく把握すること

4．本人がより自立し、尊厳の保たれた状態や安全性・快適性の確保のために、今まで実施してきた援助内容・方法の変更の可能性がある

課題分析（アセスメント）における留意点

　「課題分析における留意点（第7号）介護支援専門員は、解決すべき課題の把握（以下、「アセスメント」という。）に当たっては、利用者が入院中であることなど物理的な理由がある場合を除き、必ず利用者の居宅を訪問し、利用者及びその家族に面接して行わなければならない。この場合において、利用者やその家族との間の信頼関係、協働関係の構築が重要であり、介護支援専門員は、面接の趣旨を利用者及びその家族に対して十分に説明し、理解を得なければならない。なお、このため、介護支援専門員は面接技法等の研鑽に努めることが重要である。また、アセスメントの結果について記録するとともに、基準第29条第2項の規定に基づき、当該記録は、2年間保存しなければならない。」とされている。（通知第2、3⑧⑦）

ものを見極めること

❸アセスメントから計画作成へ

　アセスメントの方法や本ガイドラインの仕組みはすでに述べてきたが、当然のことながら、アセスメントには、項目に基づくチェックと課題分析があり、課題分析なしに、計画作成につながることはない。

　重ねて強調しておきたいことは、個々のアセスメント項目の記入結果から個別に課題（ニーズ）を引き出すだけでなく、アセスメント項目間の関連をみること、さらには項目全体から把握すべき本人や家族の全体像を明らかにすることが、計画作成には欠かせない点である。

　本ガイドラインのアセスメント用紙には、ケア部分での計画内容を検討する欄が「❻本人の基本動作等の状況と援助内容の詳細」に含まれており、「要援助→計画」の欄と「特記、解決すべき課題など」の欄を活用するようになっている（記入の仕方の詳細は「Ⅴ.『居宅サービス計画ガイドライン』様式の使い方」に述べている）。

　また、前項の「❷アセスメント」で述べたように、アセスメントでは本人や家族の具体的な「希望」を含めた相談内容を尋ねることになるが、これは居宅サービス計画原案をつくる前段階でサービス内容について相談を行うことを意味する。これらの欄では、具体的なサービスの計画として立案すべきことが導き出され、直接的にケア内容に反映することになるが、ケア内容のニーズは生活全般のニーズの一部を構成するにすぎないことを踏まえておく必要がある。

　したがって、アセスメント全体のもとで、要介護者や家族の生活の全体像のなかから着目すべき点を洗い出し、必要があれば、追加のアセスメントを行い、計画作成につなげていくこととなる。

❹居宅サービス計画の作成

図4　居宅サービス計画の作成過程

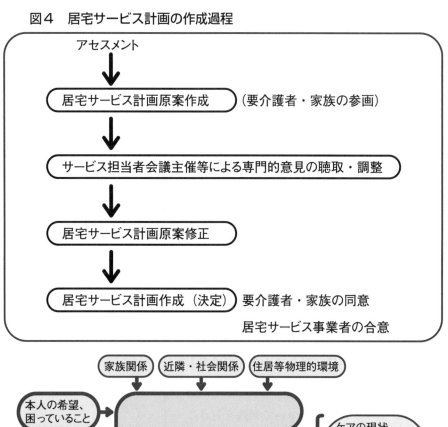

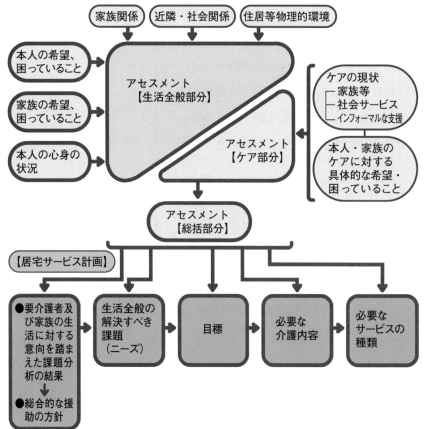

　ケアマネジメント過程で特に重要とされる過程として、アセスメント過程とケアプラン作成過程があげられる。介護保険制度においても、この２つが重要であり、ケアマネジメントの中枢に位置づけられる。

　前者のアセスメント過程については、すでに述べてきたが、後者の居宅サービス計画を作成する手順は、次の４つとなる。

1．介護支援専門員による居宅サービス計画原案の作成等
2．サービス担当者会議等による専門的見地からの意見に基づく今後のサービス提供方針やケア内容の検討
3．介護支援専門員による居宅サービス計画原案の修正
4．本人や家族の同意、居宅サービス事業者の合意により、介護支援専門員による居宅サービス計画の決定

　居宅サービス計画作成過程では、明らかになった課題（ニーズ）について、解決を図る具体的な計画を作成し、課題の解決を図ることになる。この居宅サービス計画の内容は、要介護者の心身の状況、生活環境、希望などを勘案し、利用する介護サービスの種類、内容、担当者などを定めるものである。ここでは、「いつ」「どこで」「どのようなサービスを」「何のために」「誰が」「どの程度」「いつまで行うのか」が、要介護者や家族、サービス担当者のチームの共通認識として明らかにされる必要がある。

　以下、具体的な居宅サービス計画をどのように作成するかを示してみる。

（1）「利用者及び家族の生活に対する意向を踏まえた課題分析の結果」

⇨「居宅サービス計画書(1)」
　（様式・12頁）参照

①利用者や家族と一緒に、自立や生活の質を向上するという観点から
　a．どこで生活したいのか
　b．どのように生活したいのか
　を浮かび上がらせる
②本人の希望、困っている状態を、達成可能で、具体的な介護に対する
　意向に置きなおす

「利用者及び家族の生活に対する意向」（以下、「本人・家族の意向」と略す）は、「利用者及び家族の希望する方向性・状態や、最終的に到達したい望ま

しい状態、あるいは、困っていることに対する望ましい結果」を示すものである。ケアマネジャーにはこれらを明確化する一方、現状ではその望ましい状態への到達が阻害されているのはなぜなのかを分析していく必要がある。「本人・家族の意向」を確認しながら、本人・家族と一緒にそれが現時点ではなぜ実現されていないのかを話し合うことを通じて、本人・家族とともにアセスメントを深めていくことが求められる。こうしたアセスメントの共通理解を図ることができれば、ニーズ認識のすり合わせが図られ、一緒にそれらのニーズを解決するための手段を検討していくことができる。

　意向を明確にする基本的な姿勢は、「本人」の語りを促すことである。しかし、本人の意思がわからない場合、本人と家族の意向が異なる場合、家族の負担が大きく、家族に対しても援助が必要な場合等があり、そうした場合は、本人・家族の区別を明確にして記述する。

　これは、本人の自立（自律）と生活の質の向上に関わるものであり、居宅サービス計画作成上の最も上位に位置する目標・方向性を示すものとしてとらえるべきものであり、基本となるものである。

　具体的には、介護支援専門員は、利用者や家族と一緒に、以下の2点を自立や生活の質を向上するという観点から浮かび上がらせなければならない。

　a．どこで生活したいのか

　　（例えば、自宅、グループホーム、介護老人福祉施設、介護老人保健施設、サービス付き高齢者住宅、有料老人ホーム等）

　b．どのように生活したいのか

　　（例えば、できるところは自分でしたい、リハビリを続けたい、ペットの犬を飼いたい、娘の協力を得たい等）

　こうした本人や家族の意向をもとに、個別の具体的な目標を探っていく（例えば、おむつをはずしたい、車いすを利用したい等）。現状で、本人や家族の意向が実現しているのであれば、援助は必要ないわけであるが、実際には本人や家族の意向とずれた状態が現状である場合が多い。では、このずれは何によって起こってきているのかを本人や家族と話し合いながら探っていくことがアセスメントである。このことを通じて見いだされ、共通認識できたことが「課題分析の結果」である。例えば、「買い物に行って自分で商品を見て、食材を選んで調理をしたい（意向）」けれども、下肢筋力が低下しているためスーパーまで自分ひとりで買い物に行けないために意向が実現でき

66

ていないというアセスメントの共有ができれば、その状態を変化させていくための手段（サービス利用等＝プランニング）について本人や家族と一緒に話し合うことができる。

　また「意向」のなかには「強さ」が隠れていることが多い。例えば「できる限り自宅生活したい」という強い望みは強さ（ストレングス）の表れととらえられる。ケアマネジャーはその思いがどこから来ているのかについての語りを促しながら、ではその望みを叶えるためにはどういった方法が考えられるかを本人や家族に尋ね、またケアマネジャーがもっている専門知識から活用可能な方法を提案し、それを本人・家族と一緒に吟味していく。このように「本人・家族の意向」を明確化し、それを踏まえて「課題分析」をすすめ、その「結果」を示すことは、より確実に、サービスを利用する本人や家族の意向にそった居宅サービス計画を立案することにつながることから、意義あるものである。

　区分支給限度基準額や種類支給限度基準額の枠内でのサービス提供を希望するのか、上乗せ（あるいは横出し）も希望するのかは、この「意向」を把握する際の重要な事項である。利用者から明確にそれを示された場合には、本欄に記入する必要がある。

　しかし、実際には、当初は限度額の枠内でどのくらいのサービスが提供されるかイメージできなかったり、具体的なサービス内容を検討するなかで枠外も考える、というようなプロセスが想定されるので、「居宅サービス計画書」作成の最初の段階で限度額の枠内におさめるかどうかの質問をしても、答えを得ることは難しい。

　また、介護支援専門員は自己負担能力を大前提として居宅サービス計画を作成するというよりも、課題（ニーズ）をもとに作成することを原則としている。そのため、その後の計画作成を利用者との間ですすめるなかで、自己負担のレベルを明確にしていくことが適切である。

（2）介護認定審査会の意見及びサービスの種類の指定の扱い方
　介護認定審査会が市町村に意見として述べることができるのは、次の2つである。
①当該被保険者の要介護状態の軽減又は悪化の防止のために（要介護状態となることを予防するために）必要な療養に関する事項

②サービス等の適切かつ有効な利用等に関し被保険者が留意すべき事項（法第27条第5項、法第32条第4項）

　このうち①については、市町村はこの意見に基づき給付の対象となるサービスの種類を指定することができる。これは、被保険者証に記載される。（法第37条第1項）

　ただし、本人や家族は、その変更の申請を市町村に対して行うことができ、市町村はその申請に基づき、認定審査会の意見を聴くこととなる。そして、認定審査会が変更の必要があると認めた時は、市町村はその種類の変更を行うことができる。これについても被保険者証に記載することになっている。（法第37条第2～5項）

（3）「総合的な援助の方針」の設定

　これは、(1) の「利用者及び家族の生活に対する意向を踏まえた課題分析の結果」から、意向を実現するために、専門職の立場から援助側の総合的な方向性を明らかにするものである。

　「利用者及び家族の生活に対する意向を踏まえた課題分析の結果」によって、介護支援専門員はどのような方針で援助していくのかを示すことができる。これは「本人・家族の意向」を援助者側の立場から再度整理することであり、「本人・家族の意向」をどのような方針で援助するかに置き換えることとなる。

　こうした総合的な援助の方向性を整理し、本人・家族にその内容を説明することは、その後の居宅サービス計画を作成し、実施していくうえでの約束ごと（契約）を取り結ぶことを意味している。

　また、この方針は、次の「居宅サービス計画書 (2)」の「生活全般の解決すべき課題（ニーズ）」及び「目標」の全体を総括するものでもあり、そこにおいては優先課題・目標や、各課題・目標間の関係が明らかになる必要がある。

　したがって、この方針の内容は、「利用者及び家族の生活に対する意向を踏まえた課題分析の結果」からの流れだけでなく、「生活全般の解決すべき課題（ニーズ）」「目標」を検討していくなかで、つくられていく必要がある。

　こうした「本人・家族の意向」及び「総合的な援助の方針」を示すことは、

68

以下の2点の意義があると思われる。

　第1には、ケアを含めた生活の方向性を本人や家族の希望にそったものに近づけることができることである。利用者や家族の意向ひいては目標とサービス提供側の援助目標が混在されることなく、「本人・家族の意向」を踏まえ、サービス提供側の援助の方針を立て、さらにいくつかの「生活全般の解決すべき課題（ニーズ）」を介しての、それぞれの「目標」へとすすめていくことによって、利用者本位の居宅サービス計画作成を行える。居宅サービス計画は、アセスメントによって的確に把握されたニーズと、これに基づいて立てられる目標によって成り立つのである。

　第2に、「本人・家族の意向」を明確にすることで、本人参加の実効性が高まることが期待され、より具体的な計画作成に本人が参加していくことにつながる。さらに、目標設定に本人が直接加わることによって、居宅サービス計画を具体的に実行することへの誘因（インセンティブ）がはたらくことが期待される。これによって本人のエンパワメントにつながり、主体的にサービスを利用しながら、自立（律）的な生活の実現に結びつくことが期待できる。居宅サービス計画作成過程において介護支援専門員はこの点に特に留意すべきである。

　さらに、この「本人・家族の意向」や「総合的な援助の方針」は各サービス事業者や専門職の間で、共通のものとして認識されなければならないことはいうまでもない。

（4）課題（ニーズ）の明確化

⇨「居宅サービス計画書(2)」（様式・13頁）参照

> ①要介護者が生活をしていくうえで困っている「生活全般の解決すべき課題（ニーズ）」を抽出していく
> ②アセスメント結果を踏まえて、本人や家族の生活全体から課題（ニーズ）を明確化していく

　上記の「本人・家族の意向」の実現に向けて、さらに「総合的な援助の方針」にそって具体的な居宅サービス計画の作成が始まる。

　まず、要介護者が生活をしていくうえで困っている生活全般の解決すべき課題（ニーズ）を抽出していくことが必要である。これは、アセスメント結

果全体を踏まえて、本人や家族の生活全体から明確化していく必要がある。

　この部分が居宅サービス計画作成において心臓部分ともいえる重要な部分である。これについては「Ⅱ章3　ニーズ把握の考え方」（26頁）を参照していただきたい。

図5　身体機能的状況、心理的状況、社会的状況と生活課題

アセスメント			生活課題（ニーズ）
身体機能的状況	心 理 的 状 況	社 会 的 状 況	
歩行ができず這っている状態	長女への介護負担を心苦しく思っている	別居の長女が通院介助を行っているが、長女自身も家庭があり、介護力の負担を感じている	長女による通院介助の負担が大きい
（～だから）			（～ので困っている）

　再度説明するならば、アセスメント結果をもとに、要介護者の身体機能的状況、心理的状況、社会的状況についての関係のなかで、生活課題（ニーズ）が生じていることを示すことである。これを具体的に示すと、図5のようになる。

　なお、どのようにしてニーズが抽出されたか、そのプロセスの一部を可視化しようとする「**課題整理総括表**」を用いることで、自身のニーズを把握する思考をチェックすることもできる。課題整理総括表は収集したアセスメント情報から「利用者の現在の状態」をもたらしている「自立した日常生活の阻害要因」を視野に入れつつ、「要介護状態の改善／維持」の可能性を考慮してニーズを抽出する思考を書き出すことでニーズのとらえ方に抜けや漏れがないかを確認しようとするものである。

　また、この課題整理総括表に記されたニーズ抽出の根拠について、例えばサービス担当者会議や関係機関間の情報共有場面等において、共通理解を図るツールとして活用することもできる。ただし、本来ニーズの抽出は利用者とケア

課題整理総括表

「課題整理総括表・評価票の活用の手引き」の活用について（平成26年6月17日　各都道府県・各保険者介護保険主管部（局）宛　厚生労働省老健局振興課事務連絡）
　様式は、「Ⅵ. 参考資料」（166、167頁）を参照。

マネジャーの共同作業においてなされるものであり、援助者側の分析がひとり歩きしないように活用の仕方には注意する必要がある。

（5）目標の設定

> ①「利用者及び家族の生活に対する意向を踏まえた課題分析の結果」「総合的な援助の方針」を踏まえながら、個々の「生活全般の解決すべき課題（ニーズ）」に対して、「目標」を設定する
> ②「長期目標」「短期目標」を設定する

　「目標」は、先に述べた「利用者及び家族の生活に対する意向を踏まえた課題分析の結果」「総合的な援助の方針」を踏まえ、個々の生活課題（ニーズ）を解決するために設定される本人、家族、サービス提供者共通の「目標」であるが、サービス提供者にとっては達成すべき援助目標でなければならない。そのため、サービス提供者を主語とした目標であるが、この目標も要介護者や家族との合意のもとに立てられる必要があることはいうまでもない。

　「目標」は、ケアサービスを必要とする利用者の希望等に基づいて作成された「利用者及び家族の生活に対する意向を踏まえた課題分析の結果」「総合的な援助の方針」に示された方向性を前提としながら、個々の課題の解決のために、どのようなケアを行うかをサービス提供者の援助目標として具体化するものである。そして、サービスを提供する側の個別援助計画につながる介護サービス計画の要となる重要なものとして位置づけられる。

　この「目標」は、具体的で実現可能な援助目標であることが求められる。もちろん、達成できないこともありうるが、当初から不可能であることが予想されるようなものであったり、建前的な援助目標であってはならない。

　厚生労働省が示している「居宅サービス計画書（2）」では、「目標」について、最終的ないしは長期的な見通しで到達する望ましい結果を示す「長期目標」と、それまでのステップとして比較的短期間の見通しで設定される目標の「短期目標」の2つが様式として示されている。

　例えば、脳梗塞の予後で半身麻痺の身体機能不全によって尿失禁のある要介護者の場合、長期目標は排尿行為が自力で失敗なく行える状態になること、短期目標は尿失禁に至る原因である身体機能の改善を図ることを基本とし

て、トイレまでの廊下を含めた排泄環境の改善や着脱のしやすい衣服へ改良することが考えられる。機能不全はたとえ改善しなくても、環境を含めた総合的な改善を行うことで、機能障害がもたらす活動制限や参加制約を補い、障害を克服し自立へと導くことが可能になる。

　したがって、援助目標を設定するうえで、以下の基本的な視点が重要である。

　　　◎本人と家族の希望を十分に踏まえること

　　　◎生活の質の向上を図ること

　　　◎自立を促進すること

　　　◎自立（律）的に生きることをめざすこと

　　　○残存機能を生かすこと

　　　○心身機能の向上をめざすこと

　　　○社会への参加が行われること

　以上を踏まえて、援助目標を的確に設定することが、居宅サービス計画作成の質の成否につながることになる。特に◎の4項目は重要であり、たえず念頭に置くべきである。残存機能を生かす視点も重要だが、むしろ、自ら選び取り組んでいくことが重要である。医学的に機能の回復改善はできないと判断された場合でも、努力によって数レベル改善した例が少なからずある。その改善した過程では、できないことではなく、「できたこと」や「できること」に着目した場合に、そうしたことが可能となっていることが多い。

　具体的には、それぞれの生活課題（ニーズ）に対して、「どのようにしたいか」を介護支援専門員の支援を得て、要介護者が自己決定することになる。これは「本人の求める望ましい目標・結果」であるが、それを援助側の目標に置き換えたものが「目標」であり、「長期目標」と「短期目標」に分けることになる。

　この段階で、本人が「したいこと」「できること」をうかびあがらせるためには、アセスメントの段階で、こうした本人の強さ（ここでは、本人を取り巻く環境等のプラス面も含む）を意識的に書きとめ、「特記、解決すべき課題」の欄に入れておくことが重要となる。

　ただし、本人の「したいこと」の支援を実現するにあたっては、当然そのリスクもあり、居宅サービス計画作成の際には、そのリスクを予測し、回避するための手立てを考えておく必要がある。そのため、本人のしたいことを

大切にしながらも、実現可能な援助目標に置き換えることが求められる。

　これらは、図6に示してあるように、生活課題（ニーズ）である「困っている」ことと、目標である「～したい」を要介護者と介護支援専門員が一緒に見つけ出すことである。ここで「短期目標」は、「～か月間は～したい」であり、「長期目標」は「最終的に～したい」という「本人の求めている望ましい目標・結果」が示される。この結果、短期目標は長期目標と連続したものになり、短期目標を達成していくことで、長期目標に近づいていくことになる。以上のように、本人の目標として整理したうえで、それぞれの「長期目標」と「短期目標」を援助者側の援助目標に置き換えるという作業をする。

図6　ニーズと目標の関係

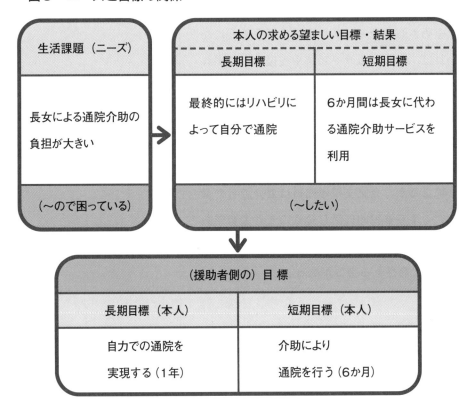

居宅サービス計画作成での目標設定の意義

　居宅サービス計画作成を行う際、構成される要素を組み立てていくのに要介護者や家族の側の目標と援助者側の目標の両方が極めて重要な要素になってくる。「目標」をどの「レベル」で「どのように」設定するかが、居宅サービス計画の質の鍵を握っており、目標の設定こそ利用者のより質の高い生活を実現することにつながっていることを強調しておきたい。

　「目標」とは、サービスや支援を行っていくうえでのめざすべき具体的な到達点を示すものである。目標に到達するためには、いくつかのサービスや支援の手段や方法によって実行されていくことになる。行われるサービスや支援は、居宅サービス計画に具体的に示される方法に基づいて実行されていくが、保健・医療・福祉各セクターの多様な分野の援助者やインフォーマルな支援者が関わることから、統一した到達点を示す「目標」は極めて重要である。すべての援助者はこの目標をめざしてサービスや支援を行うことになるので、明確に目標が示されていれば、行われるサービスや支援内容にずれが生じても目標に従って修正することが可能となる。保健・医療・福祉各セクターの援助者やインフォーマルな支援者といった複数の援助者が統一した支援をすすめるうえで「目標」は重要な役割をもつことになる。

　同時に、この目標は要介護者や家族がめざすべきものでもある。サービス提供者側の視点で記述されることになるが、介護支援専門員は要介護者や家族がこの目標に向かって生活していくよう継続的に話し合うことも大切である。その意味では、目標の共有は介護支援専門員とサービス提供者だけでなく、要介護者や家族との間でも継続的になされる必要がある。

（6）「援助内容」の検討

①課題（ニーズ）と目標がセットになり、その一つひとつに対応するかたちで「援助内容」を検討する
②ケア項目ごとのチェックを踏まえ、サービス内容を点検する
③「1日のスケジュール」による本人の生活、介護の現状を踏まえながら、サービスの頻度や時間帯を検討する

「生活全般の解決すべき課題（ニーズ）」と「目標」がセットになり、その

一つひとつに対応するかたちで、「援助内容」が検討される。これは具体的には「サービス内容」「サービス種別」「頻度」「期間」である。ここでのサービス内容は介護保険での介護報酬の区分を前提に具体的に示さなければならないが、漏れの出る可能性があるので、アセスメント用紙「6．本人の基本動作等の状況と援助内容の詳細」において、チェックした「計画」欄を踏まえ、サービス内容を点検することが必要となる。

　なお、「目標」を達成するために、どのようなサービス内容がどの程度の量必要かは、現場に相当の知見が蓄積されているが、各サービス事業者や介護支援専門員において、整理・体系化を図る必要がある。

　必要な介護内容を明らかにしたうえで、必要なサービスの種類と量（頻度）を引き出すには、アセスメント用紙「1日のスケジュール」による本人の生活や介護の現状やリズムを踏まえながら、検討することが必要である。特に、要介護度が重い人については、食事・水分摂取、排泄、起床・就寝、入浴の時間についての1日のスケジュールを押さえることが基本となる。

　また、食事の準備のように1日のなかで時間帯が一定で決まってくるサービス内容と、いつ行っても支障のないものがある。例えば、生活援助は、時間帯にあまり関係のない場合が多いので、身体介護を中心に訪問時間帯を決め、それに生活援助をどのように組み合わせるかの工夫を行う。

　居宅サービス計画原案を策定するにあたっては、選択したサービスについての介護報酬額、利用者負担額を計算する必要がある。

　利用者負担額を出すためには、要介護認定による区分支給限度基準額や、市町村ごとに定められる種類支給限度基準額等の範囲内であるかどうかの検討を行う必要がある。

　さらに上乗せサービス、横出しサービスや、民間の介護保険の活用、インフォーマルな支援をも視野に入れ、居宅サービス計画原案を作成しなければならない。つまり介護支援専門員は、地域の社会資源の種類や提供される内容や量についても十分な把握が求められる。

　利用者負担額は、要介護者や家族にとって、サービスをどの程度利用するかについての判断要因として非常に大きいものであり、その負担額によって、選択するサービスの種類・量を調整するケースが少なからず出てくることになる。

　本人や家族が考えている自己負担の限度を超えている場合には、以下の方

法で、修正を加えることになる。

1．計画原案の内容を伝えて、自己負担額を増やすことができないかを本人や家族に尋ねる

2．サービス内容の組み合わせで調整できないかを検討する

3．他の安価なサービスやインフォーマルな支援に変更できるサービスがないかを検討する

4．サービスの回数や内容を調整できないかを検討する

5．家族等のインフォーマルな支援で解決できる生活課題（ニーズ）がないかを検討する

医療サービスについては、まず、**主治医等の意見**をきくことが必要である。「利用者が訪問看護、通所リハビリテーション等の医療サービスの利用を希望している場合その他必要な場合には、利用者の同意を得て主治の医師又は歯科医師（以下「主治の医師等」という。）の意見を求めなければならない。」（省令第13条第19号）とされている。

また、医療サービスには主治医等の指示が必要であり、審査会意見に基づく被保険者証や主治医意見書の記載内容で、これに代えることはできない。「指定居宅介護支援等の事業の人員及び運営に関する基準」にも「介護支援専門員は、居宅サービス計画に訪問看護、通所リハビリテーション等の医療サービスを位置付ける場合にあっては、当該医療サービスに係る主治の医師等の指示がある場合に限りこれを行うものとし……」（省令第13条第20号）とされている。なお、これは、介護支援専門員が、指示書等をとることを求めているものではない。

なお、医療サービス以外のサービスについても、「当該指定居宅サービス等に係る主治の医師等の医学的観点からの留意事項が示されているときは、当該留意点を尊重してこれを行うものとする。」（同基準）とされている。これは、介護認定審査会に対して出される「主治医の意見」に基づき被保険者証に記載されたものをさしている。その他一般的に主治医等から、当該の居宅サービスについて、留意事項が出されている場合には、指示ではないが、尊重することはいうまでもない。

主治医の意見

　市町村は、要介護認定の申請が被保険者からなされた場合（要介護更新認定も同様）に、被保険者の主治医に対し「当該被保険者の身体上又は精神上の障害の原因である疾病又は負傷の状況等につき意見を求める」こととされている（主治医等がいない場合には市町村が指定する医師等）。これが、いわゆる「主治医の意見」である。（法第27条第3項）

　そして、この主治医の意見は要介護認定審査会に通知することとされている。（法第27条第4項）

（7）居宅サービス計画原案の作成

> ①サービス担当者会議等に提出する原案は、要介護者や家族の主訴、利用者及び家族の生活に対する意向を踏まえた課題分析の結果等をもとに作成する
> ②原案について、要介護者や家族と事前に調整する

　サービス担当者会議等に提出する居宅サービス計画原案は、介護支援専門員が一方的につくるのではなく、要介護者や家族の希望を十分踏まえ、一定の合意を得た、共同作業の結果でなければならない。

　具体的には、アセスメントの時に、要介護者や家族の主訴（希望・困っていることや不安・思い）、個々のサービス実施に対する希望（「6．本人の基本動作等の状況と援助内容の詳細」の「希望」欄）、種々のアセスメント項目の回答の背景にある要介護者や家族の希望・困っていることや不安・思いを踏まえて、計画を構成していくのが第1段階である。そこで必要に応じて、問い合わせ等を行い、アセスメント内容を補強することが必要である。

　第2段階としては、おおよその居宅サービス計画原案ができた段階で、再度面接を行うことが必要である。ここで、居宅サービス計画原案の内容（「本人・家族の意向」、総合的な援助の方針、生活全般の解決すべき課題（ニーズ）、目標、援助内容、利用者負担額等）について、要介護者や家族らと必要な調整を行い、基本的な合意を得ておくこととなる。ただし、サービス担当者会議等による担当者との調整により、変更する可能性のあることも理解してもらっておくことが必要である。

（8）初動期計画

> ①初動期計画には追加アセスメントが必要である
> ②本人が早急に解決してほしいと考えていること、緊急に対応すべきこと、1日のスケジュールを把握することが重要である

　初めて居宅サービス計画書を作成する場合には、要介護者の状況を最初の計画原案作成までの間には十分に把握できないことが通常であり、計画実施

後のサービス利用状況やモニタリングを通して利用者理解を深め、少しずつ修正を行うことになることが多いと想定される。

　例えば、排泄が自立していない要介護者に自立に向けた排泄介助を行う場合、排泄リズムを把握することは欠かせないが、これは、介護支援専門員の初期のアセスメントでは十分把握しきれないと思われる。ホームヘルプや訪問看護のサービスを提供しながら、チームで把握することが必要となる。

　このように考えると、初動期計画には、その後要介護者や家族からの追加のアセスメントが必要である。

　したがって、居宅サービス計画作成のためのアセスメントにおいては、すべて必要な項目を把握しきってから計画を検討・作成するというものではなく、与えられた条件のもとで、可能な範囲で把握を行い、初動期計画を作成し、サービスを実施しながら、計画を修正していくのが、現実的かつ確実なすすめ方ということができる。

　その際、最低限把握しなければならないことは、要介護者や家族が直ちに解決しなければ生活できないこと（早急に解決してほしいと考えていること）、及び緊急に対応すべきことが計画に含まれていることが重要である。また、特に要介護度が重い人の場合には、以上のことを「１日のスケジュール」を尋ねる際に、わかる範囲で押さえておくことが重要である。

（9）サービス担当者会議（ケアカンファレンス）等による専門的意見の聴取・調整

①居宅サービス事業者等の専門職の参加を得て実施するサービス担当者会議の開催や当該担当者への照会等により、専門的見地からの意見を求める
②介護支援専門員がメンバーに指示・命令を出す会議ではなく、情報を共有し合うことでチームワークをすすめる場とする

　居宅サービス計画は、前述したように介護支援専門員が要介護者や家族の参加をもとに原案を作成し、さらにサービス担当者会議等による専門的意見の聴取・調整を行い、最終的には要介護者や家族の了解を得ることになる。
　サービス担当者会議は介護支援専門員が招集して、サービスを提供する事

サービス担当者会議

「指定居宅介護支援等の事業の人員及び運営に関する基準について」（平成11年７月29日老企第22号、厚生省老人保健局企画課長通知）の第２─３─(8)─⑨において、
「介護支援専門員は、効果的かつ実現可能な質の高い居宅サービス計画とするため、各サービスが共通の目標を達成するために具体的なサービスの内容として何ができるかなどについて、利用者やその家族、居宅サービス計画原案に位置付けた指定居宅サービス等の担当者からなるサービス担当者会議の開催により、利用者の状況等に関する情報を当該担当者等と共有するとともに、専門的な見地からの意見を求め調整を図ることが重要である。なお、利用者やその家

業者の担当者（各種専門職）と要介護者や家族が参加して実施される。この会議で、それぞれの立場から意見を述べることで調整を行い、また、必要に応じて居宅サービス事業者と連絡・調整を行い、居宅サービス計画の修正を行うことになる。

　具体的なサービス担当者会議の過程について述べると、介護支援専門員は会議に提出する資料を準備することになる。その資料は、アセスメント用紙（要介護認定の調査項目、審査会の意見を含む）、居宅サービス計画原案が基本となる。

　サービス担当者会議で居宅サービス計画原案を修正し、確定に向けて作業をしていくこととなるが、実務的に、会議の場で計画を作成するというよりも、あらかじめ介護支援専門員がアセスメント結果から、要介護者や家族を交えて、目標の設定と必要なサービスの種類や量についても検討しておくことになる。そうしないと、担当者会議へのサービス事業者の具体的な参加依頼ができないことになる。

　さて、サービス担当者会議は、基本的な目的としては、要介護者のために、多様な専門職が集まり、情報を共有し合うことで、1つの共通した支援方針と役割分担を図ることについて合意形成をすすめる場である。

　この場面において、介護支援専門員は要介護者のアセスメント結果を提供し、多様な専門職等がアセスメントの内容やそれに対する援助目標を共有し、提供する介護サービスの内容を確定し、それぞれの役割分担を明確化・共有化していくこととなる。

族の参加が望ましくない場合（家庭内暴力等）には、必ずしも参加を求めるものではないことに留意されたい。また、やむを得ない理由がある場合については、サービス担当者に対する照会等により意見を求めることができるものとしているが、この場合にも、緊密に相互の情報交換を行うことにより、利用者の状況等についての情報や居宅サービス計画原案の内容を共有できるようにする必要がある。なお、ここでいうやむを得ない理由がある場合とは、利用者（末期の悪性腫瘍の患者に限る。）の心身の状況等により、主治の医師又は歯科医師（以下「主治の医師等」という。）の意見を勘案して必要と認める場合のほか、開催の日程調整を行ったが、サービス担当者の事由により、サービス担当者会議への参加が得られなかった場合、居宅サービス計画の変更であって、利用者の状態に大きな変化が見られない等における軽微な変更の場合等が想定される。

　サービス担当者会議は、テレビ電話装置等（リアルタイムでの画像を介したコミュニケーションが可能な機器をいう。以下同じ。）を活用して行うことができるものとする。ただし、利用者又はその家族（以下この⑨において「利用者等」という。）が参加する場合にあっては、テレビ電話装置等の活用について当該利用者等の同意を得なければならない。なお、テレビ電話装置等の活用に当たっては、個人情報保護委員会・厚生労働省「医療・介護関係事業者における個人情報の適切な取扱いのためのガイダンス」、厚生労働省「医療情報システムの安全管理に関するガイドライン」等を遵守すること。」とされている。

図7　「居宅サービス計画」の作成手順

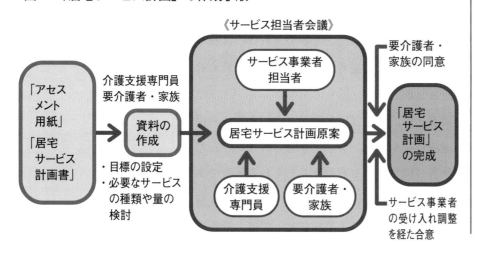

　サービス担当者会議で提案する「居宅サービス計画原案」については、いくら介護支援専門員として自信のあるものであっても、介護支援専門員が立てた案に一方的に協力を求めたり、メンバーに指示・命令を出すような会議であってはならない。さまざまな分野の専門職に加えて、要介護者や家族が、それぞれの視点からアセスメントや目標の設定について検討し合うことが求められる。つまり、介護支援専門員がリーダーとしてではなく、コーディネーターとして、アセスメント結果を情報として提供し、各専門職の視点から検討できる機会を確保していくものである。そして、チームワークとしての居宅サービス計画の確定に向けて、会議を運営していくことになる。

　また、会議参加者が自由に自分の意見を述べて、計画策定に関わりをもつことは、サービス提供のあり方を大きく左右することとなる。指示を受けてサービス提供するという受動的なものではなく、各サービス事業者の専門職が計画策定に関わるということは、サービスを提供する意義やそのあり方について主体的に関わったということになる。したがって、各サービス事業者は責任の明確化と役割分担をそれぞれに意識化して、実際のサービス提供を行うこととなり、あわせて本人や家族の協力も得ることができることになる。

　介護支援専門員は以上のような観点で、居宅サービス計画原案を策定し、サービス担当者会議の運営について配慮しておくことが求められる。

　以上サービス担当者会議の運営の観点を述べたが、会議を招集しないで、担当者への照会により居宅サービス計画を調整する場合も、同様の姿勢で臨む必要がある。

(10)　サービス担当者会議におけるインフォーマルな支援者の参加

　利用者の生活状況やニーズによっては、サービス担当者会議にインフォーマルな支援者の参加を求める場合がある。こうしたことができれば、各種サービス事業者による支援とインフォーマルな支援者による支援を組み合わせた居宅サービス計画の作成が可能となる。

　こうしたインフォーマルな支援者とは、例えば民生委員であったり、利用者にすでに関わりをもっている近隣住民やボランティアかもしれない。ただし、実際に居宅サービス計画に位置づけることが有効と考えられる場合であっても、そのことを利用者・家族とよく話し合い、その必要性や意義の理解を図ったうえで行うことが不可欠である。利用者・家族にとっては、近隣の

住民に自分たちの個人的な事情を知られることになるだけに、利用者・家族がそのことを了承したうえで支援に関わってもらいたい、と考えることでインフォーマルな支援者のサービス担当者会議への参加が可能となる。なお、会議において個人情報を提供することについて、利用者ないし家族から文書にて了解を得ておく必要がある。

　前述したように、サービス担当者会議の席上では利用者や家族に関する個人情報が話題に上る。民生委員においては守秘義務が定められているが（民生委員法第15条）、近隣住民やボランティアには法的に守秘義務が課されているわけではない。そのため、会議に参加するインフォーマルな支援者に秘密保持に関する誓約書を書いてもらう等の配慮も必要となる。

(11) 居宅サービス計画の作成（決定）

> 要介護者・家族の同意と各サービス事業者の調整・合意を得て、居宅サービス計画が決定される

　サービス担当者会議等を経て修正された居宅サービス計画は、その内容に対する要介護者や家族の同意と、各サービス事業者の受け入れ調整を経た合意により決定する。つまり、サービス担当者会議で決定されるのではなく、実際には、さらに調整が行われることとなる。

　特に、サービス担当者会議等専門職間で調整し、修正したことについて要介護者・家族の最終の了解を得ることはもちろんである。

❺計画の実施・モニタリング

計画の実施

・居宅サービス事業者には援助内容、頻度、時間数などを明確にした文書（「サービス提供票」）で依頼を行う

・介護保険給付対象外のサービスや支援についても必要に応じて依頼する

・利用者にも同様のもの（「サービス利用票」）で予定されるサービスや支援の内容を明確にする

・都道府県国民健康保険団体連合会に「給付管理票」を送付する

モニタリング

・本人・家族、サービス事業者にモニタリングを実施する

・必要に応じて計画の見直しを行う

・地域ケア会議への支援困難事例の提出

　介護支援専門員の業務は、居宅介護支援として「居宅サービス計画」を作成することだけではない。

　居宅サービス事業者への連絡調整や、サービス利用中に要介護者及び家族の状態がどう変化しているのかを継続的にモニタリングしていくことが介護支援専門員に求められており、最低限1か月に1回の家庭訪問をすることが義務づけられている。

（1）居宅サービス計画の実施

　居宅介護サービスの実施にあたって、介護支援専門員は居宅サービス事業者に対して、サービス内容、頻度、時間数などを明確にした文書でもって依頼を行う（「サービス提供票」、Ⅸ章 様式・19頁）。

　なお、介護保険で給付されるサービスだけでなく、必要とされる他の医療保健福祉サービスやボランティアといったインフォーマルな支援者への依頼も必要となる。

　介護支援専門員の作成した「居宅サービス計画書」「サービス提供票」は、サービス事業者に対する依頼の意味をもつものである。

　サービス事業者は、事業所の現員から利用申し込みに応じることができない場合にはその依頼を断ることはできるが、その前にサービス担当者会議等による調整もあるので、断る場合にはその段階までに行わないと混乱を引き起こすことになる。

　また、サービス事業者が「居宅サービス計画書」「サービス提供票」にないことを実施しても（利用者の了承を得ていたとしても）、介護給付の対象とはならない。実際にサービスを利用するなかで、当該サービスの内容や頻度に問題がある場合には、居宅サービス計画を担当している介護支援専門員に連絡をとり、修正を申し入れることが必要となる。

　このように、居宅サービス計画は、利用者本位を基本とし、介護支援専門員はもちろんのこと、サービス事業者も含めた三者間で、お互いに希望や意見を言いながら修正していくものと考えることが必要である。

　介護支援専門員の立場から利用者の意見・感想を得ることはもちろんのこと、各サービス事業者からも積極的な情報収集を行い、サービス事業者がサービス提供に際して行っている継続的なアセスメント情報を得る必要がある。

　また、居宅サービス計画に基づき実施したケアの実績については、変更があれば修正したうえで、介護給付対象のサービスの種類・点数等を「給付管理票」（Ⅸ章　様式・21頁）に記入し、都道府県国民健康保険団体連合会に送ることが求められる。

（2）居宅サービス事業者との連携

①なぜ連携が必要か

　せっかく居宅サービス計画を作成しても、計画通りに実行されなければ絵に描いた餅になってしまう。多様な居宅サービス事業者等が同じ目標に向かってサービスを提供し続けるためには濃密な連携が必要で、その要をにぎるのが介護支援専門員である。

　作成された居宅サービス計画が実施に移されるなかで、意図した通りにサービスが提供されるためには、サービスの進捗状況も含めて管理する介護支援専門員が、本人や家族、居宅サービス事業者等からの情報をもとに、サービスの微調整を行うことが求められる。

　また、アセスメントも初動期の居宅サービス計画の作成段階ではまだ十分

な状態とはいえず、サービスを提供していくなかから把握することも多い。この際には、介護支援専門員が居宅サービス事業者等から新たな情報を得ることも多い。利用者も実際にサービスを使ってみて気づくこともあり、こうした情報をもとにして、より正確な生活の全体像が把握され、適切な支援が行えるようになっていく。

　居宅サービス事業者にとっても介護支援専門員からの情報によって利用者のニーズに合致したサービスの提供が可能となる。こうしたことが、ひいては、利用者のCS（顧客満足度）やQOL（生活の質）を高めることにつながる。

　はじめてサービスを利用する人の場合、うまくサービスを使いこなすことができないことが多い。これは、サービスに対する過剰な期待や心理的な抵抗感、あるいは個人の相性などの問題が背景にある。介護支援専門員はこうした本人の思いを察知した場合、すみやかに関係の調整に入ることが必要になる。

②居宅サービス事業者への依頼
（ア）事業者への依頼の方法、依頼にあたっての留意点
　居宅サービス事業者にサービスの提供を依頼する際には、利用者に対してサービス提供可能な事業者の情報を提供し、優先順位を決めて、いくつかの事業者を選択していただいておくことが考えられる。これは、事業者が新規にサービス供給ができないほど利用者を多く抱えている場合もあるため、利用者の要介護度や利用頻度、おおよその提供場所などの概要を利用者に伝えたうえで、サービス提供が可能かどうか、費用や利用条件など介護支援専門員があらかじめ把握しているサービス提供内容が提供できるかどうかを確認する必要があるからである。

　こうした一連の処理は利用者等のいない場面で行ってもよいが、利用者や家族にある程度の時間的ゆとりがある場合は、面接中に事業者に連絡を入れることの了解を得たうえで順次確認していくと、細かな点での情報提供が可能となる。面接中にこうしたことを行うことは信頼関係を強化するうえでも有効である。ただし、事業者に個人情報をどこまで提供してよいかをあらかじめ利用者に確認しておくことは必要である。

　こうしてサービスを提供する事業者を絞り込み、続いて利用者の紹介手続きに入る。

　紹介方法については大きく分けて３種類の方法がある。①介護支援専門員から利用者情報を提供し、事業者のみで利用者宅を訪問する方法、②事業者や利用者と時間をあわせ、利用者宅で利用者情報を提供する方法、③サービス担当者会議にサービス事業者すべてが集まるなかで利用者情報を提供する方法、の３つである。

　例えば福祉用具などで、あらかじめ現物の利用方法や自己負担額などを利用者も介護支援専門員も十分理解している場合などは事業者だけの訪問で十分なこともあるが、できれば介護支援専門員が事業者と同席するなかで事業者を紹介すると相互の信頼関係を強化することができ、その後のサービス提供をスムーズに行いやすい。同時に、介護支援専門員にとっては居宅サービス事業者の詳細な情報を把握するチャンスにもなる。これは小規模のサービス担当者会議ともいえよう。したがって、介護支援専門員はできるだけ時間を調整して事業者の初回面接には同席したい。

（イ）居宅サービス事業者への情報提供

　居宅サービス事業者への依頼にあたって、介護支援専門員が提供すべき資料（情報）については下記のとおりである。できるだけ詳細な情報が提供されれば、居宅サービス事業者は独自に行うアセスメントの手間を省略でき、個別援助計画が作成しやすくなる。しかし、もしアセスメント用紙の一部の項目について不明な点があればその旨を伝え、居宅サービス事業者が把握した情報をもとにしてアセスメント用紙の欠落部分を補填してもらうことになる。ただし、資料はどこまでを提供するのか、あらかじめ利用者の了解を得ておくことはいうまでもない。

　①アセスメント用紙、②居宅サービス計画書(1)(2)、③週間サービス計画表、④介護保険被保険者証写し、⑤減額証写し、⑥要介護認定関係資料（概況調査、基本調査、特記事項、主治医意見書等）、また、必要に応じて、⑦居宅介護支援経過（ケース記録）、⑧サービス担当者会議資料、⑨投薬関係資料、⑩医療機関での検査結果、⑪その他必要な資料、を添付する。ただし、提供できる資料の範囲が保険者によって限られている場合もある点は、注意が必要である。

　居宅サービス計画を作成した介護支援専門員は、利用者及びサービス事業担当者に計画書を交付する際には、当該計画の趣旨や内容等について十分説

　明し、各居宅サービス事業者が、居宅サービス計画のなかで、どのように位置づけられ、どのような役割を果たすことが期待されているのかを理解できるようにすることが必要である。

　こうして介護支援専門員が作成した居宅サービス計画をもとに、例えば訪問介護事業者であれば訪問介護の個別援助計画を作成することになる。介護支援専門員はその個別援助計画の提供を求め、その内容を共有することで、サービスを実施するなかでモニタリング、再アセスメント、サービスの調整が行われ、より利用者のニーズに合致した居宅サービス計画へとなっていき、その質が向上していくことになる。

③連携のための情報の共有・調整

　介護支援専門員が知っていなければならない情報はたくさんあるが、計画の実施段階では、利用者の状態や居宅サービス事業者そのものに関する情報、利用者に関してサービスを提供している居宅サービス事業者が把握している情報が中心となる。

　利用者の状態の把握については後述の「(3)モニタリング」を参照願いたい。ここでは、サービス事業者の情報と、居宅サービス事業者と共有すべき利用者に関する情報を中心に解説する。

（ア）居宅サービス事業者に関する情報

　介護支援専門員は日頃から、居宅サービス事業者に関する情報を入手できるようにしておく必要がある。地域内にどのような居宅サービス事業者があるか、また、加算の有無や利用者の定員など運営基準上の情報はもとより、担当者の名前や連絡先、サービスの質も含めて知っておかなければならない。そのためには多くの関係者から情報を入手することが効果的である。介護者の会などに所属している利用者や他の事業所の介護支援専門員、地域包括支援センターなどと連携して、地域内の居宅サービス事業者に関する情報を共有することが望ましい。

　居宅サービス事業者との連携においては、地域のなかの事業者を組織化し、相互にフォローしあうネットワークを形成する視点も重要である。

　なお、名称や連絡先などサービス事業所に関する最低限の情報は市町村などの保険者やWAM NET（https://www.wam.go.jp/）で検索できる。

（イ）居宅サービス事業者と共有すべき利用者に関する情報

　一方、利用者に関する情報の共有方法で最も確実なことは、居宅サービス事業者と直接会って話し合うことである。その意味でもサービス担当者会議の開催は重要である。

　ただ、介護支援専門員も居宅サービス事業者の担当者も相当に忙しいため、随時変化する情報の共有手段を双方が確認しておく必要がある。FAXや電子メールの場合は、相手が不在でも情報を伝えることができる一方、情報漏洩の危険性がある。このため、一定の書式で担当者に確実にすみやかに伝わるよう事業所内で申し合わせておく必要がある。また、サービス担当者会議以外にも、必要に応じて介護支援専門員が居宅サービス事業者を訪問したり、事業所の担当者が介護支援専門員を尋ねて相談するなど、直接会って話し合うことは信頼関係を高めるうえでも大切なことである。特に通所系のサービスの場合は、要介護者本人が利用中に先方の施設へおもむき、様子を確認することも、状況の把握にとどまらず、関係者の信頼関係を強化するうえでも効果的である。

　なお、個人の情報をサービス担当者間で用いることに関しては、居宅介護支援事業所が利用者の同意を包括的に得ることで情報共有が可能となるが、当然のことながら本人の同意がない事業所には、情報の提供を行えないので注意が必要である（運営基準違反となる）。

　近年では、地域包括ケアシステム構築に係る取り組みの一例として、医療介護の連携様式の整備やICTを活用した情報共有の取り組みがすすめられつつある。介護支援専門員としても、くれぐれも個人情報の保護に留意しながら、こうした動きに関与していくことが求められる。

　介護支援専門員が居宅サービス事業者と調整すべき内容は、サービス利用の頻度、時間帯、サービス手順、さらにはサービス事業（担当）者との相性に至るまで細かなものとなる。このため日頃から、居宅サービス事業者や本人、家族から情報を入手しやすい関係を構築しておくことが重要となる。

（3）モニタリング

　ケアマネジメントの過程は居宅サービス計画が作成され、実施されたといって終わるものではない。たとえ十分に検討された居宅サービス計画であっても、時間の変化とともに計画の修正や変更が求められる場合がほとんどで

ある。

　具体的には、利用者の身体機能的状況や精神的状況の変化や、介護者の状況や住環境などの変化によって「ニーズ」が変わることがある。こうした「変化」に対して介護支援専門員は利用者の状況ならびにサービスの提供状況等をモニタリング（継続的なマネジメント（管理））していかなければならない。

　ケアマネジメントの過程において、この「モニタリング」が位置づけられていることが「ケアマネジメント」といわれるゆえんの一つである。

　モニタリングは初動期の居宅サービス計画や、利用者のアセスメントが十分実施されず、緊急回避的に実施された居宅サービス計画については言うに及ばず、通常の居宅サービス計画においても同様に必要不可欠なプロセスである。

　モニタリングの目的については、次の4点にまとめることができる。

①　計画通りにサービスの提供がされているか

②　目標に向けて改善がすすんでいるか

③　ニーズは満たされているか

④　新たなニーズは生じていないか

　いつ、誰が、何を、どのようにモニタリングを実施するかという具体的な方法については、次のように考えられる。

「いつ」

　モニタリングは定期的に実施することが求められる。運営基準においては、少なくとも1か月に1回は利用者の居宅で面接を行い、その結果を記録することが求められている。しかしながら状況の変化に対し、いつでも対応できる姿勢が必要である。例えば利用者やその家族からの相談や、サービス提供事業者からの情報提供への対応は随時のモニタリングということとなる。

　初動期の居宅サービス計画については、1サイクル終了までは毎日のようにモニタリングすることが必要である。

　また、居宅サービス計画書(2)の右側に「期間」を記載することとなっており、個々のサービスの提供は、そこに記載した期間が経過した時に評価するためのモニタリングが必要である。

「誰が」

　モニタリングは介護支援専門員の業務であるが、ケアマネジメントはチームアプローチですすめられるため、利用者や家族はもちろんサービス提供者

や主治医などの協力によって行われるものである。

　こうした人々からの情報を収集することにより、家庭訪問等を通して、介護支援専門員自身が「変化」をとらえることとなる。

「何を」

　モニタリングで確認することは、前述した①～④である。①はサービスが計画通りに提供されているかを確認する。②③では、まず各ニーズに対する短期目標が実現できているかを確認する。ケアマネジャーは、これらを利用者・家族と一緒に確認することで、利用者も自らの計画の評価者として、援助過程への関与を強めることになる。④はサービス利用後の現在の生活の様子を尋ね、そこで新たな困りごとが起こっていないかを確認する。

「どのように」

　モニタリングの方法は、家庭訪問や電話によって行う場合や、サービス提供事業者への聞き取りによる方法がある。また利用者がサービスを利用中に訪問し、状況を実際に確認しながら行うことも効果的である。

　要介護認定等の更新などは定期的に実施するものであるので、その期を活用することも一つである。

　利用者や家族からの情報についても、「お気づきのことがあれば、いつでもどんなことでもご相談ください」と、窓口を常に開いておくことが重要である。

　「評価票」を活用したり、それぞれの事業所で「モニタリングチェックシート」といった様式を開発することも有効である。「評価票」は短期目標の達成状況を設定期間の終了時に評価し、短期目標の達成具合（達成、未達成）とその背景を分析し、評価票を使ってサービス事業者と共有していこうとするものである。この評価によって、再アセスメント・ケアプランの修正というケアマネジメントの過程が動き出すのである。

　モニタリングを通して居宅サービス計画の修正や変更が求められると判断される場合や、新たなニーズが発生していると判断される場合は、介護支援専門員には再度アセスメントを実施するとともに迅速な対応が求められる。

　その際、本人や家族の意見や希望を求め、サービス担当者会議の開催などにより居宅サービス計画を再検討することとなる。その結果、新たな居宅サービス計画の実施が行われることとなるが、この場合も頻回なモニタリング

評価票

　「課題整理総括表・評価票の活用の手引き」の活用について（平成26年6月17日　各都道府県・各保険者介護保険主管部（局）宛　厚生労働省老健局振興課事務連絡）

　様式は、「Ⅵ．参考資料」（168頁）を参照。

を1サイクル程度については行い、次回のモニタリングを月に1回のサイクルに再設定しながらすすめていくこととなる。

　さらに介護支援専門員は個々のサービス提供者の「サービスの質」についても確認することが必要である。万が一「サービスの質」が低いために、居宅サービス計画の効果が現れない場合もあるからである。こうした場合、介護支援専門員は居宅サービス事業者に対し、その改善を求める必要がある。もし理解されないような場合は、利用者と協議のうえ居宅サービス事業者を変更するなどの措置も必要となる。

　このようにモニタリングは、ケアマネジメントの効果測定を実施する側面もある。ケアマネジメントを通して、利用者の生活の質が向上したかどうか、自立に向けての支援となっているか、主訴は解決していったのか、ニーズは目標の達成に向かっているかといった客観的な判断をも含めて、介護支援専門員は常に利用者や家族を見守る姿勢が大切である。

（4）地域ケア会議への支援困難事例の提出

　介護支援専門員はケアマネジメントの過程で、支援困難な事例に出合うことがある。これはアセスメントが十分にできない事例や生活ニーズが明らかにならない事例、生活ニーズを充足させるサービスや支援が十分でない事例、利用者の状況の変化を継続してモニタリングしていくことが難しい事例等である。具体的には利用者とのコミュニケーションが取れない事例、虐待のおそれがある事例、地域から孤立したひとり暮らしの認知症の人の事例等が考えられる。こうした事例については、当該の地域包括支援センターが主催する地域ケア会議の個別会議で関係者が集まり、より適切な居宅サービス計画の作成・実施について検討される。

　介護支援専門員は他の専門職等と一緒に、支援困難な事例を検討するために地域ケア会議の個別会議に積極的に参加し、事例を提出することが大切である。こうした会議を介して、よりレベルの高い居宅サービス計画になり、チームケアが促進されることで支援がより容易になっていく。さらに、地域包括支援センターでは、こうした支援困難事例を介して地域課題を明らかにし、地域のニーズを充足するために地域の団体や機関による活動をつくり出していくことになる。そのために、地域ケア会議の個別会議で見つかった地域課題を地域の機関や団体の代表者が集まる地域ケア推進会議のなかで検討

し、地域づくり・資源開発や政策形成へと展開していくことができれば、支援困難事例を減少させることもできる。以上から、介護支援専門員が積極的に支援困難事例を地域ケア会議の個別会議にかけていくことで、地域ケア会議はその機能を発揮できることになる。

　このようにして、介護支援専門員は地域包括支援センターと車の両輪になり、支援困難な事例を解決し、日常生活圏域で必要とされる社会資源を充実させていくことで、地域包括ケアシステムの構築に貢献することになる。

（5）終了

　居宅サービス計画は、要介護者が在宅から介護保険施設等に移行した段階で、あるいは在宅で死を迎えた段階で終結する。また、場合によっては、要介護者や家族が、自ら居宅サービス計画を作成することを、あるいは居宅介護支援事業者の変更を申し出た際にも終結する。

❻居宅サービス計画と保険給付限度額

> 　保険給付の「区分支給限度基準額」「種類支給限度基準額」等の限度額を踏まえ、利用者負担額を積算し、要介護者や家族との相談をすすめていく必要がある

　居宅サービス計画を作成するにあたって、介護支援専門員は要介護者や家族に対して、介護保険の給付サービスを利用することによって、定率負担等自己負担がどの程度になるのか、また、給付対象とならないサービスがどれで、その自己負担がどの程度になるかを説明し、どの程度自己負担できるかの了承を得なければならない。

　介護保険制度では、以下のような給付限度額の設定があり、介護支援専門員が居宅サービス計画を策定するにあたって、理解しておく必要がある。

　①区分支給限度基準額……標準的なサービスの利用の態様、介護報酬等を勘案して、厚生労働大臣が定める限度額をいう。1か月間を単位として設定される。市町村の条例により上乗せは可能。

　②種類支給限度基準額……地域のサービス基盤の整備状況等に応じて、個

図8　給付限度額の設定

【限度額のグループ】

居宅介護サービス費区分支給限度基準額

> 訪問介護、訪問入浴介護、訪問看護、
> 訪問リハビリテーション、通所介護、
> 通所リハビリテーション、
> 短期入所生活介護、短期入所療養介護、
> 福祉用具貸与、夜間対応型訪問介護、
> 認知症対応型通所介護、
> 認知症対応型共同生活介護
> 定期巡回・随時対応型訪問介護看護

福祉用具購入費
支給限度基準額

住宅改修費
支給限度基準額

限度額設定という考え方がないもの
- 小規模多機能型居宅介護
- 看護小規模多機能型居宅介護（複合型サービス）
- 地域密着型特定施設入居者生活介護
- 地域密着型介護老人福祉施設入所者生活介護
- 特定施設入居者生活介護　　　　　他は利用できない
- 居宅療養管理指導 ――――― 別枠
- 居宅介護サービス計画費―― 別枠10割給付

別の種類のサービスについて、市町村ごとに条例で定められる限度額をいう（上記区分支給限度額の区分に属するサービスに設定される）。

③福祉用具購入費支給限度基準額……厚生労働大臣が定める「特定福祉用具」の購入に要する費用の限度額をいう。

④住宅改修費支給限度基準額……住宅改修の種類ごとに厚生労働大臣が設定する限度額をいう。

介護支援専門員は居宅サービス計画を作成する際に、限度額と計画したものに要する費用がどれくらいになるかを見積もらなければならない（なお、市町村の条例により、これらの限度額を上回る設定をすることも可能となっているので、市町村ごとに相違する可能性もある）。

介護保険では保険内で支給限度額までサービスを受給し、上乗せサービスについては全額自己負担として利用することになる。さらに、市町村特別給付、保健福祉サービス、インフォーマルな支援についても、その内容や必要な費用があれば、要介護者や家族に説明する必要がある。

要介護者や家族にとって、自立した生活を支援するために必要であると判断するものについては、自己負担が増えることを説明したうえで、専門職として勧奨する場合もある。他方、限度額以下で居宅サービス計画を策定しても当然よい。いずれにしても、これらは要介護者や家族自身が最終決定することである。ただし、居宅サービス計画作成にあたっては、自己負担能力をベースに計画を作成するのではなく、生活課題（ニーズ）をもとにした計画を作成した後で、自己負担能力との調整をすることが原則である。

「居宅サービス計画ガイドライン」
様式の使い方

❶アセスメント用紙への記入の方法

> アセスメント項目の基本的構成（全11頁）
>
> 【第Ⅰ部　生活全般アセスメント部分】
>
> 　**1**　フェースシート　　　　　　　　　　　　　　　　1頁
>
> 　**2**　家族状況とインフォーマルな支援の状況　　　　　2頁
>
> 　**3**　サービス利用状況　　　　　　　　　　　　　　2〜3頁
>
> 　**4**　住居等の状況　　　　　　　　　　　　　　　　　3頁
>
> 　**5**　本人の健康状態・受診等の状況　　　　　　　　　4頁
>
> 【第Ⅱ部　ケアアセスメント部分】
>
> 　**6**　本人の基本動作等の状況と援助内容の詳細　　　5〜9頁
>
> 　　　※要介護認定調査項目含む
>
> 【第Ⅲ部　総括アセスメント部分】　　　　　　　　10〜11頁
>
> 　**7**　全体のまとめ
>
> 　　　1日のスケジュール

（1）第Ⅰ部　生活全般アセスメント部分（**1**〜**5**）

■第Ⅰ部全体について

≪特徴≫

　「**1**　フェースシート」から「**5**　本人の健康状態・受診等の状況」までの第Ⅰ部は、本人や家族の状況を多方面から全体的に把握するものである。主訴（本人・家族及び介護者の希望・困っていることや不安・思い）を十分に聞くとともに、社会関係を含めて、要介護状態にある心身の状況の背景を把握するよう努める。家族状況など当初の面接では把握しにくい事項などもあることが考えられるので、支援を進めていくうえで、その時点で必要な情報を判断し記入をすすめる。

【記入の手順】

1　フェースシート

≪記入のポイント≫

　相談内容を中心として、基本的な項目と相談の主訴の聞き取りや、利用者を知る手立てと

なる内容を聞き取り、記入を進める。

①フェースシートは相談の入口となるシートで、まず、いつ、どのような方法で、だれが
　受け付けたのかを記入する

②本人氏名をはじめ、緊急連絡先などの基本的な情報を記入する（A）

③「相談内容（主訴／本人・家族の希望・困っていることや不安・思い）」を記入する。
　主に当初時点の本人や家族の訴えを記述する。また、本人の訴えなのか、家族及び介護
　者の訴えなのかは区別しておく必要がある。意思疎通が困難など、記入者の判断・推察
　を記入する必要がある場合には、記入者が誰なのかを明確にして記入する。
　　「相談内容」は居宅サービス計画をつくる際に最も重要で、「居宅サービス計画書（１）」
　の「利用者及び家族の生活の意向を踏まえた課題解決の結果」に該当する内容が多く含

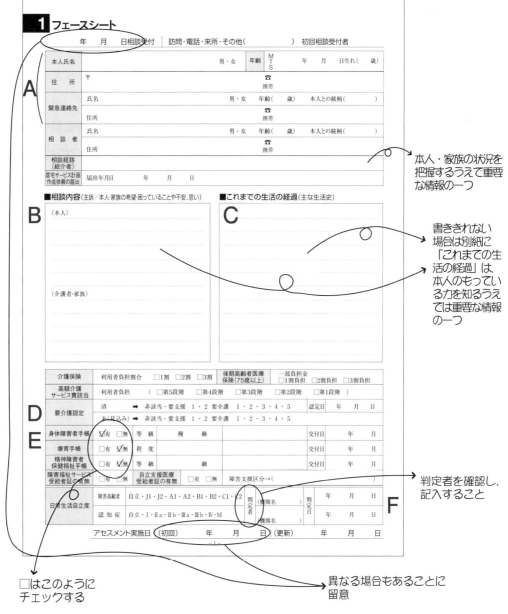

まれることが多いことから、居宅サービス計画書（１）を記入する際にここで把握した
意向をベースにして記入する（Ｂ）

④「これまでの生活の経過（主な生活史)」には、これまでの生活で大きな転機になった
ことや、今後の支援にあたってキーポイントになると想定される内容を中心に、相談内
容の背景等との関係も頭におきながら記入をする。既往歴など、生活の一部のみの記入
ではなく、生活史（エピソード）を書き留めることで、利用者のストレングスを捉える
ことができ、ケアプランへの反映が期待される（Ｃ）

⑤要介護認定がまだ行われておらず、暫定で居宅サービス計画書を作成する場合もあり、
計画作成には限度額を考慮しなければならないことから、第Ⅱ部のケアアセスメント部
分が終了後に「見込み」を記入する（Ｄ）

⑥高額介護サービス費の該当欄については、居宅サービス計画作成時点までに理解できれ
ばよいことであり、必ずしも最初に尋ねる項目ではない。

⑦身体障害者手帳など、制度利用状況については、有無だけの記入ではなく、障害名や公
布日など、現状の生活障害と合致しているか見直す視点としても捉えることが重要とな
る（Ｅ）

⑧障害高齢者および認知症の日常生活自立度を記入するが、認定調査票や主治医意見書の
転記、または介護支援専門員自ら判断のいずれでも構わないが、判定者の欄に誰の判断
なのか氏名・機関名等を記入する。その際、判定日もあわせて記入することで現状との
乖離などを判断することができる（Ｆ）

❷　家族状況とインフォーマルな支援の状況

≪記入のポイント≫

家族構成等家族の基本的な情報、及びその他インフォーマルな支援状況などを聞き取り、
記入をすすめる。

①「家族構成図」の欄はジェノグラムを使い記入をする。その際に、本人を中心として記
入するが、本人の兄弟姉妹など関わりがある場合もある。エコマップを意識して記入を
するとより関係性を把握できる（Ｇ）

②「家族の介護の状況・課題」の欄は、家族の介護の状況や家族介護者を含めて家族成員
での課題について記述する。具体的には、8050世帯、ヤングケアラー、介護者の就労や
地域活動との間での課題を示すことになる（Ｈ）

③家族員の欄は５人分である。関わりのある人のみ記入することで構わない（Ｉ）

④必要な場合には、家族が介護に使える時間帯等の情報が得られたら記入する。また、健

2 家族状況とインフォーマルな支援の状況

■家族構成と介護状況

家族構成図	家族の介護の状況・課題
G	H

女性=○，男性=□　分かれば横に年齢を記載
本人=◎，回
死亡=●．■　　同居=○で囲む

氏名（主たる介護者には※）	続柄	同別居	就労の状況	健康状態等	特記事項（自治会、ボランティア等社会的活動）
I		同・別			J
		同・別			
		同・別			
		同・別			
		同・別			

■インフォーマルな支援活用状況（親戚、近隣、友人、同僚、ボランティア、民生委員、自治会等の地域の団体等）

支援提供者	活用している支援内容	特記事項
K		

本人が受けたい支援／今後必要になると思われる支援	支援提供者	特記事項

3 サービス利用状況

L （　年　月　日時点）

M　在宅利用（認定調査を行った月のサービス利用回数を記入。（介護予防）福祉用具貸与は調査日時点の、特定（介護予防）福祉用具販売は過去6ヵ月の品目数を記載）

- □訪問介護（ホームヘルプサービス）　　月　　回
- □（介護予防）訪問型サービス　　月　　回
- □（介護予防）訪問入浴介護　　月　　回
- □（介護予防）訪問看護　　月　　回
- □（介護予防）訪問リハビリテーション　　月　　回
- □（介護予防）居宅療養管理指導　　月　　回
- □通所介護（デイサービス）　　月　　回
- □（介護予防）通所型サービス　　月　　回
- □（介護予防）通所リハビリテーション（デイケア）　月　回
- □（介護予防）短期入所生活介護（特養等）　月　日
- □（介護予防）短期入所療養介護（老健・診療所）　月　日

- □（介護予防）特定施設入居者生活介護　　月　　日
- □看護小規模多機能型居宅介護　　月　　日
- □（介護予防）福祉用具貸与　　品目
- □特定（介護予防）福祉用具販売　　品目
- □住宅改修　　あり・なし
- □夜間対応型訪問介護　　月　　日
- □（介護予防）認知症対応型通所介護　　月　　日
- □（介護予防）小規模多機能型居宅介護　月　日
- □（介護予防）認知症対応型共同生活介護　月　日
- □定期巡回・随時対応型訪問介護看護　月　回
- □（介護予防）その他の生活支援サービス
　（名称：　　　　　　）　月　　回

－2－

N
- □配食サービス　　月　　回
- □洗濯サービス　　月　　回
- □移動または外出支援　　月　　回
- □友愛訪問　　月　　回
- □老人福祉センター　　月　　回
- □老人憩いの家　　月　　回
- □ガイドヘルパー　　月　　回
- □身障／補装具・日常生活用具（　　）

- □生活支援員の訪問（日常生活自立支援事業）月　回
- □ふれあい・いきいきサロン　　月　　回
- □市町村特別給付　〔　　　　　　　〕
- □（　　　　　）　月　　回
- □（　　　　　）　月　　回

O 直近の入所入院
- □介護老人福祉施設
- □介護老人保健施設
- □介護医療院（介護療養型医療施設）
- □認知症対応型共同生活介護適用施設（グループホーム）
- □特定施設入居者生活介護適用施設（ケアハウス等）
- □医療機関（医療保険適用療養病床）
- □医療機関（療養病床以外）
- □その他の施設

施設・機関名
所在地　〒
☎

制度利用状況
年金
- □老齢関係→（　　　）
- □障害関係→（　　　）
- □遺族・寡婦→（　　　）
- □恩給
- □特別障害者手当
- □生活保護
- □生活福祉資金貸付
- □高齢者住宅整備資金貸付
- □日常生活自立支援事業
- □成年後見制度⇨ □成年後見　□保佐　□補助
　　　成年後見人等（

健康保険
- □国保　　□協会けんぽ（旧・政管健保）
- □組合健保　□日雇い
- □国公共済　□地方共済
- □私立学校共済　□船員
- □後期高齢者医療
- □労災保険→（　　　）

P Q その他
- □（　　　）
- □（　　　）
- □（　　　）

康状態や生活状態、就労の状況や社会的活動についても注意を払う必要がある（J）

⑤「虐待」が予測される場合、また、家族関係の問題点などに気づいた場合には、原則すぐには公開しない情報として居宅サービス計画書の「居宅介護支援経過（第5表）」に残しておくことが重要である。判断の方法として、居室内のにおい、本人の外傷や服装などの身だしなみ等に注視することが有効である

⑥インフォーマルな支援については、ボランティアや有償および生活支援サービス等の支援についてもチェックをする。また、現時点で要介護者や家族が受けたいとしている支援だけでなく、担当介護支援専門員として、利用者にとって今後活用できそうな社会資源、必要と思われる支援についても書きとめておくことで、居宅サービス計画書に反映することができる（K）

3 サービス利用状況

①右肩記載欄上部に、いつの時点の利用状況なのかわかるよう年月日を記入する。保険者による独自事業を利用している場合にはその他に記入する（L）

②サービスの利用状況について、介護保険の給付対象サービスを聞く（M）

③給付対象以外のサービスについては、配食サービスをはじめ、いくつかの代表的なサービスがあがっているが、全国的に共通した基本的なものしか提示していないので、各自治体等の施策にあわせて項目を加えるとより有効である(「制度利用状況」も同様)。種々のサービスの利用の可能性を探る意味もあるので、障害福祉施策関係のサービスも含め、利用状況はできるだけ正確に把握することが望ましい。障害者総合支援法に基づく障害福祉サービスの利用については、受給者証の有無及び障害支援区分のチェックを行い（**1**フェースシート）、サービスの種類については、本項目を活用して把握する（E、N）

④入所・入院については、調査時点で入所・入院している場合のみならず、直近の状況を把握し書きとめておく（O）

⑤日常生活自立支援事業については、制度の利用の有無とともに、利用している場合には、生活支援員による訪問の状況も把握し書きとめておき、連携を図る（P）

⑥成年後見制度を活用している場合は、後見類型、後見人等の氏名を確認し、連携を図る（Q）

4　住居等の状況

≪記入のポイント≫

　要介護者や家族の状況、生活状況によって、把握すべき項目の視点が変わってくる。把握しにくい項目もあるので、状況にあわせて必要と考えられる部分から聞くなどの工夫が必要である。また、聞きとるというよりも観察することで得られた情報で記入できる部分からすすめていくことでも差し支えない。なお、独居や高齢者のみ世帯など、家屋内の整理整頓が十分できない状況があることも理解し、一度に多くの情報を無理やり集めるような行動は控えることに留意されたい。

①項目にそって、居室・トイレ・浴室の状況を含めた住居の状況や住居の立地環境、近隣の居住環境等の次に、関連する移動用福祉機器の使用状況についても聞く。住居の老朽化や賃借に関するトラブルなどの課題についてもあわせて聞き取る（R）

②「諸設備」の調理器具、暖房器具の項目は、生活援助との関連性が高く、また要介護者の健康の保持や防火安全対策でも参考になることから、高齢者夫婦世帯、ひとり暮らし世帯においては特に重要になってくる（S）

③聞き取りのなかで得られた情報を分析し、生活課題となることが予想される場合は【周辺環境・立地環境・その他住居に関する特記事項】の欄を活用し書きとめておく（T）

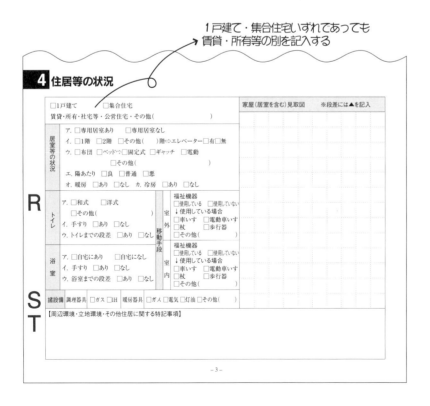

5　本人の健康状態・受診等の状況

≪記入のポイント≫

　前半部分は、本人の疾病・障害の状況を、後半部分は受診状況、及び医療機関や薬局の連絡先を聞くものである。要介護認定における主治医意見書は利用者の同意により入手が可能な場合は、アセスメントをすすめていくうえで参考にすることで心身の状況や疾病のリスクなどを把握することができる。また、介護支援専門員の立場で、利用者、介護者家族の聞き取りにより、受診時に主治医から言われていることなどを把握することで、利用者自身や介護者家族の疾病に対する認識の状況を把握でき、居宅サービス計画書作成において有効な情報となる。

①項目ごとに聞き取りや主治医意見書から必要な項目を書きとめる（U）

②障害等の部位については、障害部位、欠損部位、褥瘡部位の３つで記入するようになっているが、筋力低下など記入しにくい状況があるので、筋力低下など広範囲になる場合は、低下している部分を斜線で示すなど、項目の意図を失わなければ、記入をすすめる介護支援専門員が工夫し記入することで差し支えない（V）

③現在の受診状況の欄は、介護が必要な状態になった疾病を中心に左から記載していく。また、歯科受診など、生活の支障と判断される場合も記載する（W）

　特に、受診方法留意点等の欄は受診の際に同席や送迎などの介助を受けているのかを聞き取り記載する（X）

④定期受診が必要な状況でありながら、受診ができていない、治療に必要な内服（処方されている薬剤等がわかれば書きとめておく）ができていないなど、本項目に関してとらえたことは【特記、生活上配慮すべき課題など】の欄に書きとめておくことで、医療に関する支援のポイントを居宅サービス計画書に反映することができる。（Y）

5 本人の健康状態・受診等の状況

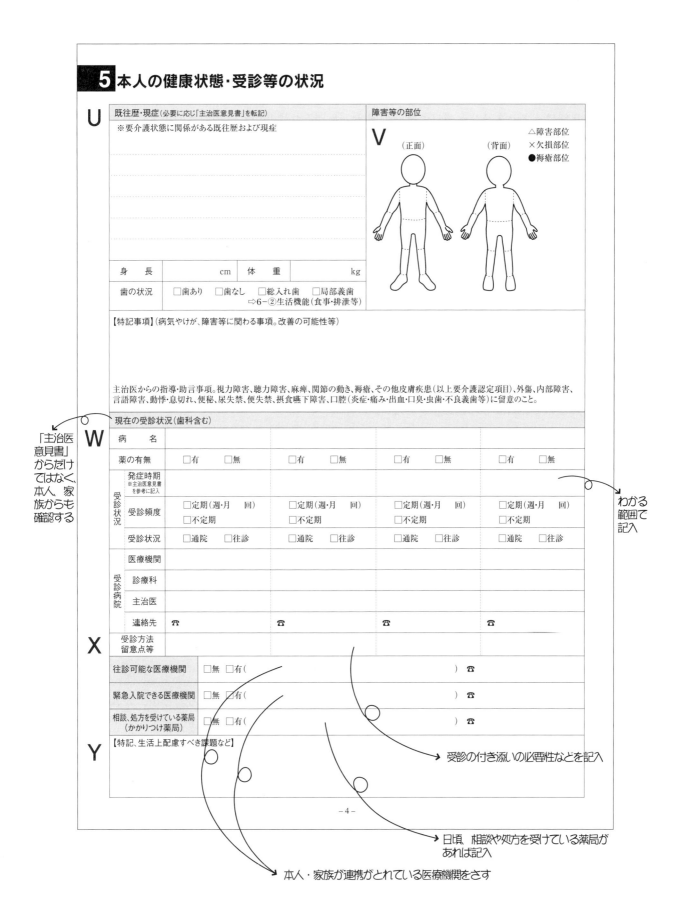

U	既往歴・現症(必要に応じ「主治医意見書」を転記)
	※要介護状態に関係がある既往歴および現症

障害等の部位

V （正面） （背面）

△障害部位
×欠損部位
●褥瘡部位

身　長	cm	体　重	kg

歯の状況　□歯あり　□歯なし　□総入れ歯　□局部義歯
⇒6-②生活機能(食事・排泄等)

【特記事項】(病気やけが、障害等に関わる事項。改善の可能性等)

主治医からの指導・助言事項。視力障害、聴力障害、麻痺、関節の動き、褥瘡、その他皮膚疾患(以上要介護認定項目)、外傷、内部障害、言語障害、動悸・息切れ、便秘、尿失禁、便失禁、摂食嚥下障害、口腔(炎症・痛み・出血・口臭・虫歯・不良義歯等)に留意のこと。

現在の受診状況(歯科含む)

W	病　名				
	薬の有無	□有　□無	□有　□無	□有　□無	□有　□無
	受診状況 発症時期 ※主治医意見書を参考に記入				
	受診状況 受診頻度	□定期(週・月　回) □不定期	□定期(週・月　回) □不定期	□定期(週・月　回) □不定期	□定期(週・月　回) □不定期
	受診状況 受診状況	□通院　□往診	□通院　□往診	□通院　□往診	□通院　□往診
	受診病院 医療機関				
	受診病院 診療科				
	受診病院 主治医				
	受診病院 連絡先	☎	☎	☎	☎
X	受診方法 留意点等				

往診可能な医療機関	□無 □有(	) ☎
緊急入院できる医療機関	□無 □有(	) ☎
相談、処方を受けている薬局 (かかりつけ薬局)	□無 □有(	) ☎

Y 【特記、生活上配慮すべき課題など】

－4－

「主治医意見書」からだけではなく、本人、家族からも確認する

わかる範囲で記入

受診の付き添いの必要性などを記入

日頃、相談や処方を受けている薬局があれば記入

本人・家族が連携がとれている医療機関をさす

（2）第Ⅱ部　ケアアセスメント部分（**6**）

■第Ⅱ部全体について

【特徴】

①Ⅱ部は、アセスメント項目と援助の現状（及びそれに基づく支援内容の提案）の2つで構成されている。また、アセスメント項目は平成21年4月に改定された要介護認定調査項目の基礎項目（74項目）とあわせて、居宅サービス計画の策定にあたり、本人の状態をより適切に把握するために追加した項目（12項目）の2種類からなっている（基礎項目については、「**2**要介護認定調査項目の記入方法」119〜124頁参照、追加項目については、「**3**要介護認定調査項目に追加するアセスメント項目の記入方法」125〜127頁参照）。

②まず「①基本動作関係」「②生活機能（食事・排泄等）」に始まり、生活場面等による領域ごとに、要介護認定項目による本人の心身の状況の把握を行う。

③要介護認定の調査を行う場合は、国が示す認定調査員テキストに従って調査を実施することになる。要介護認定項目の判断基準等については、認定調査員テキストに示されているので詳細はそれを参照されたい。

【記入のポイント】

①本人の基本動作等のアセスメント

　要介護認定調査が事前に行われている場合には、内容を参考に担当介護支援専門員として判断し記入をする。相談は必ずしも新規申請や更新申請の直後とは限らず、最新の情報とはいえないことから、要介護認定調査の結果をそのまま転記することではない。項目ごと、数字で示されているが、「1」以外に○印がついた場合には、何らかの援助が必要となる可能性があることを示しているととらえることが重要である。

　ただし、これは、援助の必要性のチェックの漏れを防ぐ意味であり、基本動作に問題があることがそのまま援助の必要性があること、あるいは問題がないことが援助の必要性がないとは限らないことに十分留意する必要がある。

　このアセスメントは、本人の現状を示すものであることに留意する。今後、介護を実施するなかで、アセスメント結果が変化する可能性があることを踏まえ、より自立の方向に向けてどう変化させるかを考えていく必要がある。一方、加齢にともない自立度が下がっていくことについても、常に踏まえておかなければならない。

②援助内容の詳細のアセスメント

（a）最初に示された項目に対して援助の現状を記入する。家族が実施している場合、サービスとして実施している場合のそれぞれについてチェックする（実施している場合

は○をつける。家族の場合、時々実施は△）。この現状の「妥当性」を検討することから、分析が始まる。

（b）次に、本人または家族のサービス実施に対する希望を聞く（希望があれば○印を記入）。ここはあくまで、本人や家族の希望として表明された場合にチェックする（表明されなければ、本人や家族の希望はないと決めつけるものではないし、また、必要がないと判断するものでもない）。なお、この欄の書き方については、107頁を参照。

（c）アセスメント項目以外に、「家族実施」「サービス実施」「希望」「要援助→計画」のチェックに続いて、さらに右側にチェックボックスが設けられているものがある。
　　まずその「現状」をチェック（「✔」）し「計画」が必要と判断される場合は「✔」を記入する。

（d）「要援助→計画」の欄において、介護支援専門員の判断として何らかの援助が必要と判断した場合（援助が必要で、かつ家族ではなくサービス等による援助が必要と考えた場合）に「✔」をつける。ここで重要なことは、介護支援専門員が当該部分の本人の心身の状況、援助の現状、希望だけでなく、他のアセスメント項目を踏まえながら「✔」の判断をすることである。

（e）また、「要援助→計画」欄の記入と左の欄（「家族実施」「サービス実施」「希望」）の記入がくい違う場合には、その理由等を「特記、解決すべき課題など」の欄に記入して、他の専門職に説明できることが重要である。

（f）いちばん右側のチェックボックスの「要援助→計画」に介護支援専門員としての判断でチェック（「✔」）をつける。ここでの「✔」の判断は、現状の方法等を踏まえながら、本人や家族にとって、より自立した方法あるいはより快適・安全な方法はないか、という観点で検討を行うものである。これは、居宅サービス計画書（2）第2表の目標（長期・短期）やサービス内容等に反映される。

（g）以上の手順ですすめ、援助の現状を踏まえ、それぞれの項目における問題を広くとらえ（共通課題等を見つける）その背景となる要因を検討したうえで課題を整理し、「特記、解決すべき課題など」の欄に記入する。（「特記・解決すべき課題など」の欄が意図していることや、趣旨などは53〜57頁を参照）

　《「特記・解決すべき課題など」の記載方法について》

　　アセスメントは「情報収集と分析」と説明される。本ガイドラインでは、項目ごとに面接で聞き取ったことを書き留めて、分析した内容を記入するのが「特記・解決すべき課題など」の欄になる。

　　項目ごとにチェックをして、「援助の現状」を記載しているが、「援助の現状」の項

目はチェックしたすべてではなく、「援助の現状」に記載する以外に、支援が必要と考えられる項目もあるため、「特記・解決すべき課題など」の欄は、その項目を広義にとらえ、収集した情報をもとに分析した結果を記載する。

　分析した結果を整理する視点は、「原因」（〜のため）→「現状」（…である）→「方法」（しかし、××をすることによって）→「解決の可能性」（○○ができる）としてアセスメントを行い、介護支援専門員が「予後予測」を行うことで、より適切な支援方法を提案し、サービス担当者会議における居宅サービス計画書（原案）を提示することができる。また、この「特記・解決すべき課題など」に記載された内容は居宅サービス計画書（2）第2表の「生活全般の解決すべき課題（ニーズ）」とも連動していることから、「方法」に記載された内容は支援方法ととらえることができる。

(h) さらに「要援助→計画」で「✔」と判断した内容が居宅サービス計画書（2）にのった場合には「○」を重ねて記入することになる。これは、居宅サービス計画での「生活全体の解決すべき課題（ニーズ）」や「目標」が記述された後で、「要援助→計画」の「✔」の部分が計画に含まれているかの確認をするものである。含まれている場合には、「✔」に確認のための○をつけ「✅」となる。含まれていない場合には課題（ニーズ）として漏れているのか、あるいは家族等の介護で対応するために計画に含まれなかったのかを判断をする。もし漏れていたら「生活全体の解決すべき課題（ニーズ）」を追加して、居宅サービス計画を修正する。

6　本人の基本動作等の状況と援助内容の詳細

≪要介護認定調査項目の記入について≫

　要介護認定調査とケアマネジメントにおける利用者に対する質問項目の重複を避けるために、本ガイドラインのアセスメント用紙には、要介護認定調査に用いられる74の基礎項目を組み込んでいる。当該高齢者の要介護認定調査が終わっている場合は、保険者に対して、本人からの同意を得たうえで「要介護・要支援認定等に係る個人情報提供申請」等を請求し、アセスメント用紙の該当欄に転記するなどにより、アセスメントの参考とする（要介護認定調査項目にない項目は介護支援専門員がアセスメントする）。また、認定調査が実施された時期（時間の経過等）により要介護者の状態像が変化している場合は転記するのではなく、介護支援専門員の観察等により各項目にそって記入を行う。なお、要介護認定調査は調査項目の判断基準にそって実施されることから、介護支援専門員が行うアセスメントでは判断が異なる場合もあるため、74項目や特記事項の記載内容を安易に転記することでないことに留意されたい。

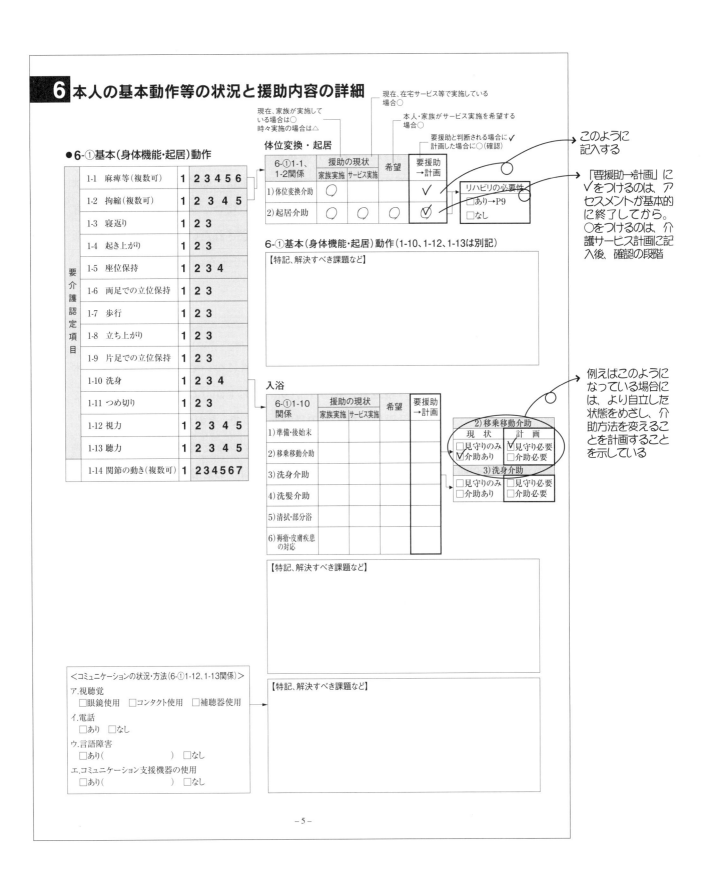

　要介護認定調査を受託している場合はもちろんのこと、受託していない場合にも、要介護
認定結果が出る前に介護保険サービスの利用について相談を受け暫定的な居宅サービス計画
を作成する可能性が高いことを考えると、介護支援専門員は要介護認定調査の内容に十分習
熟し、個々の高齢者に対して要介護状態区分のどの段階に該当するかをおおむね見当をつけ
る能力が求められる。さらには、あらかじめ要介護状態区分の段階を理解しておくことで、
より的確な居宅サービス計画を作成できる。初回の要介護認定は、高齢者の状態によっては
暫定的な要素があることから、短期間での見直しが必要になる場合がある。なお、認定の有
効期間と居宅サービス計画書の期間は同一ではないことに留意されたい。居宅サービス計画
（2）の期間は長期・短期目標達成の期間として設定するものである。

≪記入の留意点≫

【6-①基本（身体機能・起居）動作】

　①基本動作関係の要介護認定項目「1-1」〜「1-13」の13項目については、右欄の「1）体
　　位変換介助」「2）起居介助（寝返り、起き上がり、立ち上がりなど)」（6-①1-1、1-2
　　関係）のみならず、生活行為全般に影響する項目であるので、その点留意が必要である。

　②洗身及び入浴については、「**2**　家族状況とインフォーマルな支援の状況」や「**4**　住
　　居等の状況」と介助方法（現状・計画）の関係をよく検討する必要がある。

　③浴室での洗身が困難な場合、家庭浴室の問題であれば、訪問入浴サービスやデイサービ
　　ス等での入浴が考えられる。また、それも困難な場合、「清拭・部分浴」がある。具体
　　的には、部分清拭、全身清拭、手指浴、足浴、陰部洗浄、乾布清拭などが考えられ、健
　　康状態や希望を踏まえて検討する必要がある。

　④要介護者の意思表示を支援することは、エンパワメントの観点から非常に重要であるた
　　め、コミュニケーションの状況についても詳細な項目を用意している。現状のチェック
　　とあわせて、コミュニケーション支援機器（コミュニケーションボードやトーキングエ
　　イド等）の必要性について検討することが重要である。

　⑤関節の動く範囲の制限は、具体的には、本人が可能な限り力を抜いた状態で他動的に関
　　節を動かした時に、関節の動く範囲が著しく狭くなっている状況をいう。日常生活に支
　　障があるかどうかの判断は、家族や介護者より聞き取った状況も踏まえて介護支援専門
　　員が判断し、「特記、解決すべき課題など」に記入する。

【6-②生活機能（食事・排泄等）】

　①食行為も、基本動作や認知症などが大きく影響することはいうまでもないが、「えん下」

6-②生活機能（食事・排泄等）

要介護認定項目	2-1	移乗	1 2 3 4
	2-2	移動	1 2 3 4
	2-3	えん下	1 2 3
	2-4	食事摂取	1 2 3 4
	2-5	排尿	1 2 3 4
	2-6	排便	1 2 3 4
	2-7	口腔清潔	1 2 3
	2-8	洗顔	1 2 3
	2-9	整髪	1 2 3
	2-10	上衣の着脱	1 2 3 4
	2-11	ズボン等の着脱	1 2 3 4
	2-12	外出頻度	1 2 3
	2-13	飲水摂取	1 2 3 4

＜その他食事の現状（6-②2-4関係）＞

ア．食事場所 □食堂 □居室ベッド上
　　　　　　□布団上 □その他居室内
　　　　　　□その他（　　　　　　　　）
イ．食堂までの段差 □あり □なし
ウ．咀嚼の状況 □問題なし □問題あり
　　→ □噛みにくい □時々噛みにくい
　　　　□とても噛みにくい
エ．食事の内容
　　□一般食 □糖尿食　　Ｋｶﾞ
　　□高血圧食　　ｇ □抗潰瘍食
　　□その他（　　　　　　　　）

＜その他排泄の状況(6-②2-5、2-6関係)＞

ア．尿意
　　□ある □ときどきある □ない
イ．便意
　　□ある □ときどきある □ない

食事

6-②2-1～ 2-4 関係	援助の現状		希望	要援助 →計画
	家族実施	サービス実施		
1) 移乗介助				
2) 移動介助				
3) 摂取介助				

【特記、解決すべき課題など】

主　食	
現　状	計　画
□普通食	□普通食
□粥食	□粥食
□経口栄養	□経口栄養
□経管栄養	□経管栄養
□その他	□その他
（　　　　）	（　　　　）

副　食	
□普通食	□普通食
□刻み食	□刻み食
□ミキサー食	□ミキサー食
□その他	□その他
（　　　　）	（　　　　）

摂取介助	
□見守りのみ	□見守り必要
□介助あり	□介助必要

排泄等

6-②2-5～ 2-11 関係	援助の現状		希望	要援助 →計画
	家族実施	サービス実施		
1) 準備・後始末				
2) 移乗移動介助				
3) 排尿介助				
4) 排便介助				
5) 口腔清潔介助				
6) 洗面介助				
7) 整容介助				
8) 更衣介助				

【特記、解決すべき課題など】

排尿介助（2-5）	
現　状	計　画
□見守りのみ	□見守り必要
□介助あり	□介助必要
□トイレ	□トイレ
□ポータブルトイレ	☑ポータブルトイレ
□尿収器	□尿収器
□導尿	□導尿
☑おむつ	□おむつ

排便介助（2-6）	
□見守りのみ	□見守り必要
□介助あり	□介助必要
□トイレ	□トイレ
□ポータブルトイレ	□ポータブルトイレ
□差し込み便器	□差し込み便器
□おむつ	□おむつ
□摘便	□摘便
□浣腸	□浣腸
□人工肛門	□人工肛門

→ 例えばこのようになっている場合には、介護サービスによって、おむつの使用からポータブルトイレ使用に変えることを計画することを示している

外出

6-②2-12 関係	援助の現状		希望	要援助 →計画
	家族実施	サービス実施		
1) 移送・外出介助				

【特記、解決すべき課題など】

－ 6 －

107

（要介護認定項目2-3）や「咀嚼」の状況については、特に留意が必要である。

②右側のチェックボックスにあるような、食事の種類・方法を十分理解し、また、的確に選ぶことが重要である。また、各サービス事業者がどのような種類・方法に対応できるかを把握しておく必要もある。

③排泄前後の行為は、基本動作や認知症などが大きく影響することから、家族介護の負担も視野に入れ、聞き取ることが必要である

④要介護認定項目に加え、尿意、便意については、＜その他排泄の状況＞で把握する。尿意・便意は「なし」という状態が、必ずしも病気等との関係で固定しているわけではないので、排尿・排便介助の方法を十分検討し、尿意・便意の確保（例えば、尿意・便意はあるが、介護者や介護環境、サービス提供事業者等の都合により、本人にとって不本意な介助などの場合等）についても積極的なアプローチを行う必要があることから、右側のチェックボックスが詳細になっている。

⑤また、「**2**　家族状況とインフォーマルな支援の状況」や「**4**　住居等の状況」と介助方法（現状・計画）の関係をよく検討する必要がある。

【6-③認知機能】【6-④精神・行動障害】

本項目は「認知機能」・「精神・行動障害」の2つで構成されている。今までの「6-①基本（身体機能・起居）動作」「6-②生活機能（食事・排泄等）」と様式の形式や、援助の現状の構成が異なる。そのため、ここまですすめてきた6-①、6-②のまとめとして整理する項目と間違えやすいことに留意されたい。

また、特に本項目では本人からの聞き取りが困難なことも想定されることから、誰からの聞き取りなのか、発言者の氏名や関係も記載しておくことが重要である。

他の領域も同様であるが、特にこの2つの領域については、各項目の必要性について、本人・家族に自覚がない場合が多いと考えられるので、「計画」作成においては注意が必要である。

①右側の「援助の現状」「援助の希望」「援助の計画」欄は、項目別に整理せず、6-③および6-④全般について総合的に判断する。

②特に認知症の症状等については、その行動が生じる状況、条件や行動内容に支援の方向を検討するにあたっての重要な情報が含まれることから、「家族等からの情報と観察」には家族や他の専門職等からの情報や観察のもとで気づいたことを記録する。例えば、レビー小体型認知症で「幻視・幻聴」が「3」（ある）としているが、家族からの情報で背中を軽くたたき、「私がここにいますよ」と言えば、幻視がなくなることがわかれば、

6-③認知機能

要介護認定項目	3-1 意思の伝達	1	2	3	4
	3-2 毎日の日課を理解する	1	2		
	3-3 生年月日や年齢を答える	1	2		
	3-4 面接調査の直前記憶	1	2		
	3-5 自分の名前を答える	1	2		
	3-6 今の季節を理解する	1	2		
	3-7 自分のいる場所を答える	1	2		
	3-8 徘徊	1	2	3	
	3-9 外出すると戻れない（迷子）	1	2	3	
	3-10 介護者の発言への反応	1	2	3	

●6-④精神・行動障害

要介護認定項目	4-1 被害妄想（物を盗られたなど）	1	2	3
	4-2 作話をする	1	2	3
	4-3 感情が不安定になる	1	2	3
	4-4 昼夜の逆転	1	2	3
	4-5 しつこく同じ話をする	1	2	3
	4-6 大声を出す	1	2	3
	4-7 介護に抵抗する	1	2	3
	4-8 落ち着きがない（「家に帰る」等）	1	2	3
	4-9 外に出たがり目が離せない	1	2	3
	4-10 ものを集める、無断でもってくる	1	2	3
	4-11 物を壊す、衣類を破く	1	2	3
	4-12 ひどい物忘れ	1	2	3
	4-13 独り言や独り笑い	1	2	3
	4-14 自分勝手な行動	1	2	3
	4-15 話がまとまらない、会話にならない	1	2	3
	4-16 幻視・幻聴	1	2	3
	4-17 暴言・暴力	1	2	3
	4-18 目的なく動き回る	1	(2)	3
	4-19 火の始末・管理	1	2	3
	4-20 不潔行為	1	2	3
	4-21 異食行動	1	2	3

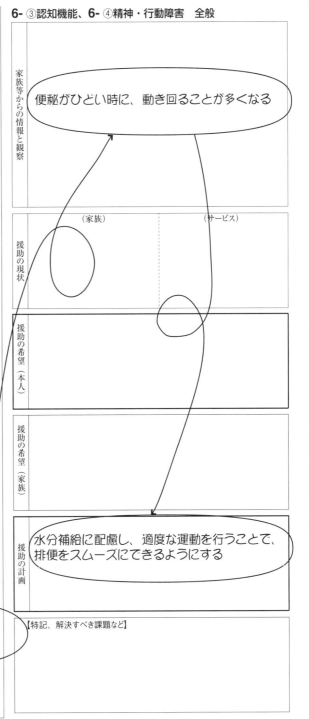

- 7 -

109

「援助の計画」には、幻視が生じた時は背中を軽くたたきながら安心してもらうといったことを記入する

③また「6-④精神・行動障害」の4-17「暴言・暴力」が「2」（ときどきある）としているが、話をしている途中で暴力をふるうのは、相手の話が理解不能になった時に生じるということに気づけば、それを「家族等からの情報と観察」に書き込み、「援助の計画」においては、（1）話をする時にやさしく説明をする、（2）「はい、いいえ」で答えられるように話をする、（3）会話中に、けげんそうな表現や表情が見られた場合は、本人から話してくれるのを待つ、といった事項が記入される。

④以上のように「援助の計画」の部分は、6-①、②、⑤、⑥の「要援助→計画」に該当する部分であり、ここでは要介護者に対しての情報や観察、援助の現状、援助の希望に加えて、他の介護者の現状や健康状態などの状況も加味して、援助の計画を具体的に記述することになる。

【6-⑤社会生活（への適応）力】

①日常生活における生活の不活発さ（廃用）によって心身機能の低下がもたらされる。こうした日常生活の活発さや社会関係の減少により、急速に虚弱化していくことを防ぐために、専門職の視点から、本人や家族の状況を十分把握し、必要なサービス利用の提案を行う必要がある。そのために、「社会活動の状況」欄を活用して社会活動への参画や、友人や知人等とのつながり等について把握することとしている。特に、要介護1等の軽度者の場合などは、介護予防の視点からチェックを行い、介護保険外のサービスやインフォーマルな支援も含めて活用を検討することが重要である。

②この領域についても、本人や家族に自覚がない、あるいは意欲がない場合が多いと考えられるので、「要援助→計画」の判断には注意が必要である。

③「現状」「希望」「計画」欄については、例えば、「日常会話」の確保を主たる理由として、デイサービスやコミュニティカフェ等の利用を検討することも必要である。介助の確保という点だけでなく、社会関係をいかに確保するかという観点から重要な項目が並んでいると考えてほしい。なお、余暇活動支援については「介助」のみでなく、閉じこもり防止や生きがい支援する観点から、余暇活動への誘いかけや情報提供などのはたらきかけも含めて考えることが必要である。「社会活動への支援」は自治会活動や選挙の投票などを想定している。

また、「移送・外出介助」は、「6-②外出頻度」における「移送・外出介助」と重なる部分もあるが、ここでは、地域での社会生活を維持するため、例えば、友人等との関

●6-⑤社会生活（への適応）力

要介護認定項目				
5-1	薬の内服	1	2 3	
5-2	金銭の管理	1	2 3	
5-3	日常の意思決定	1	2 3 4	
5-4	集団への不適応	1	2 3	
5-5	買い物	1	2 3 4	
5-6	簡単な調理	1	2 3 4	
5-7	電話の利用	1	2 3	
5-8	日中の活動（生活）状況等	1	2 3	
5-9	家族・居住環境、社会参加の状況などの変化	1	2	

→6-⑥医療・健康関係へ

6-⑤5-2、5-5～5-6関係	援助の現状		希望	要援助→計画
	家族実施	サービス実施		
1)金銭管理				
2)買い物				
3)調理				
4)準備・後始末				

6-⑤5-7～5-8関係	援助の現状		希望	要援助→計画
	家族実施	サービス実施		
1)定期的な相談・助言				
2)各種書類作成代行				
3)余暇活動支援				
4)移送・外出介助				
5)代読・代筆				
6)話し相手				
7)安否確認				
8)緊急連絡手段の確保				
9)家族連絡の確保				
10)社会活動への支援				

＜社会活動の状況（6-⑤5-8、5-9関係）＞

ア．家族等近親者との交流
　□あり（　　　　　）　□なし

イ．地域近隣との交流
　□あり（　　　　　）　□なし

ウ．友人知人との交流
　□あり（　　　　　）　□なし

緊急連絡・見守りの方法	

【特記、解決すべき課題など】

わりや近隣との交流など、本人が社会との関係性を保ちながら生活していくための援助の状況（現状）、希望、計画を記入する。現状や希望等別途詳細に記述しておくべき状況については、「特記事項、解決すべき課題など」の欄に記入する。

④社会的孤立の状況は、前述した機能低下の危険因子となるだけでなく、何らかの状態悪化時の発見、あるいは安心感や情緒的安定にも関わりのあるものである。介護サービスとのつながりだけでなく、社会的なつながりのある生活が送れているかという観点から考えることが必要である。

⑤災害発生時の支援のあり方についても考えておく必要がある。移動面に制約がある場合、避難に際する支援について、また、視聴覚に制約がある場合、災害や避難に関する情報や保障についても考慮しておく必要がある。

【6-⑥医療・健康関係】

①右側のチェックボックスの具体的内容については、医療関係の専門職でなければ判断できない場合が多いと思われるが、居宅サービス計画書を作成するためには医療関係職種との連携が重要となることから、居宅サービス計画を策定するうえで必要な具体的な項目として、21項目をあげた。介護支援専門員の判断だけではなく、医療関係職種からの情報を入手し、記入することが重要である。また、計画をする際には主治医の意見を求める必要がある。

②介護に関する医師の意見は、「主治医意見書」を本人同意のもと、入手できた場合は転記する。

③「主治医意見書」は、主治医が「介護サービス計画作成に利用されることに同意しない」と回答し、入手できない場合もある。その場合は面談を希望し、主治医から直接意見を聞く。

　そのためには、日頃から主治医との連携に留意しておくことが重要である。

●6-⑥ 医療・健康関係

※計画をする際には主治医の意見を求める場合あり

要介護認定項目

処置内容
1. 点滴の管理
2. 中心静脈栄養
3. 透析
4. ストーマ（人工肛門）の処置
5. 酸素療法
6. レスピレーター（人工呼吸器）
7. 気管切開の処置
8. 疼痛の看護
9. 経管栄養

特別な対応
10. モニター測定（血圧、心拍、酸素飽和度等）
11. じょくそうの処置
12. カテーテル（コンドームカテーテル、留置カテーテル、ウロストーマ等）

	援助の現状		希望	要援助→計画
	家族実施	サービス実施		
1）測定・観察				
2）薬剤の管理				
3）薬剤の使用				
4）受診・検査介助				
5）リハビリテーション				
6）医療処置の管理				

【特記、生活上配慮すべき課題など】

具体的内容（現状・計画）

- バイタルサインのチェック
- 定期的な病状観察
- 内服薬
- 坐薬（緩下剤、解熱剤等）
- 眼・耳・鼻等の外用薬の使用等
- 温・冷あん法、湿布貼付等
- 注射
- 吸引
- 吸入
- 自己注射（インスリン療法）
- 経管栄養法
- 中心静脈栄養法
- 酸素療法
- 人工呼吸療法
- 気管カニューレ管理
- 自己導尿
- 自己腹膜灌流
- 膀胱留置カテーテル管理
- 人工肛門・人工膀胱管理
- 疼痛管理
- 褥瘡管理

介護に関する医師の意見（「主治医意見書」を転記）

(1) 移動
屋外歩行　□自立　□介助があればしている　□していない
車いすの使用　□用いていない　□主に自分で操作している　□主に他人が操作している
歩行補助具・装具の使用（複数選択可）　□用いていない　□屋外で使用　□屋内で使用

(2) 栄養・食生活
食事行為　□自立ないし何とか自分で食べられる　□全面介助
現在の栄養状態　□良好　□不良
→ 栄養・食生活上の留意点（　　　　　　　　　　　　　　　　　　　　）

(3) 現在あるかまたは今後発生の可能性の高い状態とその対処方針
□尿失禁　□転倒・骨折　□移動能力の低下　□褥瘡　□心肺機能の低下　□閉じこもり　□意欲低下　□徘徊
□低栄養　□摂食・嚥下機能低下　□脱水　□易感染性　□がん等による疼痛　□その他（　　　　　　　）
→ 対処方針（　　　　　　　　　　　　　　　　　　　　　　　　　　）

(4) サービス利用による生活機能の維持・改善の見通し
□期待できる　□期待できない　□不明

(5) 医学的管理の必要性（特に必要性の高いものには下線を引いて下さい。予防給付により提供されるサービスを含みます。）
□訪問診療　□訪問看護　□訪問歯科診療　□訪問薬剤管理指導
□訪問リハビリテーション　□短期入所療養介護　□訪問歯科衛生指導　□訪問栄養食事指導
□通所リハビリテーション　□老人保健施設　□介護医療院　□その他の医療系サービス（　　　　　）
□特記すべき項目なし

(6) サービス提供時における医学的観点からの留意事項（該当するものを選択するとともに、具体的に記載）
□血圧（　　　　　　　　）　□摂食（　　　　　　　　）　□嚥下（　　　　　　　　）
□移動（　　　　　　　　）　□運動（　　　　　　　　）　□その他（　　　　　　　　）
□特記すべき項目なし

(7) 感染症の有無（有の場合は具体的に記入して下さい。）
□無　□有（　　　　　　　　　　　）　□不明

（3）第Ⅲ部　総括アセスメント部分（**7**）

7　全体のまとめ

①ここではまず、**1**から**6**までのアセスメントおよび「1日のスケジュール」を踏まえ居宅サービス計画書（1）の「利用者及び家族の生活に対する意向を踏まえた課題分析の結果」の記入を念頭に、介護支援専門員が要介護者や家族をどのようにとらえたかを整理するとともに、その相互関係を検討する。個別のニーズを書き出す前に、全体を通して要介護者や家族の意向や強さを再度押さえながら、どのような課題解決の方向があるかを、全体のまとめとして行うことが重要だからである。

②そのうえで、解決しなければならないと思われる問題（生活の支障）は何かについて、介護支援専門員の判断を記述する。その問題の背景、要因、相互関係を分析するなかで「居宅サービス計画書（2）」にあげるべき「生活全般の解決すべき課題（ニーズ）」を整理する。問題を課題と同様にとらえることで要因分析が不十分なことが多いことから、問題を明確にとらえ、その問題の要因を分析したうえで、課題を抽出する流れを整理し、記載する。

　整理の仕方としては、身体機能状況、精神状況、社会状況に分けて整理する方法や、排泄、食事等の生活の領域別に分ける方法もある。その場合、わからない（確認できない）ことは、その旨記述することが重要である。

　また、①全体のアセスメントで書ききれなかった点や、②エンパワメントの視点でとらえた全体としての強さ、③モニタリング時に気をつけておくべきこと、④生活全体の課題分析を通して何に注目して支援するかといった支援の方向性、⑤今後連携を強化すべき組織や機関、個人、⑥つくり出す必要のある社会資源などにも着目して、必要な事項を記述する。特に固定した用紙や、記載方法を提示していない。介護支援専門員各々が工夫して記載できるように罫線のみとしている（整理の方法については記載事例に参考例を示している）。

③**7**の用紙の下にまとめている「災害時の対応の必要性について」「権利擁護に関する対応の必要性について」の項目は、今まで行ってきたアセスメントとは違った側面からの対応の必要性を確認するものである。

　「災害の時の対応の必要性について」は、必要性の有無を記入する。さらに令和4年4月に改正された災害対策基本法で、自治体は避難行動要支援者に対して「個別避難計画」の作成が努力義務になったことにともない、個別避難計画が作成されているかについて、**7**全体のまとめに記入する。

　「権利擁護に関する対応の必要性について」は、要介護者の意思表示が十分にできな

7 全体のまとめ

災害時の対応の必要性について ⇒有の場合	必要性の有無	有　　　　無	個別避難計画策定の有無	有　策定中　無

災害時の連絡先 （家族以外／民生委員等）	(氏名)　　　　　　　　　　　　　　　　(本人との関係) TEL.　　　　　　　　　　　　　FAX. メール
備考	

権利擁護に関する対応の必要性について ⇒有の場合	必要性の有無	有　　　　無

備考	

い場合や権利侵害を受けやすい場合に、必要性の有無に「有」とし、「備考」へ詳細に説明し、可能であれば必要なサービスや支援について言及する。

④最初の面接ですべてを確認できるわけではないので、今後確認しなければならないことについても記述しておく。

⑤サービス担当者会議等、各サービス事業者との連携を効率的に行うためには、このページ（「全体のまとめ」と「１日のスケジュール」）が非常に有効な資料となるので、要介護者の全体像が把握できるような記述に努める。

■１日のスケジュール

ここで重要なことは、単に利用者本人の生活リズムを聞き取るのではなく、利用者を含む家族（独居の場合は他者からの関わりも含めて）の24時間の流れ、つまり生活全体を知ることにある。介護サービスがこの24時間の生活の流れを止めることなく、どのように関わることが必要か、客観的に判断する。

アセスメントをすすめていく際に、本人の生活及び介護内容（現状）を必要に応じて記入していく。この表への記入を行うことで、アセスメントが容易になると同時に、居宅サービス計画を作成する際の重要なデータとなる。なお、この部分はアセスメント用紙の右側に張り出すかたちになっているので、アセスメント項目の順に聞き取りをしながら記入することができる。

①まず、表の下にあげている、◎：排便、○：排尿、△：食事、☆：入浴、□：起床、■：就寝といった主要な項目を中心に、「本人の生活リズム」を把握する（マークを記載）。自立度が高い人などは、必ずしもすべて把握しなくてもよいが、介護を考えるうえで必要な項目を押さえる。実際に介護サービスの提供が始まらないと把握できない場合もあると思われるが、その場合には各サービス事業者と連携をとりながら把握に努める。

②各項目について、自立促進の観点から「本人が自分でしていること」を把握する。それ以外が、家族実施またはサービス実施ということになる。これは、あくまで現状であり、固定的に考えてはならない。また、本人が自分でしていることだけではなく、自分でしたいことの興味や関心なども聞き取ることで、自立支援に向けた居宅サービス計画を作成することにつなげることができる。

③「援助の現状」には、家族またはサービスで実施していることを簡単に記述できるようになっている。

④「要援助と判断される場合に✔　計画した場合に○（確認）」の欄の「✔」は、第Ⅱ部の「要援助→計画」欄と同様、「全体のまとめ・特記、解決すべき課題など」を除くアセスメント全体の記入を終えてから記入する。前ページまでの転記の「✔」と一部重複

■1日のスケジュール

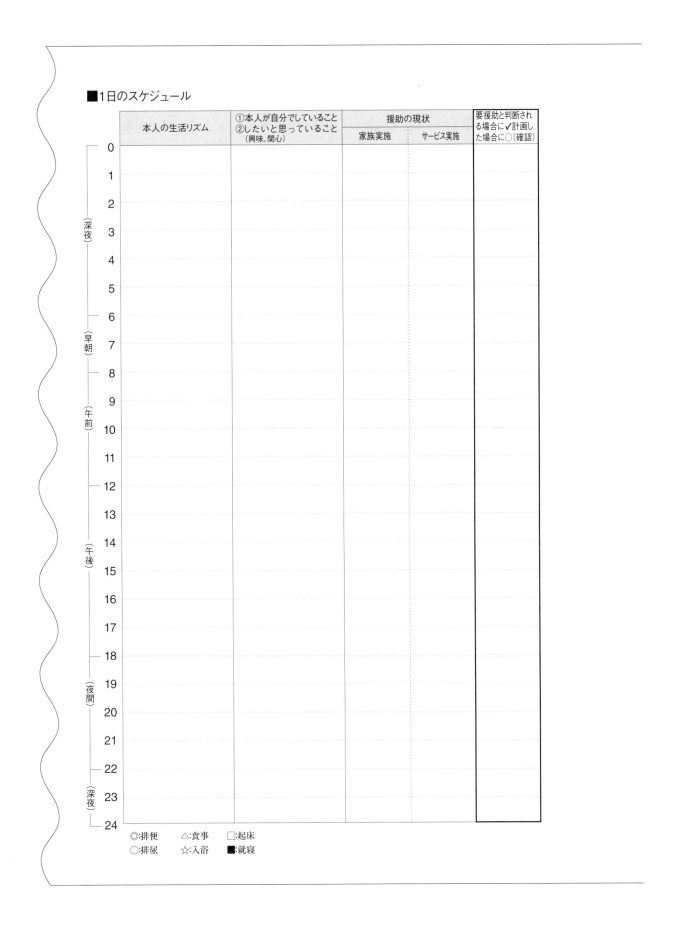

本人の生活リズム	①本人が自分でしていること ②したいと思っていること （興味、関心）	援助の現状		要援助と判断される場合に✔計画した場合に○（確認）
		家族実施	サービス実施	

（深夜）0 1 2 3 4 5 6
（早朝）7 8
（午前）9 10 11 12
（午後）13 14 15 16 17 18
（夜間）19 20 21 22
（深夜）23 24

◎:排便　△:食事　□:起床
○:排尿　☆:入浴　■:就寝

することになるが、1日のスケジュール全体を見渡すなかで検討ができる。

⑤この「✔」については、居宅サービス計画ができた時点で確認をし、計画に盛り込まれている場合は「✔」に確認のための「○」を重ね、「✅」とする。計画から漏れているのであれば、課題（ニーズ）を追加し、計画を修正する（「✔」をつけたが最終的に本人や家族等が実施する場合には、その確認をする）。

⑥1日のスケジュールを聞き取ることで、居宅サービス計画書（第3表）の「週間サービス計画表」右側の「主な日常生活上の活動」に該当する情報を得ることができ、記載できる。

❷要介護認定調査項目の記入方法

　介護支援専門員が調査員となって要介護認定の調査を行う場合は、国が示す手引き書（認定調査員テキスト）に従って調査を実施することになる。要介護認定項目の調査方法については、手引き書（認定調査員テキスト）が出されているので詳細はそれを参照されたい。

認定調査票（基本調査）

1−1．麻痺等の有無について、あてはまる番号すべてに○印をつけてください。（複数回答可）

　　1．ない　　2．左上肢　　3．右上肢　　4．左下肢　　5．右下肢

　　6．その他（四肢の欠損）

1−2．拘縮の有無について、あてはまる番号すべてに○印をつけてください。（複数回答可）

　　1．ない　　2．肩関節　　3．股関節　　4．膝関節　　5．その他（四肢の欠損）

1−3．寝返りについて、あてはまる番号に１つだけ○印をつけてください。

　　1．つかまらないでできる　　2．何かにつかまればできる　　3．できない

1−4．起き上がりについて、あてはまる番号に１つだけ○印をつけてください。

　　1．つかまらないでできる　　2．何かにつかまればできる　　3．できない

1−5．座位保持について、あてはまる番号に１つだけ○印をつけてください。

　　1．できる　　2．自分の手で支えればできる　　3．支えてもらえればできる

　　4．できない

1−6．両足での立位保持について、あてはまる番号に１つだけ○印をつけてください。

　　1．支えなしでできる　　2．何か支えがあればできる　　3．できない

1−7．歩行について、あてはまる番号に１つだけ○印をつけてください。

　　1．つかまらないでできる　　2．何かにつかまればできる　　3．できない

1−8．立ち上がりについて、あてはまる番号に１つだけ○印をつけてください。

　　1．つかまらないでできる　　2．何かにつかまればできる　　3．できない

1−9．片足での立位保持について、あてはまる番号に１つだけ○印をつけてください。

　　1．支えなしでできる　　2．何か支えがあればできる　　3．できない

1-10. 洗身について、あてはまる番号に1つだけ○印をつけてください。

1. 介助されていない　　2. 一部介助　　3. 全介助　　4. 行っていない

1-11. つめ切りについて、あてはまる番号に1つだけ○印をつけてください。

1. 介助されていない　　2. 一部介助　　3. 全介助

1-12. 視力について、あてはまる番号に1つだけ○印をつけてください。

1. 普通（日常生活に支障がない）

2. 約1m離れた視力確認表の図が見える

3. 目の前に置いた視力確認表の図が見える

4. ほとんど見えない

5. 見えているのか判断不能

1-13. 聴力について、あてはまる番号に1つだけ○印をつけてください。

1. 普通

2. 普通の声がやっと聞き取れる

3. かなり大きな声なら何とか聞き取れる

4. ほとんど聞えない

5. 聞えているのか判断不能

2-1. 移乗について、あてはまる番号に1つだけ○印をつけてください。

1. 介助されていない　　2. 見守り等　　3. 一部介助　　4. 全介助

2-2. 移動について、あてはまる番号に1つだけ○印をつけてください。

1. 介助されていない　　2. 見守り等　　3. 一部介助　　4. 全介助

2-3. えん下について、あてはまる番号に1つだけ○印をつけてください。

1. できる　　2. 見守り等　　3. できない

2-4. 食事摂取について、あてはまる番号に1つだけ○印をつけてください。

1. 介助されてない　　2. 見守り等　　3. 一部介助　　4. 全介助

2-5. 排尿について、あてはまる番号に1つだけ○印をつけてください。

1. 介助されていない　　2. 見守り等　　3. 一部介助　　4. 全介助

2－6. 排便について、あてはまる番号に１つだけ○印をつけてください。

　　1．介助されてない　　2．見守り等　　3．一部介助　　4．全介助

2－7. 口腔清潔について、あてはまる番号に１つだけ○印をつけてください。

　　1．介助されていない　　2．一部介助　　3．全介助

2－8. 洗顔について、あてはまる番号に１つだけ○印をつけてください。

　　1．介助されていない　　2．一部介助　　3．全介助

2－9. 整髪について、あてはまる番号に１つだけ○印をつけてください。

　　1．介助されていない　　2．一部介助　　3．全介助

2－10. 上衣の着脱について、あてはまる番号に１つだけ○印をつけてください。

　　1．介助されていない　　2．見守り等　　3．一部介助　　4．全介助

2－11. ズボン等の着脱について、あてはまる番号に１つだけ○印をつけてください。

　　1．介助されていない　　2．見守り等　　3．一部介助　　4．全介助

2－12. 外出頻度について、あてはまる番号に１つだけ○印をつけてください。

　　1．週１回以上　　2．月１回以上　　3．月１回未満

3－1. 意思の伝達について、あてはまる番号に１つだけ○印をつけてください。

　　1．調査対象者が意思を他者に伝達できる
　　2．ときどき伝達できる
　　3．ほとんど伝達できない
　　4．できない

3－2. 毎日の日課を理解することについて、あてはまる番号に１つだけ○印をつけてください。

　　1．できる　　2．できない

3－3. 生年月日や年齢を言うことについて、あてはまる番号に１つだけ○印をつけてください。

　　1．できる　　2．できない

3－4. 短期記憶（面接調査の直前に何をしていたか思い出す）について、あてはまる番号に１つだけ○印をつけてください。

　　1．できる　　2．できない

3-5.自分の名前を言うことについて、あてはまる番号に1つだけ○印をつけてください。
　　1．できる　　2．できない

3-6.今の季節を理解することについて、あてはまる番号に1つだけ○印をつけてください。
　　1．できる　　2．できない

3-7.場所の理解（自分がいる場所を答える）について、あてはまる番号に1つだけ○印をつけてください。
　　1．できる　　2．できない

3-8.徘徊について、あてはまる番号に1つだけ○印をつけてください。
　　1．ない　　2．ときどきある　　3．ある

3-9.外出すると戻れないことについて、あてはまる番号に1つだけ○印をつけてください。
　　1．ない　　2．ときどきある　　3．ある

4-1.物を盗られたなどと被害的になることについて、あてはまる番号に1つだけ○印をつけてください。
　　1．ない　　2．ときどきある　　3．ある

4-2.作話をすることについて、あてはまる番号に1つだけ○印をつけてください。
　　1．ない　　2．ときどきある　　3．ある

4-3.泣いたり、笑ったりして感情が不安定になることについて、あてはまる番号に1つだけ○印をつけてください。
　　1．ない　　2．ときどきある　　3．ある

4-4.昼夜の逆転について、あてはまる番号に1つだけ○印をつけてください。
　　1．ない　　2．ときどきある　　3．ある

4-5.しつこく同じ話をすることについて、あてはまる番号に1つだけ○印をつけてください。
　　1．ない　　2．ときどきある　　3．ある

4-6.大声を出すことについて、あてはまる番号に1つだけ○印をつけてください。
　　1．ない　　2．ときどきある　　3．ある

4-7.介護に抵抗することについて、あてはまる番号に1つだけ○印をつけてください。
　　1．ない　　2．ときどきある　　3．ある

4-8. 「家に帰る」等と言い落ち着きがないことについて、あてはまる番号に1つだけ○印をつけてください。

1．ない　　2．ときどきある　　3．ある

4-9. 一人で外に出たがり目が離せないことについて、あてはまる番号に1つだけ○印をつけてください。

1．ない　　2．ときどきある　　3．ある

4-10. いろいろなものを集めたり、無断でもってくることについて、あてはまる番号に1つだけ○印をつけてください。

1．ない　　2．ときどきある　　3．ある

4-11. 物を壊したり、衣類を破いたりすることについて、あてはまる番号に1つだけ○印をつけてください。

1．ない　　2．ときどきある　　3．ある

4-12. ひどい物忘れについて、あてはまる番号に1つだけ○印をつけてください。

1．ない　　2．ときどきある　　3．ある

4-13. 意味もなく独り言や独り笑いをすることについて、あてはまる番号に1つだけ○印をつけてください。

1．ない　　2．ときどきある　　3．ある

4-14. 自分勝手に行動することについて、あてはまる番号に1つだけ○印をつけてください。

1．ない　　2．ときどきある　　3．ある

4-15. 話がまとまらず、会話にならないことについて、あてはまる番号に1つだけ○印をつけてください。

1．ない　　2．ときどきある　　3．ある

5-1. 薬の内服について、あてはまる番号に1つだけ○印をつけてください。

1．介助されていない　　2．一部介助　　3．全介助

5-2. 金銭の管理について、あてはまる番号に1つだけ○印をつけてください。

1．介助されていない　　2．一部介助　　3．全介助

5-3. 日常の意思決定について、あてはまる番号に1つだけ○印をつけてください。

1．できる（特別な場合でもできる）　　2．特別な場合を除いてできる

3．日常的に困難　　4．できない

５－４．集団への不適応について、あてはまる番号に１つだけ○印をつけてください。

　　　１．ない　　　２．ときどきある　　　３．ある

５－５．買い物について、あてはまる番号に１つだけ○印をつけてください。

　　　１．介助されていない　　　２．見守り等　　　３．一部介助　　　４．全介助

５－６．簡単な調理について、あてはまる番号に１つだけ○印をつけてください。

　　　１．介助されていない　　　２．見守り等　　　３．一部介助　　　４．全介助

６．過去14日間に受けた医療について、あてはまる番号すべてに○印をつけてください。(複数回答可)

処置内容　　　１．点滴の管理　　２．中心静脈栄養　　３．透析
　　　　　　　４．ストーマ（人工肛門）の処置　　　５．酸素療法
　　　　　　　６．レスピレーター（人工呼吸器）　　７．気管切開の処置
　　　　　　　８．疼痛の看護　　　　　　　　　　　９．経管栄養
特別な対応　　10．モニター測定（血圧、心拍、酸素飽和度等）
　　　　　　　11．じょくそうの処置
　　　　　　　12．カテーテル（コンドームカテーテル、留置カテーテル、ウロストーマ等）

７．日常生活自立度について各々該当するものに１つだけ○印をつけてください。

障害高齢者の日常生活
自立度（寝たきり度）　　　　自立・Ｊ１・Ｊ２・Ａ１・Ａ２・Ｂ１・Ｂ２・Ｃ１・Ｃ２

認知症高齢者の日常生活
自立度　　　　　　　　　　　自立・Ⅰ・Ⅱa・Ⅱb・Ⅲa・Ⅲb・Ⅳ・Ｍ

❸要介護認定調査項目に追加するアセスメント項目の記入方法

本ガイドラインでは、居宅サービス計画の策定にあたり、本人の状態をより適切に把握するため、以下の12項目について追加している。

【6-①基本（身体機能・起居）動作】

1−14．関節の動く範囲の制限の有無について、あてはまる番号すべてに○印をつけてください。（複数回答可）

　　1．ない　　2．肩関節　　3．肘関節　　4．股関節　　5．膝関節　　6．足関節

　　7．その他

【判断基準】

　「関節の動く範囲の制限」とは、調査対象者が可能な限り力を抜いた状態で他動的に関節を動かしたときに、関節の動く範囲が著しく狭くなっている状況を言う。「ない」は制限がない場合を指す。手指関節等や四肢欠損等がある場合は「7．その他」を選択する。この場合、制限を受けている部位や状況について要点を具体的に「特記、解決すべき課題など」に記入する。

【6-②生活機能（食事・排泄等）】

2−13．飲水について、あてはまる番号に1つだけ○印をつけてください。

　　1．自立　　2．見守り等　　3．一部介助　　4．全介助

【判断基準】

　「自立」は自分で水道やペットボトル等から水等をコップや茶わんに入れて適正量を判断して飲める場合、「見守り等」は茶わん、コップ等に入れられたものを手の届く範囲に置けば自分で飲める場合、「一部介助」は茶わん、コップ等を手渡すか、口元まで運ぶ等の介助が行われている場合、「全介助」は自分でまったく飲水せず、介助の全てが行われている場合を言う。

【6-③認知機能】

3−10．介護者の発言への反応について、あてはまる番号に1つだけ○印をつけてください。

　　1．介護者の言っていることが通じる

　　2．介護者の言っていることがときどき通じる

　　3．介護者の言っていることが通じない

【判断基準】

　本項目では介護者等からの問いかけや指示等の意思伝達に対する反応について判断する。

　１．は「嫌だ」と答える場合や聞こえない振りをする場合も含む。２．は、複雑な指示になると意思伝達ができなくなる場合や指示する場合により反応したり、しなかったりする場合を含む。３．は認知症等の場合や失語症ではないにもかかわらず反応しない場合をいう。

【6-④精神・行動障害】

4－16.　実際にないものが見えたり、聞えることについて、あてはまる番号に１つだけ○印をつけてください。
　　　１．ない　　　２．ときどきある　　　３．ある

4－17.　暴言や暴行について、あてはまる番号に１つだけ○印をつけてください。
　　　１．ない　　　２．ときどきある　　　３．ある

4－18.　目的もなく動き回ることについて、あてはまる番号に１つだけ○印をつけてください。
　　　１．ない　　　２．ときどきある　　　３．ある

4－19.　火の始末や火元の管理ができないことについて、あてはまる番号に１つだけ○印をつけてください。
　　　１．ない　　　２．ときどきある　　　３．ある

4－20.　不潔な行為を行う（排泄物を弄ぶ）ことについて、あてはまる番号に１つだけ○印をつけてください。
　　　１．ない　　　２．ときどきある　　　３．ある

4－21.　食べられないものを口に入れることについて、あてはまる番号に１つだけ○印をつけてください。
　　　１．ない　　　２．ときどきある　　　３．ある

【判断基準】

　「ない」は、過去１か月間に１度も現れたことがない場合やほとんど月１回以上の頻度で現れない場合、「ときどきある」は、少なくとも月１回以上、１週間に１回未満の頻度で現れる場合、「ある」は、少なくとも１週間に１回以上の頻度で現れる場合をそれぞれいう。

【6-⑤社会生活（への適応）力】

５－７．電話の利用について、あてはまる番号に１つだけ○印をつけてください。

　　１．自立　　　２．一部介助　　　３．全介助

【判断基準】

　電話の利用にかかわる一連の行為を評価する。一連の行為とは、電話をかけたり、受けたりする操作、電話での話を理解する、必要な伝言をする等の行為も含まれる。

５－８．日中の活動（生活）状況等について、あてはまる番号に１つだけ○印をつけてください。

　　１．よく動いている　　　２．座っていることが多い　　　３．横になっていることが多い

【判断基準】

　本項目は、日中の生活等に関する活動状況を確認する項目で、6-⑤5-7、5-8関係のチェック欄や〈社会活動の状況〉において詳細を記入する。疾患等のため医療機関から活動性の制限を受けている場合は、その理由・指導内容を「特記、解決すべき課題など」に記載する。また、義足や装具の装着、歩行補助具などを使用している場合は、使用時の状況に基づいて判断し、見守りなどが必要であれば、同様に「特記、解決すべき課題など」に記載する。

５－９．生活の不活発化の原因となるような家族・居住環境、社会参加等の状況の変化について、あてはまる番号に１つだけ○印をつけてください。

　　１．ない　　　２．ある

【判断基準】

　生活の不活発化の原因となる状況の変化があっても、生活が変わらない、むしろ活発になる場合等は「ない」と判断する。また、生活の不活発化に強い影響を与えているような変化があった場合、その具体的な状況は、「特記、解決すべき課題など」に記載する。

❹ 「居宅サービス計画書」への記入のしかた

（1）前段階

①「❶フェースシート」から「6-⑥医療・健康関係」までと「1日のスケジュール」の現状や希望についてアセスメント用紙にそって、利用者や家族から尋ねる（「要介護認定」や「介護に対する医師の意見」は後で転記の場合がある）。

②居宅サービス計画書（1）の「利用者及び家族の生活に関する意向を踏まえた課題解決の結果」について、①で介護支援専門員が感じた本人や家族の介護への意向をもとに、どのような生活課題を有しており、どのように解決していくべきかを記述する。

③そのうえで、介護支援専門員は以下の専門的判断をする。

　ⓐ「要介護認定」が済んでいない場合には、見込みの要介護度を記入する。

　ⓑ6-①の「リハビリの必要性」、6-①・②・⑤の「要援助→計画」、6-③・④の「援助の計画」、「1日のスケジュール」の「要援助と判断される場合…」に「✔」を記入する。

④「❼全体のまとめ」を記入する。

　　これまでアセスメントしてきた事実を整理するとともに、その相互関係を検討しつつ、その背景を分析する。事実の整理のしかたとしては、身体機能状況、精神状況、社会状況に分けて整理する方法もあるし、排泄、食事等の生活の領域別に分ける方法もある。

　　なお、居宅サービス計画書の更新については、厚生労働省の記載要領において、「本様式は、当初の介護サービス計画原案を作成する際に記載し、その後、介護サービス計画の一部を変更する都度、別葉を使用して記載するものとする。但し、サービス内容への具体的な影響がほとんど認められないような軽微な変更については、当該変更記録の箇所の冒頭に変更時点を明記しつつ、同一用紙に継続して記載することができるものとする。」とされている。

（2）「居宅サービス計画書（1）（2）」（第1表、第2表）への記入

※「居宅サービス計画書（1）（2）」は、厚生労働省が示している様式に基づいている。

①「介護認定審査会意見」および「サービスの種類の指定」を転記する。要介護認定が前後した場合には、意見等を転記するとともに、計画の修正が必要かどうかを確認する。

②上記を踏まえ、「総合的な援助の方針」を設定する。

③「生活全般の解決すべき課題（ニーズ）」を記入する。

　　原則として優先度合いが高いものから順に記載する。

　　慣れない場合には、これの左に欄があると想定し、課題（ニーズ）の背景を箇条書き

すると、以降の検討に有効である。

　なお、②と③は逆転して検討・記入することもあり、どちらを先に記入しても、必要に応

じて修正・追加をすることになる。

　④「解決すべき課題」ごとに、「目標」を立てる。

　⑤「目標」を実現するための「サービス内容」を記入する。

　⑥さらに、その介護を担う「サービス種別」「当該サービス提供を行う事業所」とその「頻

　　度」「期間」を記入する。

◆「居宅サービス計画書（1）」について

【厚生労働省記載要領より】（「介護サービス計画書の様式及び課題分析標準項目の提示につ

いて」の一部改正について　平成11年11月12日老企29、令和3年3月31日老認発第0331第6号）

　居宅サービス計画作成（変更）日

　　当該居宅サービス計画を作成または変更した日を記載する。

　初回居宅サービス計画作成日

　　当該居宅介護支援事業所において当該利用者に関する居宅サービス計画を初めて作成し

た日を記載する。

　初回・紹介・継続

　　当該利用者が、当該居宅介護支援事業所において初めて居宅介護支援を受ける場合は「初

回」に、他の居宅介護支援事業所（同一居宅介護支援事業者の他の事業所を含む。以下同

じ。）又は介護保険施設から紹介された場合は「紹介」に、それ以外の場合は「継続」に

○を付す。

　　なお、「紹介」とは、当該利用者が他の居宅介護支援事業所又は介護保険施設において

既に居宅介護支援等を受けていた場合を指す。

　　また、「継続」とは、当該利用者が既に当該居宅介護支援事業所から居宅介護支援を受

けている場合を指す。

　　おって、当該居宅介護支援事業所において過去に居宅介護支援を提供した経緯がある利

用者が一定期間を経過した後に介護保険施設から紹介を受けた場合には、「紹介」及び「継

続」の両方を○印で囲むものとする。

認定済・申請中

「新規申請中」（前回「非該当」となり、再度申請している場合を含む。）、「区分変更申請中」、「更新申請中であって前回の認定有効期間を超えている場合」は、「申請中」に○を付す。それ以外の場合は「認定済」に○を付す。

認定日

「要介護状態区分」が認定された日（認定の始期であり、初回申請者であれば申請日）を記載する。

「申請中」の場合は、申請日を記載する。認定に伴い当該居宅サービス計画を変更する必要がある場合には、作成日の変更を行う。

認定の有効期間

被保険者証に記載された「認定の有効期間」を転記する。

要介護状態区分

被保険者証に記載された「要介護状態区分」を転記する。

利用者及び家族の生活に対する意向を踏まえた課題分析の結果

利用者及びその家族が、どのような内容の介護サービスをどの程度の頻度で利用しながら、どのような生活をしたいと考えているのか意向を踏まえた課題分析の結果を記載する。その際、課題分析の結果として、「自立支援」に資するために解決しなければならない課題が把握できているか確認する。そのために、利用者の主訴や相談内容等を踏まえた利用者が持っている力や生活環境等の評価を含め利用者が抱える問題点を明らかにしていくこと。

なお、利用者及びその家族の生活に対する意向が異なる場合には、各々の主訴を区別して記載する。

認定審査会の意見及びサービスの種類の指定

被保険者証を確認し、「認定審査会意見及びサービスの種類の指定」が記載されている場合には、これを転記する。

総合的な援助の方針

課題分析により抽出された、「生活全般の解決すべき課題（ニーズ）」に対応して、当該居宅サービス計画を作成する介護支援専門員をはじめ各種のサービス担当者が、どのようなチームケアを行おうとするのか、利用者及び家族を含むケアチームが確認、検討の上、総合的な援助の方針を記載する。

あらかじめ発生する可能性が高い緊急事態が想定されている場合には、対応機関やその連絡先、また、あらかじめケアチームにおいて、どのような場合を緊急事態と考えているかや、緊急時を想定した対応の方法等について記載することが望ましい。例えば、利用者

の状態が急変した場合の連携等や、将来の予測やその際の多職種との連携を含む対応方法について記載する。

生活援助中心型の算定理由

　介護保険給付対象サービスとして、居宅サービス計画に生活援助中心型の訪問介護を位置付けることが必要な場合に記載する。

　「指定居宅サービスに要する費用の額の算定に関する基準」（平成12年２月10日厚生省告示第19号）別表の１の注３に規定する「単身の世帯に属する利用者」の場合は、「１．一人暮らし」に、「家族若しくは親族（以下「家族等」という。）と同居している利用者であって、当該家族等の障害、疾病等の理由により、当該利用者または当該家族等が家事を行うことが困難であるもの」の場合は、「２．家族等が障害、疾病等」に○を付す。また、家族等に障害、疾病がない場合であっても、同様のやむを得ない事情により、家事が困難な場合等については、「３．その他」に○を付し、その事情の内容について簡潔明瞭に記載する。事情の内容については、例えば、

　　・家族が高齢で筋力が低下していて、行うのが難しい家事がある場合

　　・家族が介護疲れで共倒れ等の深刻な問題が起きてしまう恐れがある場合

　　・家族が仕事で不在の時に、行わなくては日常生活に支障がある場合

などがある。（「同居家族等がいる場合における訪問介護サービス等の生活援助の取扱いについて」（平成21年12月25日老振発1224第１号）参照）

◆「居宅サービス計画書（2）」について

【厚生労働省記載要領より】

生活全般の解決すべき課題（ニーズ）

　利用者の自立を阻害する要因等であって、個々の解決すべき課題（ニーズ）について、その相互関係をも含めて明らかにし、それを解決するための要点がどこにあるかを分析し、その波及する効果を予測して原則として優先度合いが高いものから順に記載する。具体的には、利用者の生活全般の解決すべき課題（ニーズ）の中で、解決していかなければならない課題の優先順位を見立て、そこから目標を立て、

　　・利用者自身の力で取り組めること

　　・家族や地域の協力でできること

　　・ケアチームが支援すること

で、できるようになることなどを整理し、具体的な方法や手段をわかりやすく記載する。

　目標に対する援助内容では、「いつまでに、誰が、何を行い、どのようになるのか」という目標達成に向けた取り組みの内容やサービスの種別・頻度や期間を設定する。

目標（長期目標・短期目標）

　「長期目標」は、基本的には個々の解決すべき課題に対応して設定するものである。

　ただし、解決すべき課題が短期的に解決される場合やいくつかの課題が解決されて初めて達成可能な場合には、複数の長期目標が設定されることもある。

　「短期目標」は、解決すべき課題及び長期目標に段階的に対応し、解決に結びつけるものである。

　緊急対応が必要になった場合には、一時的にサービスは大きく変動するが、目標として確定しなければ「短期目標」を設定せず、緊急対応が落ち着いた段階で、再度、「長期目標」・「短期目標」の見直しを行い記載する。

　なお、抽象的な言葉ではなく誰にもわかりやすい具体的な内容で記載することとし、かつ目標は、実際に解決が可能と見込まれるものでなくてはならない。

（「長期目標」及び「短期目標」に付する）期間

　「長期目標」の「期間」は、「生活全般の解決すべき課題（ニーズ）」を、いつまでに、どのレベルまで解決するのかの期間を記載する。

　「短期目標」の「期間」は、「長期目標」の達成のために踏むべき段階として設定した「短期目標」の達成期限を記載する。

　また、原則として開始時期と終了時期を記入することとし、終了時期が特定できない場合等にあっては、開始時期のみ記載する等として取り扱って差し支えないものとする。

　なお、期間の設定においては「認定の有効期間」も考慮するものとする。

サービス内容

　「短期目標」の達成に必要であって最適なサービスの内容とその方針を明らかにし、適切・簡潔に記載する。

　この際、家族等による援助や必要に応じて保険給付対象外サービスも明記し、また、当該居宅サービス計画作成時において既に行われているサービスについても、そのサービスがニーズに反せず、利用者及びその家族に定着している場合には、これも記載する。

　なお、居宅サービス計画に厚生労働大臣が定める回数以上の訪問介護を位置付ける場合にあっては、その利用の妥当性を検討し、当該居宅サービス計画に訪問介護が必要な理由を記載する必要があるが、その理由を当該欄に記載しても差し支えない。

保険給付の対象かどうかの区分

　「サービス内容」中、保険給付対象内サービスについて○印を付す。

サービス種別

　「サービス内容」及びその提供方針を適切に実行することができる居宅サービス事業者等を選定し、具体的な「サービス種別」及び当該サービス提供を行う「事業所名」を記載する。

　家族が担う介護部分についても、誰が行うのかを明記する。

頻度・期間

「頻度」は、「サービス内容」に掲げたサービスをどの程度の「頻度（一定期間内での回数、実施曜日等）」で実施するかを記載する。

「期間」は、「サービス内容」に掲げたサービスをどの程度の「期間」にわたり実施するかを記載する。

なお、「期間」の設定においては「認定の有効期間」も考慮するものとする。

福祉用具貸与又は特定福祉用具販売のサービスを必要とする理由

福祉用具貸与又は特定福祉用具販売を居宅サービス計画に位置付ける場合においては、「生活全般の解決すべき課題」、「サービス内容」等に当該サービスを必要とする理由が明らかになるように記載する。

なお、理由については別の用紙（別葉）に記載しても差し支えない。

（3）「週間サービス計画表」への記入

【厚生労働省記載要領より】

第2表「居宅サービス計画書（2）」の「援助内容」で記載したサービスを保険給付内外を問わず、記載する。なお、その際、「援助内容」の頻度と合っているか留意する。

主な日常生活上の活動

利用者の起床や就寝、食事、排泄などの平均的な一日の過ごし方について記載する。例えば、食事については、朝食・昼食・夕食を記載し、その他の例として、入浴、清拭、洗面、口腔清掃、整容、更衣、水分補給、体位変換、家族の来訪や支援など、家族の支援や利用者のセルフケアなどを含む生活全体の流れが見えるように記載する。

なお、当該様式については、時間軸、曜日軸の縦横をどちらにとってもかまわない。

週単位以外のサービス

各月に利用する短期入所等、福祉用具、住宅改修、医療機関等への受診状況や通院状況、その他の外出や「多様な主体により提供される利用者の日常生活全般を支援するサービス」などを記載する。

週間サービス計画表

作成　年　月　日　　第3表

利用者名　　　　　　　　　　　　　　　殿

		月	火	水	木	金	土	日	主な日常生活上の活動
深夜	0:00								
	2:00								
	4:00								
早朝	6:00								
	8:00								
午前	10:00								
	12:00								
午後	14:00								
	16:00								
	18:00								
夜間	20:00								
	22:00								
深夜	24:00								
週単位以外のサービス									

－14－

（4）「サービス利用票（兼居宅（介護予防）サービス計画)」「サービス提供票」及びそれぞれの別表等への記入

　居宅サービス計画書は、具体的にサービス項目・内容を依頼するものであり、それをもとに、サービス実施を確認し、国民健康保険団体連合会に連絡をする行為（「給付管理票」）につながるものである。

　以上の計画書記入に基づき、利用者に「サービス利用票（兼居宅（介護予防）サービス計画)」、居宅サービス事業者に「サービス提供票」を渡す。

　居宅サービス計画を兼ねる「サービス利用票」は、サービス内容の予定を確認し、さらに利用を確認する機能をもつこととなるが、この票のサービス内容に示される範囲の情報では、利用者にとっても、サービス実施機関にとってもどのようなサービス内容が提供されるのかわかりにくい場合があると考え、本ガイドラインでは、厚生労働省の示した「サービス利用票」「サービス提供票」のいちばん右に独自に欄を設け、「居宅サービス計画書（2)」の「サービス内容」を書き写すことを提案するものである。

135

■ サービス提供票

認定済・申請中		年　月分	居宅介護支援事業者→利用者

保険者番号		保険者名		居宅介護支援事業者事業所名担当者名		作成年月日	年　月　日
被保険者番号		フリガナ被保険者氏名				届出年月日	年　月　日

生年月日	明・大・昭　年　月　日	性別	要介護状態区分　1 2 3 4 5 変更後要介護状態区分　1 2 3 4 5 変更日　年 月 日	区分支給限度基準額	単位/月	限度額適用期間　年 月から　年 月まで	前月までの短期入所利用日数　日

月間サービス計画及び実績の記録

提供時間帯	サービス内容	サービス事業者事業所名	日付 曜日	1 2 3 4 5 6 7 8 9 10 11 12 13 14 15 16 17 18 19 20 21 22 23 24 25 26 27 28 29 30 31	合計回数	サービス内容の詳細
			予定/実績			

−19−

■ サービス提供票別表

区分支給限度管理・利用者負担計算

事業所名	事業所番号	サービス内容/種類	種類	サービスコード	単位数	割引適用後率%/単位数	回数	サービス単位/金額	給付管理単位数	種類支給限度基準を超える単位数	種類支給限度基準内単位数	区分支給限度基準を超える単位数	区分支給限度基準内単位数	単位数単価	費用総額保険/事業対象分	給付率(%)	保険/事業費請求額	定額利用者負担単価金額	利用者負担保険/事業対象分	利用者負担(全額負担分)
				区分支給限度基準額(単位)			合計													

種類別支給限度管理

サービス種類	種類支給限度基準額(単位)	合計単位数	種類支給限度基準を超える単位数	サービス種類	種類支給限度基準額(単位)	合計単位数	種類支給限度基準を超える単位数
					合計		

要介護認定期間中の短期入所利用日数

前月までの利用日数	当月の計画利用日数	累積利用日数

−20−

137

（5）「サービス担当者会議の要点」への記入

【厚生労働省記載要領より】

会議出席者

　本人又はその家族が出席した場合には、その旨についても記入する。記載方法については、「会議出席者」の欄に記載、もしくは、「所属（職種）」の欄を活用して差し支えない。また、当該会議に出席できないサービス担当者がいる場合には、その者の「所属（職種）」及び「氏名」を記載するとともに、当該会議に出席できない理由についても記入する。なお、当該会議に出席できないサービス担当者の「所属（職種）」、「氏名」又は当該会議に出席できない理由について他の書類等により確認することができる場合は、本表への記載を省略して差し支えない。

検討した項目

　当該会議において検討した項目について記載する。当該会議に出席できないサービス担当者がいる場合には、その者に照会（依頼）した年月日、内容及び回答を記載する。また、サービス担当者会議を開催しない場合には、その理由を記載するとともに、サービス担当者の氏名、照会（依頼）年月日、照会（依頼）した内容及び回答を記載する。なお、サービス担当者会議を開催しない理由又はサービス担当者の氏名、照会（依頼）年月日若しくは照会（依頼）した内容及び回答について他の書類等により確認することができる場合は、本表への記載を省略して差し支えない。

検討内容

　当該会議において検討した項目について、それぞれ検討内容を記載する。

　その際、サービス内容だけでなく、サービスの提供方法、留意点、頻度、時間数、担当者等を具体的に記載する。

　なお、「検討した項目」及び「検討内容」については、一つの欄に統合し、合わせて記載しても差し支えない。

結論

　当該会議における結論について記載する。

残された課題（次回の開催時期等）

　必要があるにもかかわらず社会資源が地域に不足しているため未充足となった場合や、必要と考えられるが本人の希望等により利用しなかった居宅サービスや次回の開催時期、開催方針等を記載する。

| 作成　　年　月　日　　第4表 |

サービス担当者会議の要点

利用者名		殿	居宅サービス計画作成者(担当者)氏名	

| 開催日　　年　月　日 | 開催場所 | | 開催時間 | 開催回数 |

会 議 出 席 者	所 属(職種)	氏　名	所 属(職種)	氏　名	所 属(職種)	氏　名
利用者・家族の出席 本人:[　　　　] 家族:[　　　　] (続 柄:　　　)						
※備考						

検討した項目	

検 討 内 容	

結　　　論	

残された課題 (次回の開催時期)	

-15-

(6)「居宅介護支援経過」への記入

【厚生労働省記載要領より】

　　モニタリングを通じて把握した、利用者やその家族の意向・満足度等、目標の達成度、事業者との調整内容、居宅サービス計画の変更の必要性等について記載する。

　　漫然と記載するのではなく、項目毎に整理して記載するように努める。

　　第5表「居宅介護支援経過」は、介護支援専門員等がケアマネジメントを推進する上での判断の根拠や介護報酬請求に係る内容等を記録するものであることから、介護支援専門員が日頃の活動を通じて把握したことや判断したこと、持ち越された課題などを、記録の日付や情報収集の手段（「訪問」（自宅や事業所等の訪問先を記載）、「電話」・「FAX」・「メール」（これらは発信（送信）・受信がわかるように記載）等）とその内容について、時系列で誰もが理解できるように記載する。

　　そのため、具体的には、

　　・日時（時間）、曜日、対応者、記載者（署名）

　　・利用者や家族の発言内容

　　・サービス事業者等との調整、支援内容等

・居宅サービス計画の「軽微な変更」の場合の根拠や判断

等の客観的な事実や判断の根拠を、簡潔かつ適切な表現で記載する。

簡潔かつ適切な表現については、誰もが理解できるように、例えば、

・文章における主語と述語を明確にする、

・共通的でない略語や専門用語は用いない、

・曖昧な抽象的な表現を避ける、

・箇条書きを活用する、

等わかりやすく記載する。

なお、モニタリングを通じて把握した内容ついて、モニタリングシート等を活用している場合については、例えば、「モニタリングシート等（別紙）参照」等と記載して差し支えない。（重複記載は不要）

ただし、「（別紙）参照」については、多用することは避け、その場合、本表に概要をわかるように記載しておくことが望ましい。

※モニタリングシート等を別途作成していない場合は本表への記載でも可。

居宅介護支援経過							作成　年　月　日　第5表
利用者名		殿				居宅サービス計画作成者氏名	
年 月 日	項 目	内 容		年 月 日	項 目	内 容	

参考資料

1. 介護サービス計画書の様式及び
   課題分析標準項目の提示について
2. 主治医意見書
3. 課題整理総括表
4. 評価表

　厚生労働省は、平成11年11月12日に老企29・各都道府県介護保険主管部（局）長宛の厚生労働省老人保健福祉局企画課長通知「介護サービス計画書の様式及び課題分析標準項目の提示について」を発出した。その後数度の改正が行われたが、令和3年3月31日に、さらに一部改正された。そのため、一部改正された「介護サービス計画書の様式及び課題分析標準項目の提示について」を以下に示すこととする。

平成11年11月12日　老企29・各都道府県介護保険主管部（局）長　宛
厚生省老人保健福祉局企画課長通知

最終改正　令和3年3月31日

介護サービス計画書の様式及び課題分析標準項目の提示について

　標記について、今般下記のとおり定めたので御承知の上、管下市町村、関係団体、関係機関等にその周知徹底を図るとともに、その運用に遺憾のないようにされたい。
　なお、当該様式及び項目は介護サービス計画の適切な作成等を担保すべく標準例として提示するものであり、当該様式以外の様式等の使用を拘束する趣旨のものではない旨、念のため申し添える。

記

1．居宅サービス計画書標準様式及び記入要領（別紙1）（略）
2．施設サービス計画書標準様式及び記入要領（別紙2）（略）
3．介護サービス計画書の様式について（別紙3）
4．課題分析標準項目について（別紙4）

（別紙3）

介護サービス計画書の様式について

Ⅰ．様式の基本的な考え方

　介護サービス計画書の様式は、単なる記録用紙ではなく、介護支援専門員が課題分析の結果を踏まえて介護サービス計画（ケアプラン）を作成する思考の順序や要点を表したものである必要がある。

　このような要件を備えた様式は、介護支援専門員に対する教育的な効果を持つものであり、その様式を活用することにより、一定水準の介護サービス計画を作成することができることを意味する。また、適切な様式は、介護支援専門員にとって、介護サービス計画が作成し易く、サービス担当者会議（ケアカンファレンス）に使い易いものとなる。

　前記の観点から、ここに介護サービス計画の標準的な様式及び記入要領を示し、もって介護サービス計画の作成方法の理解及びサービス担当者間の共通の視点での議論に資するものである。

Ⅱ．介護サービス計画書の定義

　介護保険法上の区分に基づき、以下のとおりに区分することとする。
1．「居宅サービス計画書」
　介護保険法第8条第21項に規定する「居宅サービス計画」の作成に用いる様式
2．「施設サービス計画書」
　介護保険法第8条第23項に規定する「施設サービス計画」の作成に用いる様式
3．「介護サービス計画書」
　「居宅サービス計画」と「施設サービス計画」の両者の作成に用いる様式の総称

Ⅲ．様式を作成するに当たっての前提（順不同）

○利用者及びその家族からの開示請求がなされた場合には開示することを前提に考

える。

○サービス担当者会議に提出するものであることを前提に考える。

○同一用紙に介護サービス計画の変更を継続して記録していくものではなく、介護
　サービス計画の作成（変更）の都度、別の用紙（別葉）に記録する、時点主義の
　様式を前提に考える。

［記載要領］

　本様式は、当初の介護サービス計画原案を作成する際に記載し、その後、介護
サービス計画の一部を変更する都度、別葉を使用して記載するものとする。但し、
サービス内容への具体的な影響がほとんど認められないような軽微な変更について
は、当該変更記録の箇所の冒頭に変更時点を明記しつつ、同一用紙に継続して記載
することができるものとする。

Ⅳ. 「居宅サービス計画書」の記載項目について

1. 第1表：「居宅サービス計画書（1）」

① 「利用者名」

［記載要領］

　当該居宅サービス計画の利用者名を記載する。

② 「生年月日」

［記載要領］

　当該利用者の生年月日を記載する。

③ 「住所」

［記載要領］

　当該利用者の住所を記載する。

④ 「居宅サービス計画作成者氏名」

［記載要領］

　当該居宅サービス計画作成者（介護支援専門員）の氏名を記載する。

⑤ 「居宅介護支援事業者・事業所名及び所在地」

［記載要領］

　当該居宅サービス計画作成者の所属する居宅介護支援事業者・事業所名及び所在
地を記載する。

⑥「居宅サービス計画作成（変更）日」

［記載要領］

　当該居宅サービス計画を作成または変更した日を記載する。

⑦「初回居宅サービス計画作成日」

［理由］

　当該様式は、基本的には初回の居宅サービス計画作成後、変更の都度に別葉に更新することを前提とするため、当該利用者が、いつの時点から継続して居宅介護支援を受けているか（いつからケアマネジメント関係にあるか）を明示する必要がある。

　これによって、当該居宅サービス計画作成者である介護支援専門員はもとより、各種のサービス担当者に、サービス提供上の経過的な変化を観察するための動機が働き、モニタリングの不足による漫然とした不適切な処遇の継続を防止し、利用者及びその家族の介護に関する意向や介護の必要性の変化が常に居宅サービス計画に反映されることとなる。

［記載要領］

　当該居宅介護支援事業所において当該利用者に関する居宅サービス計画を初めて作成した日を記載する。

⑧「初回・紹介・継続」

［理由］

　当該利用者が、他の居宅介護支援事業所（同一居宅介護支援事業者の他の事業所を含む。）または介護保険施設から紹介されたものであるか、当該居宅介護支援事業所において初めて介護支援サービスを受けるものであるかを明らかにすることにより、例えば、サービス担当者会議の場において、紹介利用者であるにも関わらず、それまで居宅介護支援を行ってきた居宅介護支援事業所等における支援記録を参考としないような事態を防止できる。また、既に当該居宅介護支援事業所によって居宅介護支援を受けていることを明示するために「継続」を設ける。

［記載要領］

　当該利用者が、当該居宅介護支援事業所において初めて居宅介護支援を受ける場合は「初回」に、他の居宅介護支援事業所（同一居宅介護支援事業者の他の事業所を含む。以下同じ。）又は介護保険施設から紹介された場合は「紹介」に、それ以外の場合は「継続」に○を付す。

　なお、「紹介」とは、当該利用者が他の居宅介護支援事業所又は介護保険施設に

145

おいて既に居宅介護支援等を受けていた場合を指す。

　また、「継続」とは、当該利用者が既に当該居宅介護支援事業所から居宅介護支援を受けている場合を指す。

　おって、当該居宅介護支援事業所において過去に居宅介護支援を提供した経緯がある利用者が一定期間を経過した後に介護保険施設から紹介を受けた場合には、「紹介」及び「継続」の両方を○印で囲むものとする。

［参考条文］

　　・厚生省令第38号「指定居宅介護支援等の事業の人員及び運営に関する基準」第15条（利用者に対する居宅サービス計画等の書類の交付）

　　・厚生省令第39号「指定介護老人福祉施設の人員、設備及び運営に関する基準」第8条（入退所）第6項

　　・厚生省令第40号「介護老人保健施設の人員、施設及び設備並びに運営に関する基準」第9条（入退所）第5項

　　・厚生省令第41号「指定介護療養型医療施設の人員、設備及び運営に関する基準」第9条（入退院）第5項

⑨「認定済・申請中」

［理由］

　認定により要介護状態区分が確定しているか、初回申請中又は変更申請中で要介護状態区分が変動する等の可能性があるかを明らかにしておく必要がある。

［記載要領］

　「新規申請中」（前回「非該当」となり、再度申請している場合を含む。）、「区分変更申請中」、「更新申請中であって前回の認定有効期間を超えている場合」は、「申請中」に○を付す。それ以外の場合は「認定済」に○を付す。

⑩「認定日」

［理由］

　当該居宅サービス計画作成に係る要介護状態区分が、いつから継続しているかを把握することにより、例えば、長期間にわたり要介護状態区分に変化がないような事例の点検に資する。

［記載要領］

　「要介護状態区分」が認定された日（認定の始期であり、初回申請者であれば申請日）を記載する。

　「申請中」の場合は、申請日を記載する。認定に伴い当該居宅サービス計画を変

更する必要がある場合には、作成日の変更を行う。

⑪「**認定の有効期間**」

［理由］

　当該居宅サービス計画作成に係る要介護状態区分の有効期間が、いつまで継続するのかを把握することにより、例えば、長時間にわたり要介護状態区分に変化がないような事例の点検に資する。

［記載要領］

　被保険者証に記載された「認定の有効期間」を転記する。

⑫「**要介護状態区分**」

［記載要領］

　被保険者証に記載された「要介護状態区分」を転記する。

⑬「**利用者及び家族の生活に対する意向を踏まえた課題分析の結果**」

［理由］

　利用者とその介護を行う家族は不即不離の関係にある。介護や支援を受けつつ、利用者や家族が、家庭や地域社会の構成員として自立した主体的・能動的な生活を送ることが重要である。このため、利用者はもとよりその家族が、介護や支援を受けつつ、どのような生活をしたいと望んでいるのかについて、明確に把握する必要がある。

　このような主体的な生活への欲求と対応するサービスが一体となり初めて効果的な援助が可能となる。

　また、時として、このような意向が消極的な場合があるが、そのような場合には自立意欲を高め、積極的な意向が表明できるよう援助する必要がある。

［記載要領］

　利用者及びその家族が、どのような内容の介護サービスをどの程度の頻度で利用しながら、どのような生活をしたいと考えているのか意向を踏まえた課題分析の結果を記載する。その際、課題分析の結果として、「自立支援」に資するために解決しなければならない課題が把握できているか確認する。そのために、利用者の主訴や相談内容等を踏まえた利用者が持っている力や生活環境等の評価を含め利用者が抱える問題点を明らかにしていくこと。

　なお、利用者及びその家族の生活に対する意向が異なる場合には、各々の主訴を区別して記載する。

⑭「**認定審査会の意見及びサービスの種類の指定**」

［理由］

　法第80条第2項により、「指定居宅介護支援事業者は、被保険者証に認定審査会意見が記載されているときは、その意見に配慮して、指定居宅介護支援を提供するよう努めなければならない」こととされている。

　また、法第73条第2項により、「指定居宅サービス事業者は、被保険者証に認定審査会意見（指定居宅サービスの適切かつ有効な利用等に関し被保険者が留意すべき事項）が記載されているときは、その意見に配慮して、指定居宅サービスを提供するよう努めなければならない」こととされている。

　このため、介護支援専門員は、利用者について、法第27条（要介護認定）第5項第1号、第2号に係る認定審査会意見が付されているか否かを被保険者証により確認し、「認定審査会の意見及びサービスの種類の指定」が付されている場合には、これを転記し、これに沿った居宅サービス計画を作成するとともに、サービス担当者間の共通認識として確認しておく必要がある。

［記載要領］

　被保険者証を確認し、「認定審査会意見及びサービスの種類の指定」が記載されている場合には、これを転記する。

⑮「**総合的な援助の方針**」

［理由］

　課題分析により抽出された、「生活全般の解決すべき課題（ニーズ）」に対応して、介護支援専門員をはじめ各種のサービス担当者が、利用者の自立を援助するために、どのようなチームケアを行おうとするのか、ケアチーム全体が共有する理念を含む援助の指針を具体的に明らかにする必要がある。

　ここでは、利用者及びその家族の自立を阻害する要因や、問題の所在、自立に至る道筋を明らかにし、「生活全般の解決すべき課題（ニーズ）」の解決のための目標、具体策を示した上で、総合的な援助の方針が記される必要がある。

　なお、「総合的な援助の方針」及び以下の「援助目標（長期目標・短期目標）」、「援助内容（サービス内容、サービス種別等）」などは、利用者及びその家族の状況の変動によって随時見直される必要があることは当然である。

　さらに、あらかじめ発生する可能性が高い緊急事態が想定されている場合には、対応機関やその連絡先等について記載することが望ましい。

［記載要領］

　課題分析により抽出された、「生活全般の解決すべき課題（ニーズ）」に対応して、

当該居宅サービス計画を作成する介護支援専門員をはじめ各種のサービス担当者が、どのようなチームケアを行おうとするのか、利用者及び家族を含むケアチームが確認、検討の上、総合的な援助の方針を記載する。

　あらかじめ発生する可能性が高い緊急事態が想定されている場合には、対応機関やその連絡先、また、あらかじめケアチームにおいて、どのような場合を緊急事態と考えているかや、緊急時を想定した対応の方法等について記載することが望ましい。例えば、利用者の状態が急変した場合の連携等や、将来の予測やその際の多職種との連携を含む対応方法について記載する。

⑯「生活援助中心型の算定理由」

［記載要領］

　介護保険給付対象サービスとして、居宅サービス計画に生活援助中心型の訪問介護を位置付けることが必要な場合に記載する。

　「指定居宅サービスに要する費用の額の算定に関する基準」（平成12年2月10日厚生省告示第19号）別表の1の注3に規定する「単身の世帯に属する利用者」の場合は、「1．一人暮らし」に、「家族若しくは親族（以下「家族等」という。）と同居している利用者であって、当該家族等の障害、疾病等の理由により、当該利用者または当該家族等が家事を行うことが困難であるもの」の場合は、「2．家族等が障害、疾病等」に○を付す。また、家族等に障害、疾病がない場合であっても、同様のやむをえない事情により、家事が困難な場合等については、「3．その他」に○を付し、その事情の内容について簡潔明瞭に記載する。事情の内容については、例えば、

　　・家族が高齢で筋力が低下していて、行うのが難しい家事がある場合
　　・家族が介護疲れで共倒れ等の深刻な問題が起きてしまう恐れがある場合
　　・家族が仕事で不在の時に、行わなくては日常生活に支障がある場合 などがある。
　　（「同居家族等がいる場合における訪問介護サービス等の生活援助の取扱いについて」（平成 21 年 12 月 25 日老振発 1224 第 1 号）参照）

2.　第2表：「居宅サービス計画書（2）」

①「生活全般の解決すべき課題（ニーズ）」

［理由］

　「生活全般の解決すべき課題（ニーズ）」を明確にすることは、居宅介護支援の最初の段階である。様式としては、「総合的な援助の方針」が先に掲げられているが、この「生活全般の解決すべき課題（ニーズ）」を明確にせずには、「総合的な援助の

方針」が立たないことは当然である。

　なお、「生活全般の解決すべき課題（ニーズ）」については、次の２点が重要である。

　○生活全般にわたるものであること。

　　　居宅サービス計画は、その達成により、介護や支援を受けながらも家庭や地域社会において可能な限り自立した生活を営むことができることを目的として作成するものであり、利用者及びその家族の解決すべき課題は、介護の問題のみにとどまらないこともある。

　　　介護保険給付以外の社会的な制度やその他のサービス、私的な援助などにより解決されるべき課題についても、居宅サービス計画に位置付けるよう努めることが大切である。

　○自立の阻害要因と利用者及びその家族の現状認識が明らかにされていること。

　　　利用者の自立を阻害する要因等を分析し、解決すべき課題を設定するとともに、利用者及び家族の現状認識を明らかにする。また、多くの場合、解決すべき課題は複数の連動した相互関係を持つため、全体の解決を図るためには緻密なプログラムが必要となる。利用者の自立を阻害する要因等の相互関係を構成する個々の解決すべき課題について明らかにし、それを解決するための要点がどこにあるかを分析し、その波及する効果を予測して優先順位を付した上で、解決すべき課題をとりまとめ、対応するサービスとしてどのようなサービスが、どのような方針で行われる必要があるかが思考されなければならない。ただし、この優先順位は絶対的なものではなく、必要に応じて見直しを行うべきものであることに留意する。

［記載要領］

　利用者の自立を阻害する要因等であって、個々の解決すべき課題（ニーズ）についてその相互関係をも含めて明らかにし、それを解決するための要点がどこにあるかを分析し、その波及する効果を予測して原則として優先度合いが高いものから順に記載する。具体的には、利用者の生活全般の解決すべき課題（ニーズ）の中で、解決していかなければならない課題の優先順位を見立て、そこから目標を立て、

　　　・利用者自身の力で取り組めること

　　　・家族や地域の協力でできること

　　　・ケアチームが支援すること

で、できるようになることなどを整理し、具体的な方法や手段をわかりやすく記載

する。

　目標に対する援助内容では、「いつまでに、誰が、何を行い、どのようになるのか」という目標達成に向けた取り組みの内容やサービスの種別・頻度や期間を設定する。

［参考条文］

　・厚生省令第38号第13条第6号

　・厚生省令第38号第13条第12号及び第15号

② 「目標（長期目標・短期目標）」

［理由］

　「目標」は、「生活全般の解決すべき課題（ニーズ）」に対応して設定されるべきものである。

　通常において、解決すべき課題の達成は、段階的に行われるものと考えられ、綿密な計画的支援の積み重ねが必要となる。「目標」を、「長期目標」と「短期目標」に区分するのはこのためである。

　したがって、「長期目標」を達成するための各段階を「短期目標」として明確化し、計画的支援に結びつけるのがこの「目標」のねらいである。

　すなわち、必要な「サービス内容（→④参照）」は、主として「短期目標」に対応して導き出されるものであり、明確な「短期目標」が設定されなければ必要な「援助内容」やその援助方針を明確にできないこととなる。

［記載要領］

　「長期目標」は、基本的には個々の解決すべき課題に対応して設定するものである。

　ただし、解決すべき課題が短期的に解決される場合やいくつかの課題が解決されて初めて達成可能な場合には、複数の長期目標が設定されることもある。

　「短期目標」は、解決すべき課題及び長期目標に段階的に対応し、解決に結びつけるものである。

　緊急対応が必要になった場合には、一時的にサービスは大きく変動するが、目標として確定しなければ「短期目標」を設定せず、緊急対応が落ち着いた 段階で、再度、「長期目標」・「短期目標」の見直しを行い記載する。

　なお、抽象的な言葉ではなく誰にもわかりやすい具体的な内容で記載することとし、かつ目標は、実際に解決が可能と見込まれるものでなくてはならない。

③ （「長期目標」及び「短期目標」に付する）「期間」

［理由］

　「長期目標」・「短期目標」のいずれにも、「期間」を設定することにしている。目

標は達成するために立てられるものであり、目標を達成するために居宅サービス計画があるものである。

　この「期間」を設定する理由としては、計画的に支援するということと、期間の終期に目標の達成が図られているか居宅介護支援の評価を行うことにより、例えば、長期間にわたって漫然とした支援を行うようなことを防止するという二つがある。

［記載要領］

　「長期目標」の「期間」は、「生活全般の解決すべき課題（ニーズ）」を、いつまでに、どのレベルまで解決するのかの期間を記載する。

　「短期目標」の「期間」は、「長期目標」の達成のために踏むべき段階として設定した「短期目標」の達成期限を記載する。

　また、原則として開始時期と終了時期を記入することとし、終了時期が特定できない場合等にあっては、開始時期のみ記載する等として取り扱って差し支えないものとする。

　なお、期間の設定においては「認定の有効期間」も考慮するものとする。

④「サービス内容」

［理由］

　「短期目標」の達成に必要な最適のサービスの内容とその方針を明らかにする必要がある。

　この際、同種の居宅サービスであっても、そのサービスの特性や利用者の希望などにより、いずれの居宅サービス事業者のサービスが最も相応しいかを評価・選択し、「サービス種別」欄に記載していく順番となる。

　なお、この際、できるだけ家族が行う援助の内容も明確に記載し、外部サービスと併せて、全体として、どのようなサービス体制が組まれているかを明らかにすることが重要である。

　また、特にインフォーマルなサービスや他の制度等に基づくサービス等においては、当該居宅サービス計画作成時において既に行われているサービスがあり、そのサービスがニーズに反せず・利用者及びその家族に定着している場合には、これに配慮し、調和のとれた居宅サービス計画とする必要がある。ただし、介護支援専門員は、必要性が少ない居宅サービスの漫然とした延長等については当該居宅サービスの意義等を十分説明し、理解を得る必要がある。

［記載要領］

　「短期目標」の達成に必要であって最適なサービスの内容とその方針を明らかに

し、適切・簡潔に記載する。

　この際、家族等による援助や必要に応じて保険給付対象外サービスも明記し、また、当該居宅サービス計画作成時において既に行われているサービスについても、そのサービスがニーズに反せず、利用者及びその家族に定着している場合には、これも記載する。

　なお、居宅サービス計画に厚生労働大臣が定める回数以上の訪問介護を位置付ける場合にあっては、その理由の妥当性を検討し、当該居宅サービス計画に訪問介護が必要な理由を記載する必要があるが、その理由を当該欄に記載しても差し支えない。

⑤「**保険給付の対象となるかどうかの区分**」

［理由］

　「サービス内容」には、保険給付の対象となる居宅サービスのみならず、市町村が実施する一般老人保健福祉施策、家族や近隣などのインフォーマルなサービスを含むため、保険給付対象内サービスのみを対象とする給付管理票への転記を容易にするため、本欄を設ける。

［記載要領］

　「サービス内容」中、保険給付対象内サービスについて○印を付す。

⑥「**サービス種別**」

［理由］

　「サービス内容」及びその提供方針を適切に実行することができる居宅サービス事業者を選定する必要がある。

　なお、家族が担う介護部分については、介護者を特定して明らかにしておく必要がある。

［記載要領］

　「サービス内容」及びその提供方針を適切に実行することができる居宅サービス事業者等を選定し、具体的な「サービス種別」及び当該サービス提供を行う「事業所名」を記載する。

　家族が担う介護部分についても、誰が行うのかを明記する。

⑦「**頻度**」・「**期間**」

［理由］

　「サービス内容」に掲げたサービスを、どの程度の「頻度」で実施するかを明らかにする必要がある。

「サービス種別」、「頻度」及び「期間」は給付管理に直結しており、「頻度」を明らかにすることによって、居宅サービス計画の内容を、利用者及びその家族、各種サービス担当者間で定期的に合意・確認することに役立つのみならず、支給限度額内外において如何に効果的にサービスを組み合わせるかを考える要点が明らかとなる。

［記載要領］

「頻度」は、「サービス内容」に掲げたサービスをどの程度の「頻度（一定期間内での回数、実施曜日等）」で実施するかを記載する。

「期間」は、「サービス内容」に掲げたサービスをどの程度の「期間」にわたり実施するかを記載する。

なお、「期間」の設定においては「認定の有効期間」も考慮するものとする。

⑧ 福祉用具貸与又は特定福祉用具販売のサービスを必要とする理由

［理由］

福祉用具については、利用者の心身の状況に合わない福祉用具が提供されることで自立を妨げてしまうおそれもあり、自立支援の観点から、適切な福祉用具が選定され利用されるように、福祉用具を必要とする理由を把握することが重要である。

［記載要領］

福祉用具貸与又は特定福祉用具販売を居宅サービス計画に位置付ける場合においては、「生活全般の解決すべき課題」・「サービス内容」等に当該サービスを必要とする理由が明らかになるように記載する。

なお、理由については、別の用紙（別葉）に記載しても差し支えない。

3.　第3表：「週間サービス計画表」

① 「主な日常生活上の活動」

［理由］

利用者の起床や就寝、食事、排泄など主要な日常生活に関する活動を明らかにし、対応するサービスとの関係がわかるようにする。

［記載要領］

利用者の起床や就寝、食事、排泄などの平均的な一日の過ごし方について記載する。例えば、食事については、朝食・昼食・夕食を記載し、その他の例として、入浴、清拭、洗面、口腔清掃、整容、更衣、水分補給、体位変換、家族の来訪や支援など、家族の支援や利用者のセルフケアなどを含む生活全体の流れが見えるように

記載する。

　なお、当該様式については、時間軸、曜日軸の縦横をどちらにとってもかまわない。

②「週単位以外のサービス」

　各月に利用する短期入所等、福祉用具、住宅改修、医療機関等への受信状況や通院状況、その他の外出や「多様な主体により提供される利用者の日常生活全般を支援するサービス」などを記載する。

4.　第4表：「サービス担当者会議の要点」

①「利用者名」

　［記載要領］第1表から転記する。

②「生年月日」

　［記載要領］第1表から転記する。

③「住所」

　［記載要領］第1表から転記する。

④「居宅サービス計画作成者氏名」

　［記載要領］第1表から転記する。

⑤「開催日」

［記載要領］

　当該会議の開催日を記載する。

⑥「開催場所」

［記載要領］

　当該会議の開催場所を記載する。

⑦「開催時間」

［記載要領］

　当該会議の開催時間を記載する。

⑧「開催回数」

［記載要領］

　当該会議の開催回数を記載する。

⑨「会議出席者」

［記載要領］

　当該会議の出席者の「所属（職種）」及び「氏名」を記載する。本人又はその家

族が出席した場合には、その旨についても記入する。記載方法については、「会議出席者」の欄に記載、もしくは、「所属（職種）」の欄を活用して差し支えない。また、当該会議に出席できないサービス担当者がいる場合には、その者の「所属（職種）」及び「氏名」を記載するとともに当該会議に出席できない理由についても記入する。なお、当該会議に出席できないサービス担当者の「所属（職種）」、「氏名」又は当該会議に出席できない理由について他の書類等により確認することができる場合は、本表への記載を省略して差し支えない。

⑩「検討した項目」

［記載要領］

　当該会議において検討した項目について記載する。当該会議に出席できないサービス担当者がいる場合には、その者に照会（依頼）した年月日、内容及び回答を記載する。また、サービス担当者会議を開催しない場合には、その理由を記載するとともに、サービス担当者の氏名、照会（依頼）年月日、照会（依頼）した内容及び回答を記載する。なお、サービス担当者会議を開催しない理由又はサービス担当者の氏名、照会（依頼）年月日若しくは照会（依頼）した内容及び回答について他の書類等により確認することができる場合は、本表への記載を省略して差し支えない。

⑪「検討内容」

［記載要領］

　当該会議において検討した項目について、それぞれ検討内容を記載する。その際、サービス内容だけでなく、サービスの提供方法、留意点、頻度、時間数、担当者等を具体的に記載する。

　なお、⑩「検討した項目」及び⑪「検討内容」については、一つの欄に統合し、合わせて記載しても差し支えない。

⑫「結論」

［記載要領］

　当該会議における結論について記載する。

⑬「残された課題（次回の開催時期等）」

［記載要領］

　必要があるにもかかわらず社会資源が地域に不足しているため未充足となった場合や、必要と考えられるが本人の希望等により利用しなかった居宅サービスや次回の開催時期、開催方針等を記載する。

　なお、これらの項目の記載については、当該会議の要点を記載するものであるこ

とから、第三者が読んでも内容を把握、理解できるように記載する。

5. 第5表：「居宅介護支援経過」

［記載要領］

　モニタリングを通じて把握した、利用者やその家族の意向・満足度等、目標の達成度、事業者との調整内容、居宅サービス計画の変更の必要性等について記載する。

　漫然と記載するのではなく、項目毎に整理して記載するように努める。

　第5表「居宅介護支援経過」は、介護支援専門員等がケアマネジメントを推進する上での判断の根拠や介護報酬請求に係る内容等を記録するものであることから、介護支援専門員が日頃の活動を通じて把握したことや判断したこと、持ち越された課題などを、記録の日付や情報収集の手段（「訪問」（自宅や事業所等の訪問先を記載）、「電話」・「ＦＡＸ」・「メール」（これらは発信（送信）・受信がわかるように記載）等）とその内容について、時系列で誰もが理解できるように記載する。

　そのため、具体的には、

　　・日時（時間）、曜日、対応者、記載者（署名）

　　・利用者や家族の発言内容

　　・サービス事業者等との調整、支援内容等

　　・居宅サービス計画の「軽微な変更」の場合の根拠や判断

等の客観的な事実や判断の根拠を、簡潔かつ適切な表現で記載する。簡潔かつ適切な表現については、誰もが理解できるように、例えば、

　　・文章における主語と述語を明確にする、

　　・共通的でない略語や専門用語は用いない、

　　・曖昧な抽象的な表現を避ける、

　　・箇条書きを活用する、

等わかりやすく記載する。

　なお、モニタリングを通じて把握した内容ついて、モニタリングシート等を活用している場合については、例えば、「モニタリングシート等（別紙）参照」等と記載して差し支えない。（重複記載は不要）

　ただし、「（別紙）参照」については、多用することは避け、その場合、本表に概要をわかるように記載しておくことが望ましい。

※モニタリングシート等を別途作成していない場合は本表への記載でも可。

Ⅴ.「サービス利用票（兼居宅サービス計画)」について

　居宅介護支援事業者は、Ⅳに定める「居宅サービス計画書」において作成された居宅サービス計画の内、保険給付対象内のサービスについては、サービスの実績管理（給付管理票の作成）を月を単位として行い、その結果を国民健康保険連合会に提出するという、一連の「給付管理業務」を行うこととなる。

　また、「居宅サービス計画」に位置づけた指定居宅サービス等は、保険給付の対象となるかどうかを区分した上で、当該居宅サービス計画の内容について利用者又はその家族に対して説明し、文書により同意を得なければならないとしており、「給付管理業務」が月を単位として行われるため、当該「居宅サービス計画の説明及び同意」についても月毎に確認を要することとなる。

　このため、Ⅳに定める「居宅サービス計画書」のうち前記内容を踏まえ月毎単位で作成するのが「サービス利用票（兼居宅サービス計画)」である。

　なお、利用者に「居宅サービス計画の説明及び同意」を得るにあたっては、当該「居宅サービス計画書」の第1表から第3表まで、第6表及び第7表を提示しなければならない。

［参考条文］

・厚生省令第38号第13条第10号

1. 第6表 :「サービス利用票（兼居宅サービス計画)」（略）

2. 第7表 :「サービス利用票別表」（略）

Ⅵ.「施設サービス計画書」の記載項目について（「居宅サービス計画書」との相違点)

1. 第1表 :「施設サービス計画書（1)」

①「施設サービス計画作成者氏名及び職種」

［記載要領］

　当該施設サービス計画作成者の氏名及び職種を記載する。

②「要介護状態区分」

［居宅サービス計画書との相違点］

　経過措置入所者に対応するため「その他」を挿入。

［記載要領］

　被保険者証に記載された「要介護状態区分」を転記する。

２．第2表：「施設サービス計画書（2）」

①「サービス内容」

［居宅サービス計画書との相違点］

　理美容サービスや特別の食事など保険給付対象外のサービスについての記載。

［記載要領］

　「短期目標」の達成に必要であって最適なサービスの内容とその方針を明らかにし、適切・簡潔に記載する。

　この際、できるだけ家族による援助も明記し、また、当該居宅サービス計画作成時において既に行われているサービスについても、そのサービスがニーズに反せず、利用者及びその家族に定着している場合には、これも記載する。

　なお、理美容サービスや特別の食事など保険給付対象外のサービスについて○印を付すと管理しやすい。

②「担当者」

［居宅サービス計画書との相違点］

　「援助内容」欄のうち、「サービス種別」を「担当者」欄に変更。

［記載要領］

　記載した「サービス内容」に基づきサービスを提供する「担当者」を記載する。

３．第3表：「週間サービス計画表」

［居宅サービス計画書との相違点］

　第4表「日課計画表」との選定による使用を可能とする。

４．第4表：「日課計画表」

［記載要領］

　「共通サービス」及び「担当者」には、日常の業務として他の利用者と共通して実施するサービス（右欄「共通サービスの例」参照）とその担当者を記載する。

　「個別サービス」及び「担当者」には、当該利用者に個別に実施するサービスとその担当者を記載する。

（別紙4）

課題分析標準項目について

Ⅰ．基本的な考え方

　介護サービス計画作成の前提となる課題分析については、介護支援専門員の個人的な考え方や手法のみによって行われてはならず、要介護者等の有する課題を客観的に抽出するための手法として合理的なものと認められる適切な方法を用いなければならない。

　この課題分析の方式については、「指定居宅介護支援等の事業の人員及び運営に関する基準について」（平成11年7月29日老企第22号厚生省老人保健福祉局企画課長通知。以下「基準解釈通知」という。）第2の3（運営に関する基準）の（7）⑥において、別途通知するところによるものとしているところであるが、当該「基準解釈通知」の趣旨に基づき、個別の課題分析手法について「本標準課題分析項目」を具備することをもって、それに代えることとするものである。

Ⅱ．課題分析標準項目

基本情報に関する項目

No.	標準項目名	項目の主な内容（例）
1	基本情報（受付、利用者等基本情報）	居宅サービス計画作成についての利用者受付情報（受付日時、受付対応者、受付方法等）、利用者の基本情報（氏名、性別、生年月日、住所・電話番号等の連絡先）、利用者以外の家族等の基本情報について記載する項目
2	生活状況	利用者の現在の生活状況、生活歴等について記載する項目
3	利用者の被保険者情報	利用者の被保険者情報（介護保険、医療保険、生活保護、身体障害者手帳の有無等）について記載する項目
4	現在利用しているサービスの状況	介護保険給付の内外を問わず、利用者が現在受けているサービスの状況について記載する項目
5	障害老人の日常生活自立度	障害老人の日常生活自立度について記載する項目
6	認知症である老人の日常生活自立度	認知症である老人の日常生活自立度について記載する項目
7	主訴	利用者及びその家族の主訴や要望について記載する項目
8	認定情報	利用者の認定結果（要介護状態区分、審査会の意見、支給限度額等）について記載する項目
9	課題分析(アセスメント)理由	当該課題分析（アセスメント）の理由（初回、定期、退院退所時等）について記載する項目

課題分析（アセスメント）に関する項目

No.	標準項目名	項目の主な内容（例）
10	健康状態	利用者の健康状態（既往歴、主傷病、症状、痛み等）について記載する項目
11	ADL	ADL（寝返り、起きあがり、移乗、歩行、着衣、入浴、排泄等）に関する項目
12	IADL	IADL（調理、掃除、買物、金銭管理、服薬状況等）に関する項目
13	認知	日常の意思決定を行うための認知能力の程度に関する項目
14	コミュニケーション能力	意思の伝達、視力、聴力等のコミュニケーションに関する項目
15	社会との関わり	社会との関わり（社会的活動への参加意欲、社会との関わりの変化、喪失感や孤独感等）に関する項目
16	排尿・排便	失禁の状況、排尿排泄後の後始末、コントロール方法、頻度などに関する項目
17	じょく瘡・皮膚の問題	じょく瘡の程度、皮膚の清潔状況等に関する項目
18	口腔衛生	歯・口腔内の状態や口腔衛生に関する項目
19	食事摂取	食事摂取（栄養、食事回数、水分量等）に関する項目
20	問題行動	問題行動（暴言暴行、徘徊、介護の抵抗、収集癖、火の不始末、不潔行為、異食行動等）に関する項目
21	介護力	利用者の介護力（介護者の有無、介護者の介護意思、介護負担、主な介護者に関する情報等）に関する項目
22	居住環境	住宅改修の必要性、危険箇所等の現在の居住環境について記載する項目
23	特別な状況	特別な状況（虐待、ターミナルケア等）に関する項目

主治医意見書　　　　　　　　　　　　　　　　　　　　記入日　令和　　年　　月　　日

| 申請者 | （ふりがな） | | 男・女 | 〒　　　－ |
| | 明・大・昭　　年　　月　　日生（　　歳） | | | 連絡先　　　　（　　　） |

上記の申請者に関する意見は以下の通りです。
主治医として、本意見書が介護サービス計画作成等に利用されることに　　□同意する。　　□同意しない。
医師氏名＿＿＿＿＿＿＿＿＿＿＿＿＿＿＿＿＿＿＿
医療機関名＿＿＿＿＿＿＿＿＿＿＿＿＿＿＿＿＿＿＿　　　　電話　　　　（　　　）
医療機関所在地＿＿＿＿＿＿＿＿＿＿＿＿＿＿＿＿＿　　　FAX　　　　（　　　）

（1）最終診察日	令和　　　年　　　　月　　　　日
（2）意見書作成回数	□初回　□2回目以上
（3）他科受診の有無	□有　　□無 （有の場合）→□内科　□精神科　□外科　□整形外科　□脳神経外科　□皮膚科　□泌尿器科 　　□婦人科　　□眼科　□耳鼻咽喉科　□リハビリテーション科　□歯科　□その他（　　　　　　　　　）

1．傷病に関する意見

| （1）診断名（特定疾病または生活機能低下の直接の原因となっている傷病名については1.に記入）及び発症年月日 |
| 1.＿＿＿＿＿＿＿＿＿＿＿＿＿＿＿＿　　　発症年月日　（昭和・平成・令和　　　年　　　月　　　日頃） |
| 2.＿＿＿＿＿＿＿＿＿＿＿＿＿＿＿＿　　　発症年月日　（昭和・平成・令和　　　年　　　月　　　日頃） |
| 3.＿＿＿＿＿＿＿＿＿＿＿＿＿＿＿＿　　　発症年月日　（昭和・平成・令和　　　年　　　月　　　日頃） |

| （2）症状としての安定性　　　　　　　□安定　　　　□不安定　　　□不明 |
| （「不安定」とした場合、具体的な状況を記入） |

| （3）生活機能低下の直接の原因となっている傷病または特定疾病の経過及び投薬内容を含む治療内容
　　〔最近（概ね6ヶ月以内）介護に影響のあったもの 及び 特定疾病についてはその診断の根拠等について記入〕 |
| |

2．特別な医療　（過去14日間以内に受けた医療のすべてにチェック）

処置内容	□点滴の管理　　　□中心静脈栄養　　　□透析　　　□ストーマの処置　□酸素療法
	□レスピレーター　□気管切開の処置　　□疼痛の看護　□経管栄養
特別な対応	□モニター測定（血圧、心拍、酸素飽和度等）　□褥瘡の処置
失禁への対応	□カテーテル（コンドームカテーテル、留置カテーテル 等）

3．心身の状態に関する意見

| （1）日常生活の自立度等について |
| ・障害高齢者の日常生活自立度（寝たきり度）　□自立　□J1　□J2　□A1　□A2　□B1　□B2　□C1　□C2 |
| ・認知症高齢者の日常生活自立度　　　　　　　□自立　□Ⅰ　□Ⅱa　□Ⅱb　□Ⅲa　□Ⅲb　□Ⅳ　□M |
| （2）認知症の中核症状（認知症以外の疾患で同様の症状を認める場合を含む） |
| ・短期記憶　　　　　　　　　　　　　□問題なし　　□問題あり |
| ・日常の意思決定を行うための認知能力　□自立　　□いくらか困難　□見守りが必要　　□判断できない |
| ・自分の意思の伝達能力　　　　　　　□伝えられる　□いくらか困難　□具体的要求に限られる　□伝えられない |
| （3）認知症の行動・心理症状（BPSD）　（該当する項目全てチェック：認知症以外の疾患で同様の症状を認める場合を含む） |
| □無　┆□有{　□幻視・幻聴　□妄想　　□昼夜逆転　□暴言　□暴行　□介護への抵抗　□徘徊
　　　　　　　　□火の不始末　□不潔行為　□異食行動　□性的問題行動　□その他（　　　　　　　　） |
| （4）その他の精神・神経症状 |
| □無┆□有　症状名：　　　　　　　　　　　　　〔専門医受診の有無 □有（　　　　　　　） □無〕 |

（5）身体の状態

利き腕　（□右 □左）　身長＝□□□ cm 体重＝□□□ kg（過去６ヶ月の体重の変化　□ 増加 □ 維持　□減少 ）

□四肢欠損　　　（部位：＿＿＿＿＿＿＿＿＿＿＿＿＿＿＿＿）

□麻痺　　　　　□右上肢（程度：□軽 □中 □重）　　□左上肢（程度：□軽 □中 □重）

　　　　　　　　□右下肢（程度：□軽 □中 □重）　　□左下肢（程度：□軽 □中 □重）

　　　　　　　　□その他（部位：　　　　　程度：□軽 □中 □重）

□筋力の低下　　（部位：＿＿＿＿＿＿＿＿＿＿＿＿＿＿＿＿）　　　程度：□軽 □中 □重）

□関節の拘縮　　（部位：＿＿＿＿＿＿＿＿＿＿＿＿＿＿＿＿）　　　程度：□軽 □中 □重）

□関節の痛み　　（部位：＿＿＿＿＿＿＿＿＿＿＿＿＿＿＿＿）　　　程度：□軽 □中 □重）

□失調・不随意運動 ・上肢 □右 □左 　・下肢 □右 □左 　　　　・体幹 □右 □左

□褥瘡　　　　　（部位：＿＿＿＿＿＿＿＿＿＿＿＿＿＿＿＿）　　　程度：□軽 □中 □重）

□その他の皮膚疾患（部位：＿＿＿＿＿＿＿＿＿＿＿＿＿＿＿＿）　　　程度：□軽 □中 □重）

４．生活機能とサービスに関する意見

（1）移動

屋外歩行	□自立	□介助があればしている	□していない
車いすの使用	□用いていない	□主に自分で操作している	□主に他人が操作している
歩行補助具・装具の使用(複数選択可)	□用いていない	□屋外で使用	□屋内で使用

（2）栄養・食生活

| 食事行為 | □自立ないし何とか自分で食べられる | □全面介助 |
| 現在の栄養状態 | □良好 | □不良 |

→　栄養・食生活上の留意点（　　　　　　　　　　　　　　　　　　　　　）

（3）現在あるかまたは今後発生の可能性の高い状態とその対処方針

□尿失禁　□転倒・骨折　□移動能力の低下　□褥瘡　□心肺機能の低下　□閉じこもり　□意欲低下　　□徘徊

□低栄養　□摂食・嚥下機能低下　　□脱水　□易感染性　□がん等による疼痛　□その他（　　　　　　）

→　対処方針（　　　　　　　　　　　　　　　　　　　　　　　　　　　　　　　　　）

（4）サービス利用による生活機能の維持・改善の見通し

　　　□期待できる　　　　　　□期待できない　　　　　□不明

（5）医学的管理の必要性（特に必要性の高いものには下線を引いて下さい。予防給付により提供されるサービスを含みます。）

□訪問診療　　　　　　　□訪問看護　　　　　□訪問歯科診療　　　□訪問薬剤管理指導

□訪問リハビリテーション　□短期入所療養介護　□訪問歯科衛生指導　□訪問栄養食事指導

□通所リハビリテーション　□老人保健施設　　　□介護医療院　　　　□その他の医療系サービス（　　　　　）

□特記すべき項目なし

（6）サービス提供時における医学的観点からの留意事項（該当するものを選択するとともに、具体的に記載）

□血圧　（　　　　　　　　　　）□摂食（　　　　　　　　　）□嚥下（　　　　　　　　）

□移動　（　　　　　　　　　　）□運動（　　　　　　　　　）□その他（　　　　　　　）

□特記すべき項目なし

（7）感染症の有無（有の場合は具体的に記入して下さい）

　　　□無 ┊ □有（　　　　　　　　　　　　　　　　　　　　　）　　　□不明

５．特記すべき事項

　要介護認定及び介護サービス計画作成時に必要な医学的なご意見等を見守りに影響を及ぼす疾病の状況等の留意点を含め記載して下さい。特に、介護に要する手間に影響を及ぼす事項について記載して下さい。なお、専門医等に別途意見を求めた場合はその内容、結果も記載して下さい。（情報提供書や障害者手帳の申請に用いる診断書等の写しを添付して頂いても結構です。）

利用者名 _____ 殿

自立した日常生活の阻害要因 （心身の状態、環境等）		①	②
		④	⑤

状況の事実 ※1		現在 ※2				要因 ※3	改善／維持の可能性 ※4		
移動	室内移動	自立	見守り	一部介助	全介助		改善	維持	悪化
	屋外移動	自立	見守り	一部介助	全介助		改善	維持	悪化
食事	食事内容		支障なし	支障あり			改善	維持	悪化
	食事摂取	自立	見守り	一部介助	全介助		改善	維持	悪化
	調理	自立	見守り	一部介助	全介助		改善	維持	悪化
排泄	排尿・排便		支障なし	支障あり			改善	維持	悪化
	排泄動作	自立	見守り	一部介助	全介助		改善	維持	悪化
口腔	口腔衛生		支障なし	支障あり			改善	維持	悪化
	口腔ケア	自立	見守り	一部介助	全介助		改善	維持	悪化
服薬		自立	見守り	一部介助	全介助		改善	維持	悪化
入浴		自立	見守り	一部介助	全介助		改善	維持	悪化
更衣		自立	見守り	一部介助	全介助		改善	維持	悪化
掃除		自立	見守り	一部介助	全介助		改善	維持	悪化
洗濯		自立	見守り	一部介助	全介助		改善	維持	悪化
整理・物品の管理		自立	見守り	一部介助	全介助		改善	維持	悪化
金銭管理		自立	見守り	一部介助	全介助		改善	維持	悪化
買物		自立	見守り	一部介助	全介助		改善	維持	悪化
コミュニケーション能力			支障なし	支障あり			改善	維持	悪化
認知			支障なし	支障あり			改善	維持	悪化
社会との関わり			支障なし	支障あり			改善	維持	悪化
褥瘡・皮膚の問題			支障なし	支障あり			改善	維持	悪化
行動・心理症状（BPSD）			支障なし	支障あり			改善	維持	悪化
介護力（家族関係含む）			支障なし	支障あり			改善	維持	悪化
居住環境			支障なし	支障あり			改善	維持	悪化
							改善	維持	悪化

※1 本書式は総括表でありアセスメントツールではないため、必ず別に詳細な情報収集・分析を行うこと。なお「状況の事実」の各項目は課題分析標準項目に準拠しているが、必要に応じて追加して差し支えない。

※2 介護支援専門員が収集した客観的事実を記載する。選択肢に○印を記入。

※3 現在の状況が「自立」あるいは「支障なし」以外である場合に、そのような状況をもたらしている要因を、様式上部の「要因」欄から選択し、該当する番号（丸数字）を記入する（複数の番号を記入可）。

※4 今回の認定有効期間における状況の改善／維持／悪化の可能性について、介護支援専門員の判断として選択肢に○印を記入する。

作成日 ＿＿＿＿＿＿＿＿＿＿＿＿／＿＿＿＿＿＿＿／＿＿＿＿＿＿＿

③
⑥

利用者及び家族の生活に対する意向を踏まえた課題の分析	

備考（状況・支援内容等）

見通し ※5	生活全般の解決すべき課題（ニーズ）【案】	※6

※5　「要因」および「改善／維持の可能性」を踏まえ、要因を解決するための援助内容と、それが提供されることによって見込まれる事後の状況（目標）を記載する。

※6　本計画期間における優先順位を数字で記入。ただし、解決が必要だが本計画期間に取り上げることが困難な課題には「－」印を記入。

利用者名　　　　　　　殿　　　　　　　　　　　　　　　　　　　　　　　作成日　　　／　　／

短期目標	（期間）	援助内容			結果※2	コメント（効果が認められたもの／見直しを要するもの）
		サービス内容	サービス種別	※1		

※1 「当該サービスを行う事業所」について記入する。

※2 短期目標の実現度合いを5段階で記入する（◎：短期目標は予想を上回って達せられた、○：短期目標は達せられた（再度アセスメントして新たに短期目標を設定する）、△：短期目標の達成は困難であり見直しを要する、×1：短期だけでなく長期目標の達成も困難であり見直しを要する、×2：短期目標の達成は達成可能だが期間延長を要する、短期目標の達成は困難であり見直しを要する）

166

アセスメントから計画策定への
マニュアル

Ⅶ アセスメントから計画策定へのマニュアル

❶マニュアルの内容について

　この章は、アセスメントから居宅サービス計画原案（以下、ケアプラン原案）の作成の展開を具体的な事例を使い可視化（見える化）することで、アセスメントに基づいた居宅サービス計画原案の策定が容易になるよう構成しています。単にアセスメントシートの記入方法を解説するだけではなく、アセスメントシートからケアプラン原案作成までの流れが追えるようにしています。内容としては相談場面から初回面接場面を逐語録のかたちで、それぞれの項目について、どのように聞き取っているのかなどがわかるようにして、アセスメントシートの流れに沿うかたちをとっています（ただし、実際の面接においては、アセスメントシートの項目通りにはすすまないことや、シートの項目を初回面接ですべて聞き取ることは容易ではありませんが、展開の流れを示すことを目的として提示しています）。

　面接において、聞き取った内容（相談記録から事例概要、初回面接場面）や事前情報（認定調査票・主治医意見書）が記入されたアセスメントシートをもとに、問題の抽出から、その背景、課題の整理までは「課題の整理シート」を使い、展開しています。

　この「課題の整理シート」はアセスメントシートとケアプラン原案をどのようにつないだのかがわかるようになっています。居宅サービス計画ガイドラインの様式の特徴である援助の現状から、介護支援専門員としての「要援助」との判断と「計画」への反映の根拠が確認できます。実際の場面においては、文字として残すことはなく、介護支援専門員の頭の中を整理するかたちですすめられている部分です。

マニュアルの使い方

ⅰ）アセスメントシートに記入する材料として、実際の場面でも事前に入手が可能と考えられる、≪相談記録（利用者基本情報）・事例概要・主治医意見書・認定調査票（概況調査・基本調査・特記事項）≫を使います。どのような方なのか、利用者の暮らしの背景やその人らしさ、家族の状況などの概略をとらえてください。

ⅱ）初回面接場面は、実際の場面を想定しています。ロールプレイのシナリオスタイルで逐語録（面接の一字一句を文章に書き取る）のように整理しています。アセスメントシートと照らし合わせながら、読みすすめていくとわかりやすいと思います。

ⅲ）本ガイドラインの特徴である【第Ⅱ部　ケアアセスメント部分】の書き方については「Ⅴ『居宅サービス計画ガイドライン』様式の使い方」で説明しました。マニュアルではアセスメントからケアプラン原案の策定までの展開において重要な、【特記、解決すべき課題など】のまとめ方について、展開のイメージは別紙（アセスメントからケアプ

　　ランへの展開）のとおりです。課題の整理シートを使用した流れのイメージをもって事
　　例を見ていただくと、アセスメントからケアプラン原案までの展開がわかります。
　ⅳ）事前情報や初回面接場面、認定調査表や主治医意見書から得られた情報は、アセスメ
　　ントシートへの展開とケアプラン原案への展開例として参考にしてください。

　ここからは具体的に事例（下記１．～９.）を記入しながらすすめます。このすすめ方は
ケアマネジメントを展開する流れ、つまりインテークからケアプラン原案作成までの流れを
たどっています。

１．事例概要（170～171頁）

２．相談記録（利用者基本情報）（172頁）

３．初回面接場面（173～181頁）

４．主治医意見書（182～183頁）

５．認定調査票（184～191頁）

６．居宅サービス計画ガイドライン（記入あり）（192～202頁）

７．課題の整理シート（アセスメントからケアプランへの展開）（203頁）

８．《特記・解決すべき課題》のまとめ（204頁）

９．課題の整理（205頁）

（居宅サービス計画原案　206～208頁）

　それぞれの過程で収集した情報とその分析結果や面接で得られた本人や家族の思いをしっ
かりと受け止めることで、ケアプラン原案にたどり着きます。それぞれの書式が異なるため
連続性が見えにくいですが、アセスメント情報がなければケアプラン原案はできません。困
りごとを解決し利用者自身が望む暮らしに近づけるためには、アセスメントからケアプラン
原案までの経過がバラバラではできません。

　文字にして経過を明らかにするとより理解しやすいことから、次頁以降に１．～９.の資料
を使って、アセスメントのインテーク部分からケアプラン原案作成について展開していきま
す。

1．事例概要

　東<ruby>東<rt>あずま</rt></ruby>　太郎<ruby>太郎<rt>たろう</rt></ruby>さんは東京生まれ。戦争体験者。生家はもともと大工で、親の姿をみて修行し大工として一本立ちをする。30歳の時に親の勧めで京子さんと結婚、店を構えるようになる。頑固だが働き者、一本気で堅物だが人情にあふれ、困った人がいると仕事も放って出かけてしまうような性格で、結婚した当初から京子さんは苦労しっぱなしの状態。京子さんの実家は畳屋で職人肌の父親に育てられたこともあり、文句ひとつ言わず太郎さんを支えていた。結婚当初は夫と従業員との３人暮らし。翌年、長男が生まれ、４年後には長女が生まれる。仕事は順調、地域からの信頼も厚く自治会の役員を数回務める。達筆で、お祭りなど地域の行事では、いつも書き物を頼まれ、仕事が溜まってしまう様子をみている妻はあきれながらも、自分も現場へ行くなど手伝いをしながら、太郎さんの姿を温かく見守っていた。

　長男の進学先は工業高校の建築科。小さい頃から将来は太郎さんの家業を継ぐと心に決めていた。長男の妻も、義父母の姿を見て家業を継ぐことは当たり前と考えていた。孫は歩けるようになった頃から太郎さんが現場に連れて行き、木の香りの中で育ったせいか、ふたりの後を継ぎ建築家として一人前になることをめざし、大学では建築工学を学びたいと考え、受験勉強に励んでいた。

　３年前、現場からの太郎さんの帰りが遅く、みんなが心配する。その日の23時を過ぎた頃、「区画整理で今まで通っていた道が変わって迷ったよ」と家に入り、いつものように風呂場に向かう。いつもだったら、あっという間に出てくるのに、今日はなかなか風呂場から出てこない。心配した妻が浴室に行くと脱衣場でうろうろしていた太郎さんを見つける。「どうしたんだい？」と聞くと「おれの財布がないんだよ」と話す。妻が「風呂場に行く時に、あたしに渡したじゃないか」と答えると「そうだった。おれもボケたね」。ふたりの会話を聞きながら息子は不安を感じた。

　その後もひとりで出かけるものの帰って来られないことが続く。翌年の秋頃には、知らない土地で自動車事故を起こし、警察から連絡が入る。どうやら自損事故のようで太郎さんは右足骨折で入院。病院からの勧めで入院中に介護保険の申請をして要介護１の認定が出る。退院にあたり、家族で相談。家業は長男に任せること、運転免許は返上することを説得し、太郎さんはしぶしぶ承諾する。

　退院後、長男が近くにある特別養護老人ホームに行き、居宅介護支援事業所のケアマネジャーを紹介してもらう。ケアマネジャーの勧めで、併設されているデイサービスに

週2回通うことになる。認知症の症状はあるものの元来の性格から、人との関わりには問題なく、定期的な利用ができていた。デイサービスを利用し始めた翌年、脳梗塞で入院。リハビリを終えて3か月後に退院し、自宅に戻る。失語症となり、思うように言葉が出なくなったことで家族に暴力を振るうなど、今までの穏やかな性格から一変する。デイサービスの利用を再開したが人からの指示が理解できず、放尿など認知症特有の行動症状が見られるようになる。このままでは集団生活が難しいとデイサービスの職員から説明を受け、自宅で介護することを家族で決める。

　家族で介護するようになって1年経過。認知症は進行し、今度は要介護3の認定を受ける。夜間の徘徊、暴力は日に日に増し、頻回になる。毎日深夜2時頃起きては、家の中のカーテンをすべて開け、店から外に出るようになる。家を出たことに早く気づくために妻は店の中で寝るようになる。妻を跨いで外に出る太郎さんに気づいた妻が後を追い、自宅に引き戻す生活が週に2〜3回続いていた。また、昼間、近所を歩いている途中で勝手に他人の家に上がり込んでしまい、地域からも苦情が出ていた。介護に疲れた妻は体調を崩し、数回入院をする。店には従業員もいるが、太郎さんだけの世話をしているわけにもいかず、長男は自宅で介護するのは限界だと思うようになり、従業員を含め家族みんなで相談をする。

　家族で相談の結果、太郎さんの様子に困惑しているが、今まで通り自宅で介護していきたいという思いは変わらず、妻は「おじいさんは、この家と家族が大好きだ、が口癖だった。今はア〜とかウ〜としか言えないけれど思っていることは変わらない。朝早く起きてカーテンを開けるのも、病気になってからではなくて、時間こそ違えども今までやってくれたことじゃないか」と話す。思いは皆同じで自宅で介護していくことで一致する。

　長男は千代田地域包括支援センターに行き、太郎さんのケアの方法、家族の暮らし方、ケアマネジャーの紹介等……相談することにする。予約なしだったにもかかわらず、地域包括支援センターの川本さんは話をじっくり聞いてくれ、認知症の方のケアには本人だけではなく家族のケアも重要であることを説明してくれた。今までの経過も理解してくれて、何人かのケアマネジャーにその場で電話で照会し、早く対応してくれるというケアプランセンター霞が関の山野さんにケアプラン作成をお願いすることになる。

２．相談記録（利用者基本情報）

作成者：川本　奈津子

《基本情報》

川本さんが相談を受けた日

相　談　日	令和4年7月6日 (水)	来所 ・ 電話　その他（　　　　）	初回　再来（前　　／　　）		
本人の現況	在宅 ・ 入院または入所中（　　　　　　　　　　　　　　　　　　　　　　　）				
フリガナ　本人氏名　アズマ タロウ	東　太郎		男・女	M・T・S 12年5月5日生 （85）歳	
住　　　所	東京都西区北町3-3		Tel	03 (3333) 3030	
			Fax	03 (3333) 3030	
日常生活自立度	障害高齢者の日常生活自立度	自 立・J1・J2・A1・A2・B1・B2・C1・C2			
	認知症高齢者の日常生活自立度	自 立 ・ Ⅰ ・ Ⅱa ・ Ⅱb ・ Ⅲa ・ Ⅲb ・ Ⅳ・M			
認定情報	非該当・要支1・要支2・要介1・要介2・要介3・要介4・要介5				
	有効期限：4年6月1日〜5年5月31日　前回の介護度（3年前：要介護1）				
障害等認定	身障（　　　），療育（　　　），精神（　　　），難病（　　　），その他（　　　　）				
本人の住居環境	自宅 ・ 借家 ・ 一戸建て ・ 集合住宅 ・ 自室の有無 （ 1 ）階、住宅改修の有無				
経済状況	国民年金 ・ 厚生年金 ・ 障害年金 ・ 生活保護 ・ 共済年金				
来所者（相談者）	アズマ コウタ　東　孝太 （54歳）		090-0330-0000		
住所・連絡先	本人と同居		続柄	長男	
緊急連絡先	氏名	続柄	住所・連絡先		
	東　京子 （83歳）	妻	本人と同居　03 (3333) 3030		
	東　静子 （52歳）	孝太さんの妻	同上　090-3030-0000		

事前情報

家族構成：◎=本人、○=女性、□=男性　●■=死亡、☆=キーパーソン　主介護者に「主」副介護者に「副」（同居家族は○で囲む）

【家族等の状況】長女 (50歳)：沖縄県在住。心配はしているが盆、暮れに訪れる程度。

《相談内容と対応》

相談経路	長男が来所
相談内容	同居の父親のこと。3年前くらいだったが、認知症状を発症して介護保険を申請した。その時の介護度は要介護1で申請の相談をした近所にある特別養護老人ホームのケアマネジャーから勧められ、デイサービスの利用を始めた。最初のうちは何とか通えていたが、その後脳梗塞を起こし、言葉が出なくなってからは自分の思いが通らないと怒ったり騒いだりしたためにデイサービスから利用を断られた。ケアマネジャーとも相談したが、「行動症状があるとデイサービスの受け入れは難しいです」と言われ、これ以上、他人に迷惑をかけることはできないと思い、家族で相談し家族で介護していくことにした。家は自営業なので日中は従業員も含め、誰かがいるので自宅で何とか介護できるだろうとがんばってはみたが、母親も具合が悪くたびたび入院もしているし、息子も大学受験で大変な時期なのでもう一度介護保険の申請をしたら、今度は要介護3の認定だった。以前のことを思い出すと今度もいろいろで断られるのではないかと心配。どんな方法があるのか相談したい。前のケアマネジャーには迷惑をかけたので頼めない。誰か担当してくれる人を紹介してほしい。これからも自宅で介護し、一緒に暮らしていくにはどうしたらいいか相談にのってほしい。
他機関での相談状況	なし
対　　応	緊急・通常・継続（　回目）・情報提供のみ・終了
	支援計画（概要）	認知症の方の支援方法についてアドバイス。ケアマネの紹介も検討
	相談継続	つなぎ先：ケアプランセンター霞が関　担当者：山野里子　内容：認定済、サービス利用、認知症ケアの情報提供と家族支援。担当を依頼　日時：　年　月　日（　）　時／TEL・FAX・Mail
	相談継続	次回予約日：あり　月　日（　）　時／　なし　担当：
	モニタリング	不要　　必要 ⇒　　年　月　日頃：確認先

172

（初回）アセスメント実施日

初回相談を担当した人　　受付日　　　　　　　　　　　　相談経路

3．初回面接場面：訪問日（令和4年7月10日）

山野　ケアプランセンター霞が関の山野です。先日7月6日に千代田地域包括支援センターの川本さんからご紹介いただき伺いました。どうぞよろしくお願いいたします。

孝太　こちらこそよろしくお願いします。本人がいなければならないとは思うのですが、親父とは家族でも意思疎通が難しいので、相談は息子の僕がさせてください。親父には後で会ってください。

山野　状況は川本さんからうかがっております。支援の方法を提案させていただくために必要なことを聞かせてください。まずは、どのようなことで困っているのかを教えてください。

1．フェースシート

孝太　3年前に一度認定を受けてデイサービスに行ったことはあったので、介護保険の制度のことは少しはわかるような気がします。地域包括支援センターの川本さんからは親父の介護のことでいろいろ聞きました。その場ではわかったような気がしたけどもう一度話してもらえますか。

山野　はい、わかりました。病院で認知症と診断された時に先生からはどんなことを聞かれましたか？

孝太　徘徊とか、手をあげたり、足で蹴とばすことなどは病気が起こしていることだから、親父を見る目を広くもってくれ、と言われました。わかっているつもりですが、気持ちを抑えることができなくなる時があります。

これまでの生活経過

山野　そうですね。病気だから理解しなさいと言われても、ほんとに病気なんだろうかって疑うこともあるのではないかと思います。もともとお父様はどんな方だったのですか？

孝太　頑固で、職人気質で、情があり、人から好かれる人でしたね。今とはまったく違うような気がします。どうしてこんなになってしまったのか。何を言ってもわからないし、何せ「ア～、ウ～」しか言葉が出ないから、いいのか悪いのかも判断できない。こんな状態だから家族みんなが疲れてしまって。でもみんなで相談したのですが、同じ思いだったのでうれしかったです。

山野　介護が長くなると、皆、疲れてきてしっかりとした判断ができないというようなことも聞きます。介護というとお父様のことだけだと思ってしまいますが、介護をしている方にも介護は必要で、そのバランスがとれていることで、思いを実現できるのではないかと思います。

173

孝太	先生は親父を介護することしか言いませんでしたね。山野さんの経験からも言えることですか。
山野	経験だけで、言い切ることはできませんが、実際に介護をされているご家族の感想は確かなことだと思います。ご相談の結果、皆さんはどう思われているのですか。
孝太	「どんな状態になっても自宅で介護していきたい」とみんなが思っていました。
山野	どんな状態……というと想定もできないことが起きたとしてもみんなの思いは変わらないということでしょうか。
孝太	そうだと思います。親父がどう思っているかは言葉で聞くことができないので勝手な想像ですが、長年連れ添った母親に言わせると、夜中にカーテンを開けて、みんなを起こすのも、時間こそ違うけれど親父が今までしてきたことで、今まで通りのことなのですね。どう考えているか親父の気持ちは読み取れませんが、家族のことを思う気持ちは変わらないと思っています。だから家族と一緒に暮らし続けることが親父の意向であると思っています。
山野	相談の内容を少し整理させていただいてもいいですか。お父様の思いですが、なかなか読み取れないけれど、今までの生活からみても今まで通りの暮らし方を望んでいること。そして息子さんやご家族の思いとしては、いろいろ困りごとは増えてどうしていいかわからないこともあるが、家族みんなが「どんな状態になっても自宅で介護していきたい」と思っているので、自宅で介護し続けられる方法を考えたい、ということでしょうか。
孝太	そうです。その通りです。親父がどう思っているのか、聞きたい、親父ともう一度話がしたいと思います。こんな病気になるとは思ってもみなかったから、自分の意思を伝えられなくなるなんて考えてもみなかった。でもみんなが親父のことを応援してくれているので、自分もやれるところまではやりたいと思っています。うちの家族は人がいいし、家族は何でもしてくれるから、頼りっぱなしだったけど、自分の立場からすると、母親のことや嫁のこと息子のこと、そして従業員のふたり、武さんや国さんのことを忘れてはならないですね。
山野	ご自分のことを大切にするのも忘れないでくださいね。
孝太	そうでしたね。
山野	もう少しお話を聞かせてください。お父様が自宅で暮らし続けていける方法を考えるのにヒントをいただきたいのですが、お父様はどんな方だったのか、詳しく教えてください。
孝太	子どもの頃聞いた話や母親からの話なので、もしかしたら違っているかもしれませ

課題の整理シート（本人・家族の思い）

主訴（相談内容）

息子さんからの聞き取り

相談内容（家族）

これまでの生活の経過（要約）

んがね。

東京生まれで、戦争も体験したようです。生まれた家はもともと大工で、若い頃から親の姿をみて将来は大工として一本立ちをすると誓っていたそうです。30歳の時に親の勧めでお袋と見合い結婚して、爺さんが店を構えるようにって用意をしてくれたと聞きました。かなり頑固だけれど働き者で、堅物だけれど人情にあふれ、困った人がいると仕事も放って出かけてしまうような性格で、嫁に来た当初からお袋は苦労しっぱなしと聞いています。お袋の実家は畳屋で職人肌の父親に育てられたこともあり、文句ひとつ言わず親父を支えたみたいですね。

結婚当初は親父と従業員との３人暮らし。翌年、僕が生まれ、４年後には妹が生まれ、賑やかになったと親父は喜んでいたとお袋から聞きました。仕事も順調、地域からの信頼も厚く自治会の役員を何度となく頼まれたようです。断れなかったのでしょうね。意外に筆が達者で、お祭りなどの行事では、いつも書き物を頼まれ、仕事をそっちのけで書き物をしてたようですよ。

思い出してもお袋が何か書いている姿は覚えがないですね。仕事が溜まってしまう様子をみているお袋は「またか〜」とあきれても、仕事がすすまないと困るので、現場へ行くとか事務をするとかしながら、親父の姿を温かく見守っていたみたいです。

山野　お話を聞いているだけで、お父様の姿が想像できそうです。

2. 家族状況とインフォーマルな支援状況

山野　ご家族の状況を確認させていただいていいですか。［ジェノグラム］

［家族の介護の状況・課題（妻）］

孝太　一緒に住んでいるのは、親父とお袋、女房の静子と息子の旬です。お袋は、腰の痛みで最近具合がよくなくて、先生は介護疲れだろうというのですが、時々入院しています。お袋は痩せたし、外に行くことも減りました。昔は踊りとかカラオケとかよく行っていました。親父が元気な時は毎年旅行にも行っていましたが、ここ数年はまったく行ってないです。こんな状態じゃ親父を連れていけないです。お袋が入院した時は、親父が外へ行かないように僕が店で寝ています。

僕の女房は、今のところ特に持病もないです。車の運転ができないから、出かける時は僕や近所の人に頼まなくてはならないので、今の状態だとストレスがたまっているかもしれないですね。

［長男の妻］

［孫］旬は来年の大学受験のため徹夜でがんばっています。でも夜中に親父がいなくなると一緒に探してくれます。希望している大学へ入れればいいですけど、親父のために夢がかなわなくなったら、と思うと気になってしまいます。妹の郁は旦那さんの

［長女］

転勤で４年前から沖縄に住んでいます。年に２回、盆と正月には帰ってきます。時々、郁が電話をしてきて、「お父さんに代わって」って言うので親父に受話器を渡すと何だかうなずくような仕草をします。まるで郁が言っていることがわかるように見えます。いつだったか涙を流していました。言葉では伝わらない何かがあるのでしょうね。

山野　そうなのですね。時々は電話で声を聞かせてもらえると、お父さんの気持ちに響くものがあるかもしれないですね。ほかにご家族以外で、応援してくださる方はいらっしゃいますか。例えば、先ほどお話に出てきた従業員さんとか。

> インフォーマルな支援活動状況

孝太　武さんや国さんには家族同様に関わってくれて、馴染みのお客さんの所に武さんが

> 従業員

行く時は、親父を車に乗せて連れていってくれます。仕事柄、車に乗るのは生活の一部だったから、おとなしく乗っていて、その日の晩はよく寝ます。夜中に外に行くことはほとんどないです。もしかしたら、元気だった頃の、朝起きて、家族を起こし、ご飯を食べて現場に行く、ひと仕事して帰ってきて風呂に入ってビールを飲んで寝るというパターンに戻るのかなと思います。

山野　今も晩酌はビールですか？

孝太　まさか、こんな状態でビールなんて怖くて。国さんは晩酌仲間で、親父とふたりでよく飲んで歌っていましたね。今は、親父は言葉が出ないから歌えないなって国さんが寂しがっています。

3．サービス利用状況

山野　公民館のカラオケに行かれていたとうかがっていたのですが。

孝太　実は、あの公民館はかなり前ですが、親父が建てた自慢の公民館なんです。自分で勝手にカラオケクラブをつくって月１回は行っていました。もう５年も前のことです。

山野　以前、デイサービスを利用されていたと聞きましたが、ほかに何か利用されていますか。

孝太　ほかにはありません。

4．住居等の状況

> 居宅等の状況・トイレ・浴室等

山野　次にお家の様子を聞かせてください。持ち家で、お父様専用のお部屋はあって、ベッドではなく布団。日当たり良好、冷暖房有りということでよいですか。

孝太　そのとおり。トイレは洋式で手すりは付いています。古い家なので至る所に微妙な段差がありますが、慣れた構造だからあまりつまずくこともなかったですが、最近、親父の歩く姿をみていると足があがっていないのでつまずくことが増えました。な

んだか脚も細くなって、力も弱くなったような気もします。筋肉質な体で、材木担いでいました。今のところ杖とか使いませんが、かなり前のめりで歩いているので、いつ倒れるのか心配です。特に店の前が国道で、車1台くらいの空きはありますけど、前後左右見ないで飛び出せばひかれてしまうし。正直怖いです。

> 周辺・立地環境
> ……特記事項

5．本人の健康状態・受診等の状況　＆　6．⑥医療・健康関係

山野　次に体のことを教えてください。もともと血圧は高かったのですか。

孝太　仕事柄、塩辛いものを食べることが多かったです。医者に行くのが嫌いな人なので、高血圧の薬を飲み始めたのも脳梗塞を起こしてからです。健康管理は大丈夫だと自慢していて検診にも行ったことはないです。今は医者に言われているので、必ず薬を飲むのは確認しています。

山野　月に1回くらいの受診ですか？ > 受診方法、留意点等

孝太　嫌がる時もあるので僕が必ず付いていきます。力がありますから。以前、病院の玄関先で女房を突き飛ばしてどこか行ってしまい、病院の皆さんにご迷惑をかけたことがありましたね。

山野　付き添う方がいないと検査も難しいですね。

6．本人の基本動作等の状況と援助内容の詳細

山野　この後は介護保険の調査の時に聞かせていただいた内容とも重なるところがありますが、ご了解ください。まず、寝たり起きたりとかの動作をご家族が手伝うことはありますか。

6-①関係
> 援助の現状（家族実施△）

孝太　時間はかかりますけど、自分で何とかしてしています。時々、布団から起き上がれないとか、便座から立てない時があります。まれに大声をあげるので誰かが行って手伝います。今後、動けなくなるかなって心配でリハビリの話をしたら、作業療法士の指示が理解できないのでリハビリは無理と医師に言われました。認知症になると必要な治療を受けるのも難しくなるのかなと思うと寂しいですね。 > リハビリの必要性（判断材料）

山野　次にお風呂のこと教えてください。お湯を張ったり片付けたりは息子さんですか。

孝太　そうですね。お湯を張るのはスイッチひとつでできるのでお袋がしますが、浴槽を洗うとかはできないのでね、僕がしますよ。風呂場まで連れてくるのが大変で、つねられたり、かじられたりします。それは親父が何をされるかわからない恐怖を感じているんだって、先生は話してくれました。でも汚いままでいさせるわけにもい

かないし、親父にはいつもこざっぱりしていてほしいです。前のようにデイサービスとか、家以外でお風呂に入ってくれると助かるなとは思いますが、迷惑かけてしまいますかね……。

頭のてっぺんから足の先まで全部洗って１時間くらい。結構時間がかかります。お風呂に入らないと着替えないのでお風呂は欠かせないですが、手伝ってもらえたらいいなとは思います。

`援助の希望`

山野　会話をするのは難しいと思いますが、どんな方法をとってもダメでしたか。

孝太　言葉とかジェスチャーで伝えますが、わかっているかがわからないので、勝手に判断しています。

`コミュニケーションの状況`

6-②関係

山野　次ですが、お手洗いに行く時とか、家の中を動く時は手伝うことはありますか？

孝太　ご飯は誘いに行かないと台所まで出てこないので、お袋が誘いに行き、「ご飯だよ」と身振りをして連れてきます。ダメな時もありますけど。声をかけただけではダメです。ここのところ食べる量は減ったし、いちばん心配しているのは、お茶や水を飲まないこと。見ている限りでは湯呑に１日１杯飲めばいいところです。どうしたら飲んでくれるのか困っています。

トイレのこと、話しましたっけ？　どこでもおしっこをしちゃうし、庭でウンチをすることもあって、どうしたらいいか困っています。子どもじゃないけど、そわそわしているからトイレに誘うのですがダメで、ほかで用をたしてしまう。よく見ればトイレの便器みたいにも見えますが、いすに座って用をたしたりしてしまうことがあります。気持ちに余裕がある時は「さすが！」と前向きに考えて後処理もできるのですが、余裕がない時は親父をひっぱたきたくなる。おしっこやウンチが出るのはわかるみたいだから誘い方でしょうかね。困っています。どうしたらいいか教えてほしいです。

山野　方法がわかるといいですね。

6-③④関係

`家族からの情報と観察`

山野　今までうかがうなかで、困っていることは、トイレのことや介護への拒否や意に反すると怒る、手が出る、足で何か蹴飛ばす、それから夜中に出て行ってしまう、このようなことでしょうか。

孝太　そうですね。勝手に外に行ってしまうのは、夜だけではなくて昼間もあるのです。家の中ばかりだと足腰も弱くなると思って、毎日は無理だけど１日おきくらいに一緒に近所を散歩するのですが、歩いている途中で手を振り切って歩き出してしまい、

他人の家に入り込んでしまうことがあって、地域から苦情が出ていると遠回しに耳に入ってきました。

山野　いろいろ困ってはいるけれど、ご家族だけで介護している。特に一緒に行くとか「こっちだよ」とか声をかける、出かけないよう見守る。家族以外、今は介護サービスだけでなく、近所の人などの力も借りていない。このような状況でしょうか。

孝太　そうですね。デイサービスは以前使ったことがあるからイメージできるのですが、それ以外のサービスにはどんなところがあるのでしょうか。直接介護を代わってもらうようなことではなく、話を聞いてもらえるだけでも気が楽になるので、そんな方法はないでしょうかね

山野　ご本人がどんなことを望んでいるかは計り知れないところですが、ご家族の思いからすると、今の暮らし、ご家族との暮らしが続くことが一番ご本人らしい暮らし方のように思います。

> 息子の思い

孝太　たぶんそうだと思います。自分としては家族を守ることも考えなくてはいけないと思っているので、家族のことも考えられるような手伝いがあったらいいなとは思います。

6-⑤関係

山野　いろいろご近所との関係も大変なところもあるようですね。かつては地域の役も担ったり、お祭りなどでも活躍されていたようですが、今はいろいろな手続きとか、お金の管理、買物等日常生活全般は、息子さんやご家族が手伝っているのですか。

孝太　昔を思い出すと寂しいですが、今はほとんど何もできないので、すべて家族が手伝っています。

> 課題の整理シート（本人・家族の思い）

字も書かなくなったし。でももしかしたら筆を持たせたら字が書けるかな、なんていう期待もあるのですが、そんな余裕もなくて。介護しているなんて偉そうに言えないですよね。

山野　そんなことはないと思います。字を書いてもらうことは家族でなくてもできそうなことだから、何か方法を考えてみます。家族にしかできないことと、家族でなくてもできることを分けて考えたらいいと思いますけど、いかがですか。

> 課題の整理シート（本人・家族の思い）

孝太　そう思えばいいのですね。何でもかんでも家族がしなくてはと心の中で思っていました。そう思えば、郁の電話もそうだし、近所の人が声をかけてくれたり、親父自ら近所に出かけていくことはできないけど、昔から馴染みの人が来ると、親父はうれしそうな表情をするのです。こんな状態の親父でも、聞きなれた声や、馴染んだ顔の中にいられたらうれしいだろうなって思います。

> 地域の協力　←　見守りの方法等

山野　もしかしたら、お父様と同じような状況の方もいるかもしれないですね。聞きなれた声や馴染んだ顔が見える空間がこの地域にできたらいいですね。少し働きかけをしてみます。

孝太　そんな場所ができたら、親父はうれしいだろうな。俺たちが年をとっても安心ですね。

6-⑥関係

> 5）リハビリテーション
> 要援助 → 計画　の可能性

山野　少し、病気のことを聞かせてください。つまずくことが多くなったとおっしゃっていたかと思います。リハビリとか専門的にできたらいいなと思うのですが。

孝太　そうは思うのですが、意思疎通ができないとリハビリは無理だと言われたことがあります。

　　　どこかでお願いできるのですか。歩けなくなると散歩もできないし、寝たきりになるのはかわいそう。

> 要援助 → 計画　の可能性

山野　あるかどうかはわかりませんが、リハビリは必要だと思います。どこかできそうなところがないか探してみます。最初からできないとあきらめてしまうのはもったいないですから。

孝太　リハビリを受けられたら、親父に何か変化があるような気もします。

7. 1日のスケジュール

6-①②③も関連

> 本人がしたいこと、していたこと

山野　最後に、ご家族の1日の流れを教えてください。

孝太　だいたい、6時頃には皆起きますね。僕は店先の掃除、前の日の片付けもあるし。女房は朝ご飯の支度をして旬を起こす。7時半頃にはそろって朝ご飯を食べます。この時間の流れは親父が元気だった頃から変わりません。今、自分がしている店先の掃除とかは親父がしていたことですけどね。年に数回だけど親父がほうきを持って店の前に立っていることがあるのです。時間もいつも通りに。驚きますね。元に戻ったのかなと思える時がまれにあります。

　　　お袋は、みんなが仕事に出かけたり、店で仕事が始まった頃に起きてきて、みんなの朝ご飯の片付けと自分のご飯。こんな状態だから親父を時間に誘っても食べに連れ出すまで時間がかかるから、本人任せになってしまって、親父の朝ご飯の時間はまちまちです。だからですかね、夜中に起き出すのは。親父の生活スタイルというか時間の流れをつくってやりたいと思っています。

> 計画化

山野　お昼ご飯は12時、夕ご飯が7時くらいですかね。

孝太　だいたいそのくらいです。自分の空いている時間に親父の面倒をみているから。

計画化

さっき話したように親父の時間の流れが日によって違ってくるのを直してやりたいとは思っています。混乱しているように見えるので、生活の流れをつくれたらいいなと思っています。

山野　いろいろ聞かせていただき、ありがとうございました。聞きたりないことがあると思いますが、心配されていることや、希望されていることをお手伝いする方法を考えてみます。いくつか方法を考えてケアプランの原案をつくってみます。

４．主治医意見書

記入日　令和 4 年 6 月 10 日

申請者	（ふりがな）あずま　たろう	男	〒〇〇〇-1111

（ふりがな）あずま　たろう

東　太郎　　　　　男／⑨女

明・大・㊡ 12 年 5 月 5 日生（85 歳）

〒〇〇〇-1111
東京都西区北町３-３

連絡先 03（3333）3030

上記の申請者に関する意見は以下の通りです。

主治医として、本意見書が介護サービス計画作成等に利用されることに　☑同意する。　□同意しない。

医師氏名　　山本　太郎

医療機関名　都立霞が関病院　神経内科　　　　　　　　電話 03（0000）1122

医療機関所在地　東京都千代田区霞が関１番地　　　　　FAX 03（0000）1123

（1）最終診察日	令和　　　4 年　　　　5 月　　　　26 日
（2）意見書作成回数	☑初回　□２回目以上
（3）他科受診の有無	□有　☑無 （有の場合）→□内科　□精神科　□外科　□整形外科　□脳神経外科　□皮膚科　□泌尿器科 □婦人科　□眼科　□耳鼻咽喉科　□リハビリテーション科　□歯科　□その他（　　　　　　　）

１．傷病に関する意見

（1）診断名（特定疾病または生活機能低下の直接の原因となっている傷病名については１．に記入）及び発症年月日

　1．アルツハイマー型認知症　　　　　　　発症年月日　（昭和・㋐㋣・令和　30 年　　月　　日頃）

　2．脳梗塞　　　　　　　　　　　　　　　発症年月日　（昭和・平成・㋹㋮　元 年 10 月　　日頃）

　3．高血圧　　　　　　　　　　　　　　　発症年月日　（昭和・㋐㋣・令和　2 年　　月　　日頃）

（2）症状としての安定性　　　　　　　　　☑安定　　　□不安定　　　□不明

（「不安定」とした場合、具体的な状況を記入）

（3）生活機能低下の直接の原因となっている傷病または特定疾病の経過及び投薬内容を含む治療内容

　　〔最近（概ね６ヶ月以内）介護に影響のあったもの 及び 特定疾病についてはその診断の根拠等について記入〕

令和元年１０月脳梗塞により入院。失語症を発症し、言語療法を中心にリハビリ実施。退院後は外来リハにて対応。
血圧高めのため、再発予防に注意が必要。脳梗塞発症後、精神的な不安定が続き感情の起伏が激しい。

ノルバスクOD錠　5mg　朝１錠　　　アリセプトD錠　5mg　朝１錠　　　パリエット錠　10mg　朝１錠

２．特別な医療　（過去１４日間以内に受けた医療のすべてにチェック）

処置内容	□点滴の管理　　□中心静脈栄養　　□透析　　□ストーマの処置　　□酸素療法 □レスピレーター　□気管切開の処置　□疼痛の看護　□経管栄養
特別な対応	□モニター測定（血圧、心拍、酸素飽和度等）　□褥瘡の処置
失禁への対応	□カテーテル（コンドームカテーテル、留置カテーテル 等）

３．心身の状態に関する意見

（1）日常生活の自立度等について

・障害高齢者の日常生活自立度（寝たきり度）　□自立　□J1　□J2　□A1　☑A2　□B1　□B2　□C1　□C2

・認知症高齢者の日常生活自立度　　　　　　　□自立　□Ⅰ　□Ⅱa　□Ⅱb　□Ⅲa　☑Ⅲb　□Ⅳ　□M

（2）認知症の中核症状（認知症以外の疾患で同様の症状を認める場合を含む）

・短期記憶　　　　　　　　　　　　　　　　□問題なし　☑問題あり

・日常の意思決定を行うための認知能力　　　□自立　　□いくらか困難　□見守りが必要　☑判断できない

・自分の意思の伝達能力　　　　　　　　　　□伝えられる　□いくらか困難　□具体的要求に限られる　☑伝えられない

（3）認知症の行動・心理症状（BPSD）（該当する項目全てチェック：認知症以外の疾患で同様の症状を認める場合を含む）

□無　☑有　{ □幻視・幻聴　□妄想　☑昼夜逆転　□暴言　☑暴行　☑介護への抵抗　☑徘徊
　　　　　　　□火の不始末　□不潔行為　□異食行動　□性的問題行動　□その他（　　　　　　）

（4）その他の精神・神経症状

☑無　□有　症状名：　　　　　　　　　　　　　　　〔専門医受診の有無 □有（　　　　　　）□無〕

（5）身体の状態

利き腕（☑右　□左）　身長＝ **158** cm　体重＝ **50** kg（過去６ヶ月の体重の変化　□増加　☑維持　□減少　）

□四肢欠損　　　　　（部位：＿＿＿＿＿＿＿＿＿＿＿＿＿＿＿）

□麻痺　　　　　　　□右上肢（程度：□軽　□中　□重）　　□左上肢（程度：□軽　□中　□重）

　　　　　　　　　　□右下肢（程度：□軽　□中　□重）　　□左下肢（程度：□軽　□中　□重）

　　　　　　　　　　□その他（部位：　　　　　程度：□軽　□中　□重）

☑筋力の低下　　　　（部位：＿＿両下肢＿＿＿＿＿＿＿＿＿＿＿　程度：□軽　☑中　□重）

□関節の拘縮　　　　（部位：＿＿＿＿＿＿＿＿＿＿＿＿＿＿＿　程度：□軽　□中　□重）

□関節の痛み　　　　（部位：＿＿＿＿＿＿＿＿＿＿＿＿＿＿＿　程度：□軽　□中　□重）

□失調・不随意運動　・上肢　□右　□左　　・下肢　□右　□左　　　　　・体幹　□右　□左

□褥瘡　　　　　　　（部位：＿＿＿＿＿＿＿＿＿＿＿＿＿＿＿　程度：□軽　□中　□重）

□その他の皮膚疾患　（部位：＿＿＿＿＿＿＿＿＿＿＿＿＿＿＿　程度：□軽　□中　□重）

４．生活機能とサービスに関する意見

（1）移動

屋外歩行	□自立	☑介助があればしている	□していない
車いすの使用	☑用いていない	□主に自分で操作している	□主に他人が操作している
歩行補助具・装具の使用（複数選択可）	☑用いていない	□屋外で使用	□屋内で使用

（2）栄養・食生活

| 食事行為 | ☑自立ないし何とか自分で食べられる | □全面介助 |
| 現在の栄養状態 | □良好 | ☑不良 |

→　栄養・食生活上の留意点（　自分の好きなものしか食べない。　水分が十分摂れていない　）

（3）現在あるかまたは今後発生の可能性の高い状態とその対処方針

□尿失禁　☑転倒・骨折　☑移動能力の低下　□褥瘡　☑心肺機能の低下　☑閉じこもり　☑意欲低下　☑徘徊

☑低栄養　□摂食・嚥下機能低下　☑脱水　□易感染性　□がん等による疼痛　□その他（　　　　　　　）

→　対処方針（　　　　　　　　　　　　　　　　　　　　　　　　　　　　　　　　　　　　　　　）

（4）サービス利用による生活機能の維持・改善の見通し

☑期待できる　　　　　□期待できない　　　　　□不明

（5）医学的管理の必要性（特に必要性の高いものには下線を引いて下さい。予防給付により提供されるサービスを含みます。）

□訪問診療　　　　　　　　□訪問看護　　　　　　□訪問歯科診療　　　　☑訪問薬剤管理指導

□訪問リハビリテーション　☑短期入所療養介護　　□訪問歯科衛生指導　　☑訪問栄養食事指導

☑通所リハビリテーション　□老人保健施設　　　　□介護医療院　　　　　□その他の医療系サービス（　　　　）

□特記すべき項目なし

（6）サービス提供時における医学的観点からの留意事項（該当するものを選択するとともに、具体的に記載）

☑血圧（　　　154 / 87　　　）□摂食（　　　　　　　　）□嚥下（　　　　　　　　）

☑移動（　　転倒に注意　　）☑運動（　負担のかからない運動　）□その他（　　　　　　　）

□特記すべき項目なし

（7）感染症の有無（有の場合は具体的に記入して下さい）

□無　　□有（　　　　　　　　　　　　　　　　　　　　　　　）　　□不明

５．特記すべき事項

　要介護認定及び介護サービス計画作成時に必要な医学的なご意見等を見守りに影響を及ぼす疾病の状況等の留意点を含め記載して下さい。特に、介護に要する手間に影響を及ぼす事項について記載して下さい。なお、専門医等に別途意見を求めた場合はその内容、結果も記載して下さい。（情報提供書や障害者手帳の申請に用いる診断書等の写しを添付して頂いても結構です。）

杖でやっとの歩行ができるくらいに両下肢の筋力低下がすすんでいるが、低下している認識がなく転倒を繰り返してしまう状態になってきている。痛みの訴えができない状態。
リハビリの機会が必要。ＡＤＬ全般に部分介助が必要。
認知症が進行しているため、生活リズムが取れず精神的に不安定。

調査は、調査対象者が通常の状態（調査可能な状態）であるときに実施して下さい。本人が風邪をひいて高熱を出している等、通常の状態でない場合は再調査を行って下さい。

保険者番号＿＿＿＿　被保険者番号＿＿＿＿

５．認定調査票（概況調査）

Ⅰ　調査実施者（記入者）

実施日時	令和　　年　　月　　日	実施場所	自宅内・自宅外（　　　　　　　　　　）
ふりがな 記入者氏名		所属機関	

Ⅱ　調査対象者

過去の認定	初回・2回め以降 （前回認定元年9月1日）	前回認定結果		非該当・要支援（　　）・要介護（　1　）	
ふりがな 対象者氏名	あずま　たろう 東　太郎	性別	男・女	生年月日	明治・大正・昭和 12年5月5日（85歳）
現住所	〒000-1111 東京都西区北町3-3		電話	03-3333-3030	
家族等 連絡先	〒000-1111 本人と同居 氏名（　東　孝太　）調査対象者との関係（　長男　）		電話	〃 090-0330-0000	

Ⅲ　現在受けているサービスの状況についてチェック及び頻度を記入してください。

在宅利用　〔**認定調査を行った月**のサービス利用回数を記入。（介護予防）福祉用具貸与は調査日時点の、特定（介護予防）福祉用具販売は過去6月の品目数を記載〕

□訪問介護（ﾎｰﾑﾍﾙﾌﾟ）・訪問型サービス	月	回	□（介護予防）福祉用具貸与				品目
□（介護予防）訪問入浴介護	月	回	□特定（介護予防）福祉用具販売				品目
□（介護予防）訪問看護	月	回	□住宅改修			あり・なし	
□（介護予防）訪問リハビリテーション	月	回	□夜間対応型訪問介護			月	日
□（介護予防）居宅療養管理指導	月	回	□（介護予防）認知症対応型通所介護			月	日
□通所介護（ﾃﾞｲｻｰﾋﾞｽ）・通所型サービス	月	回	□（介護予防）小規模多機能型居宅介護			月	日
□（介護予防）通所リハビリテーション（ﾃﾞｲｹｱ）	月	回	□（介護予防）認知症対応型共同生活介護			月	日
□（介護予防）短期入所生活介護（ｼｮｰﾄｽﾃｲ）	月	日	□地域密着型特定施設入居者生活介護			月	日
□（介護予防）短期入所療養介護（療養ｼｮｰﾄ）	月	日	□地域密着型介護老人福祉施設入所者生活介護			月	日
□（介護予防）特定施設入居者生活介護	月	日	□定期巡回・随時対応型訪問介護看護			月	日
□看護小規模多機能型居宅介護	月	日					
□市町村特別給付　〔						〕	
□介護保険給付外の在宅サービス〔						〕	

施設利用	施設連絡先
□介護老人福祉施設 □介護老人保健施設 □介護療養型医療施設 □介護医院 □認知症対応型共同生活介護適用施設（ｸﾞﾙｰﾌﾟﾎｰﾑ） □特定施設入居者生活介護適用施設（ｹｱﾊｳｽ等） □医療機関（医療保険適用療養病床） □医療機関（療養病床以外） □その他の施設	施設名＿＿＿＿＿＿＿＿＿＿＿＿＿＿＿＿ 郵便番号　　　　― 施設住所 電話　　　―　　　―

Ⅳ　調査対象者の主訴、家族状況、調査対象者の居住環境（外出が困難になるなど日常生活に支障となるような環境の有無）、日常的に使用する機器・器械の有無等について特記すべき事項を記入してください。

長男家族と同居。日常生活全般家族が支援している。3年ほど前から認知症を発症。デイサービスの利用をしていたが認知症の行動症状が頻繁になり利用中止となる。しばらくは家族だけで介護をしていたが、負担が増え再び介護保険サービスの利用を検討している。家族全員、介護には前向きで協力的。意思疎通が困難な状況。

調査日<u>4年6月4日</u>　　　　保険者番号<u>　　　　　　</u>　　　被保険者番号<u>　　　　　　</u>

1－1　麻痺等の有無について、あてはまる番号すべてに○印をつけてください。（複数回答可）

（1.）ない　　　2．左上肢　　　3．右上肢　　　4．左下肢　　　5．右下肢

6．その他（四肢の欠損）

1－2　関節の動く範囲の制限の有無について、あてはまる番号すべてに○印をつけてください。（複数回答可）

（1.）ない　　　2．肩関節　　　3．股関節　　　4．膝関節

5．その他（四肢の欠損）

1－3　寝返りについて、あてはまる番号に一つだけ○印をつけてください。

（1.）つかまらないでできる　　　2．何かにつかまればできる　　　3．できない

1－4　起き上がりについて、あてはまる番号に一つだけ○印をつけてください。

1．つかまらないでできる　　（2.）何かにつかまればできる　　　3．できない

1－5　座位保持について、あてはまる番号に一つだけ○印をつけてください。

（1.）できる　　　2．自分の手で支えればできる　　　3．支えてもらえればできる

4．できない

1－6　両足での立位保持について、あてはまる番号に一つだけ○印をつけてください。

1．支えなしでできる　　（2.）何か支えがあればできる　　　3．できない

1－7　歩行について、あてはまる番号に一つだけ○印をつけてください。

（1.）つかまらないでできる　　　2．何かにつかまればできる　　　3．できない

1－8　立ち上がりについて、あてはまる番号に一つだけ○印をつけてください。

1．つかまらないでできる　　（2.）何かにつかまればできる　　　3．できない

1－9　片足での立位保持について、あてはまる番号に一つだけ○印をつけてください。

1．支えなしでできる　　（2.）何か支えがあればできる　　　3．できない

1－10　洗身について、あてはまる番号に一つだけ○印をつけてください。

1．介助されていない　　　2．一部介助　　（3.）全介助　　　4．行っていない

1－11　つめ切りについて、あてはまる番号に一つだけ○印をつけてください。

1．介助されていない　　2．一部介助　　③．全介助

1－12　視力について、あてはまる番号に一つだけ○印をつけてください。

1．普通（日常生活に支障がない）

2．約1m離れた視力確認表の図が見える

3．目の前に置いた視力確認表の図が見える

4．ほとんど見えない

⑤．見えているのか判断不能

1－13　聴力について、あてはまる番号に一つだけ○印をつけてください。

1．普通

2．普通の声がやっと聞き取れる

3．かなり大きな声なら何とか聞き取れる

4．ほとんど聞えない

⑤．聞えているのか判断不能

2－1　移乗について、あてはまる番号に一つだけ○印をつけてください。

1．介助されていない　　②．見守り等　　3．一部介助　　4．全介助

2－2　移動について、あてはまる番号に一つだけ○印をつけてください。

1．介助されていない　　②．見守り等　　3．一部介助　　4．全介助

2－3　えん下について、あてはまる番号に一つだけ○印をつけてください。

1．できる　　②．見守り等　　3．できない

2－4　食事摂取について、あてはまる番号に一つだけ○印をつけてください。

1．介助されていない　　②．見守り等　　3．一部介助　　4．全介助

2－5　排尿について、あてはまる番号に一つだけ○印をつけてください。

1．介助されていない　　②．見守り等　　3．一部介助　　4．全介助

2－6　排便について、あてはまる番号に一つだけ○印をつけてください。

　　1．介助されていない　　②．見守り等　　3．一部介助　　4．全介助

2－7　口腔清潔について、あてはまる番号に一つだけ○印をつけてください。

　　1．介助されていない　　②．一部介助　　3．全介助

2－8　洗顔について、あてはまる番号に一つだけ○印をつけてください。

　　1．介助されていない　　②．一部介助　　3．全介助

2－9　整髪について、あてはまる番号に一つだけ○印をつけてください。

　　1．介助されていない　　②．一部介助　　3．全介助

2－10　上衣の着脱ついて、あてはまる番号に一つだけ○印をつけてください。

　　1．介助されていない　　2．見守り等　　③．一部介助　　4．全介助

2－11　ズボン等の着脱ついて、あてはまる番号に一つだけ○印をつけてください。

　　1．介助されていない　　2．見守り等　　③．一部介助　　4．全介助

2－12　外出頻度について、あてはまる番号に一つだけ○印をつけてください。

　　1．週1回以上　　2．月1回以上　　③．月1回未満

3－1　意思の伝達について、あてはまる番号に一つだけ○印をつけてください。

　　1．調査対象者が意思を他者に伝達できる

　　2．ときどき伝達できる

　　③．ほとんど伝達できない

　　4．できない

3－2　毎日の日課を理解することについて、あてはまる番号に一つだけ○印をつけてください。

　　1．できる　　②．できない

3－3　生年月日や年齢を言うことについて、あてはまる番号に一つだけ○印をつけてください。

　　1．できる　　②．できない

3－4　短期記憶（面接調査の直前に何をしていたか思い出す）について、あてはまる番号に一つだけ○印をつけてください。

1．できる　　(2.)できない

3－5　自分の名前を言うことについて、あてはまる番号に一つだけ○印をつけてください。

1．できる　　(2.)できない

3－6　今の季節を理解することについて、あてはまる番号に一つだけ○印をつけてください。

1．できる　　(2.)できない

3－7　場所の理解（自分がいる場所を答える）について、あてはまる番号に一つだけ○印をつけてください。

1．できる　　(2.)できない

3－8　徘徊について、あてはまる番号に一つだけ○印をつけてください。

1．ない　　2．ときどきある　　(3.)ある

3－9　外出すると戻れないことについて、あてはまる番号に一つだけ○印をつけてください。

1．ない　　2．ときどきある　　(3.)ある

4－1　物を盗られたなどと被害的になることについて、あてはまる番号に一つだけ○印をつけてください。

(1.)ない　　2．ときどきある　　3．ある

4－2　作話をすることについて、あてはまる番号に一つだけ○印をつけてください。

(1.)ない　　2．ときどきある　　3．ある

4－3　泣いたり、笑ったりして感情が不安定になることについて、あてはまる番号に一つだけ○印をつけてください。

(1.)ない　　2．ときどきある　　3．ある

4－4　昼夜の逆転があることについて、あてはまる番号に一つだけ○印をつけてください。

1．ない　　2．ときどきある　　(3.)ある

4－5　しつこく同じ話をすることについて、あてはまる番号に一つだけ○印をつけてください。

(1.)ない　　2．ときどきある　　3．ある

4－6　大声をだすことについて、あてはまる番号に一つだけ○印をつけてください。

1．ない　　2．ときどきある　　③．ある

4－7　介護に抵抗することについて、あてはまる番号に一つだけ○印をつけてください。

1．ない　　2．ときどきある　　③．ある

4－8　「家に帰る」等と言い落ち着きがないことについて、あてはまる番号に一つだけ○印をつけてください。

①．ない　　2．ときどきある　　3．ある

4－9　一人で外に出たがり目が離せないことについて、あてはまる番号に一つだけ○印をつけてください。

1．ない　　2．ときどきある　　③．ある

4－10　いろいろなものを集めたり、無断でもってくることについて、あてはまる番号に一つだけ○印をつけてください。

①．ない　　2．ときどきある　　3．ある

4－11　物を壊したり、衣類を破いたりすることについて、あてはまる番号に一つだけ○印をつけてください。

1．ない　　2．ときどきある　　③．ある

4－12　ひどい物忘れについて、あてはまる番号に一つだけ○印をつけてください。

1．ない　　2．ときどきある　　③．ある

4－13　意味もなく独り言や独り笑いをすることについて、あてはまる番号に一つだけ○印をつけてください。

①．ない　　2．ときどきある　　3．ある

4－14　自分勝手に行動することについて、あてはまる番号に一つだけ○印をつけてください。

1．ない　　2．ときどきある　　③．ある

4－15　話がまとまらず、会話にならないことについて、あてはまる番号に一つだけ○印をつけてください。

①．ない　　2．ときどきある　　3．ある

5－1　薬の内服について、あてはまる番号に一つだけ○印をつけてください。

1．介助されていない　　②．一部介助　　3．全介助

5－2　金銭の管理について、あてはまる番号に一つだけ○印をつけてください。

1．介助されていない　　2．一部介助　　③．全介助

5－3　日常の意思決定について、あてはまる番号に一つだけ○印をつけてください。

1．できる　　2．特別な場合を除いてできる　　3．日常的に困難

④．できない

5－4　集団への不適応について、あてはまる番号に一つだけ○印をつけてください。

1．ない　　2．ときどきある　　③．ある

5－5　買い物について、あてはまる番号に一つだけ○印をつけてください。

1．介助されていない　　2．見守り等　　3．一部介助　　④．全介助

5－6　簡単な調理について、あてはまる番号に一つだけ○印をつけてください。

1．介助されていない　　2．見守り等　　3．一部介助　　④．全介助

6　過去14日間に受けた医療について、あてはまる番号すべてに○印をつけてください。(複数回答可)

処置内容　　　1．点滴の管理　　2．中心静脈栄養　　3．透析

4．ストーマ（人工肛門）の処置　　5．酸素療法

6．レスピレーター（人工呼吸器）　　7．気管切開の処置

8．疼痛の看護　　　　　　　　　　　9．経管栄養

特別な対応　　10．モニター測定（血圧、心拍、酸素飽和度等）

11．じょくそうの処置

失禁への対応　12．カテーテル（コンドームカテーテル、留置カテーテル、ウロストーマ等）

7　日常生活自立度について、各々該当するものに一つだけ○印をつけてください。

障害高齢者の日常生活
自立度（寝たきり度）　　　自立・Ｊ１・Ｊ２・Ⓐ１・Ａ２・Ｂ１・Ｂ２・Ｃ１・Ｃ２

認知症高齢者の日常生活
自立度　　　　　　　　　自立・Ⅰ・Ⅱa・Ⅱb・Ⅲa・Ⓘb・Ⅳ・Ｍ

認定調査票（特記事項）

1　身体機能・起居動作に関連する項目についての特記事項

1-1 麻痺等の有無, 1-2 拘縮の有無, 1-3 寝返り, 1-4 起き上がり, 1-5 座位保持, 1-6 両足での立位, 1-7 歩行, 1-8 立ち上がり, 1-9 片足での立位, 1-10 洗身, 1-11 つめ切り, 1-12 視力, 1-13 聴力

（1-1）いすに座り四肢の上げ下げや曲げ伸ばしの動作はできる。　※動作は息子さんの指示で行うとできる。
（1-2）関節の制限なし。（1-3）ベッド柵につかまり横になっている。　（1-6）両手で壁につかまり立位保持できる。
（1-4）ベッドに横になり足を下げゆっくり起き上がる。（1-7）長い距離は無意識に膝に手を当て歩く。
（1-5）ソファーで肘かけを使い座位保持できる。　（1-8）テーブルに手をつきゆっくり立ち上がる.。
（1-10）息子に全身洗ってもらう（1-11）手足とも息子が切っている（1-12）意思疎通が困難で判断できない
（1-13）問いに対して応答がないため判断できない。（1-9）両手でつかまるところがあれば数秒は保持できる。

2　生活機能に関連する項目についての特記事項

2-1 移乗, 2-2 移動, 2-3 えん下, 2-4 食事摂取, 2-5 排尿, 2-6 排便, 2-7 口腔清潔, 2-8 洗顔, 2-9 整髪, 2-10 上衣の着脱, 2-11 ズボン等の着脱, 2-12 外出頻度

（2-1）何かにつかまりゆっくり移乗している。（2-5）（2-6）トイレがわからずどこでも放尿。動きをみて誘導している。
（2-2）筋力低下の認識なく必ず家族が行動を見ている。　排泄後の動作はできる。
（2-3）詰め込むことがあり見守っている。　（2-7）入れ歯を使用だが自力で磨くことなく家族が指示して本人が磨く。
（2-4）箸を使い自力で食べることはできる　（2-8）指示が通れば自分できる（2-9）指示が通ればブラシを使い自力可
（2-10）（2-11）服を用意し指示をしながら動作を誘導すれば着替えができる。（2-12）ひとりでは出ない（目的がある場合）

3　認知機能に関連する項目についての特記事項

3-1 意思の伝達, 3-2 毎日の日課を理解, 3-3 生年月日を言う, 3-4 短期記憶, 3-5 自分の名前を言う, 3-6 今の季節を理解, 3-7 場所の理解, 3-8 徘徊, 3-9 外出して戻れない

（3-1）何らか「ア〜、ウ〜」という声が聞こえるが何を言っているかわからずできないと判断した。
（3-2）（3-3）（3-4）（3-5）（3-6）（3-7）すべて応答なして確認できない。
（3-8）週2〜3回は夜間外に出ようとする。
（3-9）ひとりでは戻ることはできない。

4　精神・行動障害に関連する項目についての特記事項

4-1 被害的, 4-2 作話, 4-3 感情が不安定, 4-4 昼夜逆転, 4-5 同じ話をする, 4-6 大声をだす, 4-7 介護に抵抗, 4-8 落ち着きなし, 4-9 一人で出たがる, 4-10 収集癖, 4-11 物や衣類を壊す, 4-12 ひどい物忘れ, 4-13 独り言・独り笑い, 4-14 自分勝手に行動する, 4-15 話がまとまらない

（4-1）（4-2）（4-5）言葉での訴えがなく、判断できない。　（4-3）泣く・笑うという表現はない。
（4-6）思いが通らないからなのか突然大きな声（言葉ではなく音のような）をあげることがあると息子さん。
（4-7）（4-11）（4-14）意に反した行為の指示なのか指示がわからないからか、噛みつく、叩く、蹴るなどの行為がある。

5　社会生活への適応に関連する項目についての特記事項

5-1 薬の内服, 5-2 金銭の管理, 5-3 日常の意思決定, 5-4 集団への不適応, 5-5 買い物, 5-6 簡単な調理

（5-1）掌に載せると口に運ぶことはできる。
（5-2）金銭を使うことはできない。（させていない）
（5-3）まったくできない。
（5-4）意に反した時、暴力で抵抗する（5-5）（5-6）まったくしていない（できない）

6　特別な医療についての特記事項

6　特別な医療

（　　）該当する医療行為はない。
（　　）
（　　）

7　日常生活自立度に関連する項目についての特記事項

7-1 障害高齢者の日常生活自立度（寝たきり度）, 7-2 認知症高齢者の日常生活自立度

（7-1）起きている時間は長い。目的がある外出は介助が行われている。
（7-2）行動症状が昼夜を問わず出現し介護負担が大きい。家族であっても意思疎通が難しい。
（　　）
（　　）

※　本用紙に収まらない場合は、適宜用紙を追加して下さい

R4年　7月　6日相談受付　｜　訪問・⦿電話・来所・その他（　　　　）　初回相談受付者　山野

| 本人氏名 | 東 太郎 | | ⦿男・女 | 年齢 | M T ⦿S | 12 年　5 月　5日生れ（ 85歳 ） |

| 住　所 | 〒　東京都西区北町3の3 | ☎ 03（3333）3030　携帯 |

| 緊急連絡先 | 氏名　東 京子 | 男・⦿女　年齢（ 83歳 ）　本人との続柄（ 妻 ） |
| | 住所　　　　同上 | ☎　携帯 |

| 相談者 | 氏名　東 孝太 | ⦿男・女　年齢（ 54歳 ）　本人との続柄（ 長男 ） |
| | 住所　　　　同上 | ☎　携帯 |

| 相談経路（紹介者） | 千代田地域包括支援センター川本さんからの紹介 |
| 居宅サービス計画作成依頼の届出 | 届出年月日　　年　　月　　日　　　　現在未届出 |

■相談内容（主訴／本人・家族の希望・困っていることや不安、思い）

（本人）（息子さんからの聞き取り）

認知症の症状が出てきてからの生活を見ても今まで通りの暮らしと変わらない。

家族のことを思いやる気持ちは変わらない。家族と一緒に暮らし続けることが本人の意向だと思う。

（介護者・家族）　いろいろ困りごとが増えて、どうしたらいいかわからないこともあるが、家族みんなで「どんな状態になっても自宅で介護していきたい」と思っている。家族の負担も心配なので自宅で介護していく方法を相談したい。

■これまでの生活の経過（主な生活史）

東京生まれ。戦争体験者。生家は大工で、本人も家業を継ぎ、30歳で結婚し居を構える。長男、長女にめぐまれる。

頑固な性格だが、働き者で人情にあふれ、困った人がいると仕事も放り出して出かけてしまうので妻の苦労も絶えなかった。地域からの信頼も厚く自治会の役員を歴任している。筆が上手で、頼まれることが多かった。平成30年頃から道に迷うなど認知症を疑われるような行動がみえてくる。

令和2年頃、交通事故を起こしたことから家業を息子に任せ、仕事から離れる。　　　　　（息子さんより）

介護保険	利用者負担割合　☑1割　□2割　□3割	後期高齢者医療保険（75歳以上）	一部負担金　☑1割負担　□2割負担　□3割負担
高額介護サービス費該当	利用者負担　（ □第5段階　☑第4段階　□第3段階　□第2段階　□第1段階 ）
要介護認定	⦿済 ➡ 非該当・要支援 1・2 要介護 1・2・③・4・5　　認定日　4年　6月27日
	未（見込み）➡ 非該当・要支援 1・2 要介護 1・2・3・4・5
身体障害者手帳	□有 ☑無　等　級　　種　　級		交付日　　年　　月
療育手帳	□有 ☑無　程　度		交付日　　年　　月
精神障害者保健福祉手帳	□有 ☑無　等　級　　級		交付日　　年　　月
障害福祉サービス受給者証の有無	□有 ☑無	自立支援医療受給者証の有無 □有 ☑無	障害支援区分→（　　　　）
日常生活自立度	障害高齢者	自立・J1・J2・A1・Ⓐ2・B1・B2・C1・C2	判定者	山本先生（機関名 霞が関HP）	判定日	4年　6月10日
	認　知　症	自立・Ⅰ・Ⅱa・Ⅱb・Ⅲa・ⒾⅡb・Ⅳ・M		〃（機関名　　　）		4年　6月10日

アセスメント実施日　（初回）　4 年　7 月　10 日　（更新）　　年　　月　　日

〔全社協・在宅版ケアプラン作成方法検討委員会作成　無断転載禁止〕

2 家族状況とインフォーマルな支援の状況

■家族構成と介護状況

家族構成図	家族の介護の状況・課題
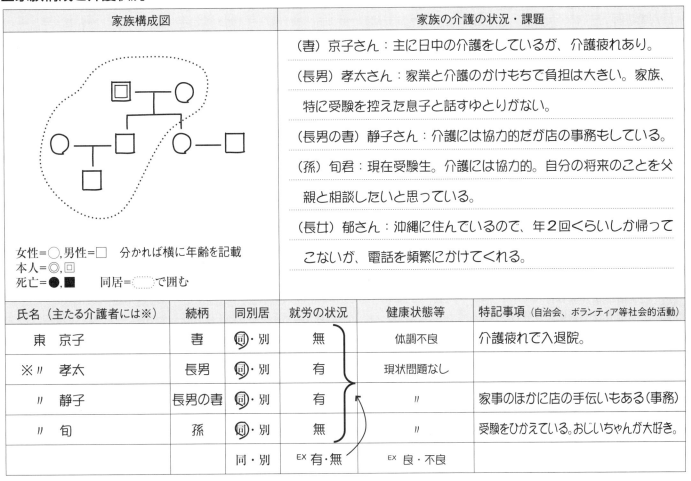女性＝○,男性＝□　分かれば横に年齢を記載 本人＝◎,▣ 死亡＝●,■　　同居＝⋯⋯で囲む	（妻）京子さん：主に日中の介護をしているが、介護疲れあり。 （長男）孝太さん：家業と介護のかけもちで負担は大きい。家族、特に受験を控えた息子と話すゆとりがない。 （長男の妻）静子さん：介護には協力的だが店の事務もしている。 （孫）旬君：現在受験生。介護には協力的。自分の将来のことを父親と相談したいと思っている。 （長女）郁さん：沖縄に住んでいるので、年2回くらいしか帰ってこないが、電話を頻繁にかけてくれる。

氏名（主たる介護者には※）	続柄	同別居	就労の状況	健康状態等	特記事項（自治会、ボランティア等社会的活動）
東　京子	妻	同・別	無	体調不良	介護疲れで入退院。
※〃　孝太	長男	同・別	有	現状問題なし	
〃　静子	長男の妻	同・別	有	〃	家事のほかに店の手伝いもある（事務）
〃　旬	孫	同・別	無	〃	受験をひかえている。おじいちゃんが大好き。
		同・別	EX 有・無	EX 良・不良	

■インフォーマルな支援活用状況（親戚、近隣、友人、同僚、ボランティア、民生委員、自治会等の地域の団体等）

支援提供者	活用している支援内容	特記事項
武さん	本人が以前のように仕事に関われる時間をつくってくれる。 本人が受けたい支援→仕事をする場に行きたい。	⇒ 馴染みのお客さんの所へ行くことで、以前の自分（太郎さん）にもどり、役割を担える。 生活リズムをつくるには重要。

本人が受けたい支援／今後必要になると思われる支援	支援提供者	特記事項
晩酌仲間 （カラオケ） できることなら一緒に晩酌をして、カラオケで歌う時間をつくる。	武さん 国さん	飲酒は禁忌ではなく、今までの生活リズムのひとつ。 生活リズムをつくるには重要なこと。

3 サービス利用状況

（ R4年 7 月10日時点）

在宅利用（認定調査を行った月のサービス利用回数を記入。（介護予防）福祉用具貸与は調査日時点の、特定（介護予防）福祉用具販売は過去6カ月の品目数を記載）

□訪問介護（ホームヘルプサービス）	月　　回	□（介護予防）特定施設入居者生活介護	月　　日
□（介護予防）訪問型サービス	月　　回	□看護小規模多機能型居宅介護	月　　日
□（介護予防）訪問入浴介護	月　　回	□（介護予防）福祉用具貸与	品目
□（介護予防）訪問看護	月　　回	□特定（介護予防）福祉用具販売	品目
□（介護予防）訪問リハビリテーション	月　　回	□住宅改修	あり・なし
□（介護予防）居宅療養管理指導	月　　回	□夜間対応型訪問介護	月　　日
□通所介護（デイサービス）	月　　回	□（介護予防）認知症対応型通所介護	月　　日
□（介護予防）通所型サービス	月　　回	□（介護予防）小規模多機能型居宅介護	月　　日
□（介護予防）通所リハビリテーション（デイケア）	月　　回	□（介護予防）認知症対応型共同生活介護	月　　日
□（介護予防）短期入所生活介護（特養等）	月　　日	□定期巡回・随時対応型訪問介護看護	月　　回
□（介護予防）短期入所療養介護（老健・診療所）	月　　日	□（介護予防）その他の生活支援サービス 　（名称：　　　　　　　　　　）	月　　回

　〔全社協・在宅版ケアプラン作成方法検討委員会作成　無断転載禁止〕

□配食サービス	月	回	□生活支援員の訪問（日常生活自立支援事業）	月	回	
□洗濯サービス	月	回	□ふれあい・いきいきサロン	月	回	
□移動または外出支援	月	回	□市町村特別給付　〔		〕	
□友愛訪問	月	回	□（　　　　　　　　　　　　　）	月	回	
□老人福祉センター	月	回				
□老人憩いの家	月	回	□（　　　　　　　　　　　　　）	月	回	
□ガイドヘルパー	月	回				
□身障／補装具・日常生活用具（　　　　　　）						

<table>
<tr><td rowspan="2">直近の入所・入院</td><td>□介護老人福祉施設
□介護老人保健施設
□介護医療院(介護療養型医療施設)
□認知症対応型共同生活介護適用施設(グループホーム)
□特定施設入居者生活介護適用施設(ケアハウス等)</td><td>□医療機関(医療保険適
　用療養病床)
□医療機関(療養病床以外)
□その他の施設</td><td>施設・機関名
所在地　〒

☎</td></tr>
</table>

制度利用状況	年金 [☑老齢関係→（ 国民年金 ） 　　　□障害関係→（　　　　　） 　　　□遺族・寡婦→（　　　　　） □恩給 □特別障害者手当 □生活保護 □生活福祉資金貸付 □高齢者住宅整備資金貸付 □日常生活自立支援事業 □成年後見制度⇨　□成年後見　□保佐　□補助 　　　　　　　　成年後見人等（　　　　　）	健康保険 [☑国保　　　　　　□協会けんぽ(旧・政管健保) 　　　　□組合健保　　　□日雇い 　　　　□国公共済　　　□地方共済 　　　　□私立学校共済　□船員 　　　　□後期高齢者医療 □労災保険→（　　　　　　　　　） その他 [□（　　　　　　　） 　　　　□（　　　　　　　） 　　　　□（　　　　　　　）

4 住居等の状況

☑1戸建て　　　　□集合住宅 賃貸・㊙所有・社宅等・公営住宅・その他（　　　　　　　） **居室等の状況** ア. ☑専用居室あり　　□専用居室なし イ. ☑1階　□2階　□その他（　　）階⇨エレベーター□有□無 ウ. ☑布団　□ベッド⇨□固定式　□ギャッチ　□電動 　　　　　　　　□その他（　　　　　　　　　　） エ. 陽あたり　☑良　□普通　□悪 オ. 暖房　☑あり　□なし　カ. 冷房　☑あり　□なし	家屋（居室を含む）見取図　　※段差には▲を記入
トイレ ア. □和式　☑洋式 　　　□その他（　　　　　　　） イ. 手すり　☑あり　□なし ウ. トイレまでの段差　☑あり　□なし	室外 移動手段 室内	福祉機器 □使用している　☑使用していない ↓使用している場合 □車いす　□電動車いす □杖　　　□歩行器 □その他（　　　　　）
浴室 ア. ☑自宅にあり　　□自宅になし イ. 手すり　☑あり　□なし ウ. 浴室までの段差　☑あり　□なし		福祉機器 □使用している　□使用していない ↓使用している場合 □車いす　□電動車いす □杖　　　□歩行器 □その他（　　　　　）
諸設備　調理器具　☑ガス　□IH　　暖房器具　□ガス　□電気　□灯油　□その他（　　　　）		

【周辺環境・立地環境・その他住居に関する特記事項】

　・店舗併用住宅　　・店の前が国道のため交通事故にあうリスクが高い。

　　〔全社協・在宅版ケアプラン作成方法検討委員会作成　　無断転載禁止〕

5 本人の健康状態・受診等の状況

既往歴・現症(必要に応じ「主治医意見書」を転記)	障害等の部位

※要介護状態に関係がある既往歴および現症

1. アルツハイマー型認知症 （H30）
2. 脳梗塞 （R1）
3. 高血圧 （H2?）

不詳

△障害部位
×欠損部位
●褥瘡部位

（正面） （背面）

下肢筋力低下

身　　長	158 cm	体　　重	50 kg
歯の状況	□歯あり　□歯なし　☑総入れ歯　□局部義歯 ⇨6-②生活機能（食事・排泄等）		

【特記事項】(病気やけが、障害等に関わる事項。改善の可能性等)

①栄養状態不良→自分の好きなものしか食べない。
　水分量不足（1日湯のみ1杯?）⇒脱水のリスクあり。
②転倒に要注意→下肢筋力低下が認識できない。（リハ職（PT）と相談）
③生活リズムが取れず精神に不安定→対処的な対応になっている。

主治医からの指導・助言事項。視力障害、聴力障害、麻痺、関節の動き、褥瘡、その他皮膚疾患(以上要介護認定項目)、外傷、内部障害、言語障害、動悸・息切れ、便秘、尿失禁、便失禁、摂食嚥下障害、口腔(炎症・痛み・出血・口臭・虫歯・不良義歯等)に留意のこと。

現在の受診状況(歯科含む)

病　　名	アルツハイマー型認知症	脳梗塞	高血圧	
薬の有無	☑有　□無	☑有　□無	☑有　□無	□有　□無
受診状況 発症時期 ※主治医意見書を参考に記入	平成30年頃	令和元年頃	平成2年頃（不詳）	
受診頻度	☑定期（週・月 1回） □不定期	☑定期（週・月 回） □不定期	☑定期（週・月 回） □不定期	□定期（週・月 回） □不定期
受診状況	☑通院　□往診	☑通院　□往診	☑通院　□往診	□通院　□往診
受診病院 医療機関	都立霞が関病院	〃	〃	
診療科	神経内科	〃	〃	
主治医	山本太郎	〃	〃	
連絡先	☎ 03 (0000) 1122	☎	☎	☎
受診方法 留意点等	（息子さんの同行がないと拒否的な状況　　　　　　　　　　　　　　　）			

往診可能な医療機関	□無 ☑有（ 都立霞が関病院　　　　　　　　　　　　　） ☎ 03 (0000) 1122
緊急入院できる医療機関	□無 ☑有（　　　〃　　　　　　　　　　　　　　　　） ☎　　　〃
相談、処方を受けている薬局 （かかりつけ薬局）	□無 ☑有（ 日の出薬局　　　　　　　　　　　　　　） ☎ 03 (0101) 2233

【特記、生活上配慮すべき課題など】

・失語症のため"言語"でのコミュニケーションが取れないことから、身体状況の変化は家族等による客観的な視点のことが中心。
・脳梗塞の再発予防⇒栄養状態・水分摂取不良。

195

〔全社協・在宅版ケアプラン作成方法検討委員会作成　無断転載禁止〕

現在、家族が実施して
いる場合は○
時々実施の場合は△

現在、在宅サービス等で実施している
場合○

本人・家族がサービス実施を希望する
場合○

要援助と判断される場合に✓
計画した場合に○（確認）

体位変換・起居

6-①1-1、1-2関係	援助の現状		希望	要援助→計画
	家族実施	サービス実施		
1)体位変換介助				
2)起居介助	△			✓

リハビリの必要性
☑あり→P9
□なし

●6-①基本（身体機能・起居）動作

要介護認定項目	1-1	麻痺等（複数可）	① 2 3 4 5 6
	1-2	拘縮（複数可）	① 2 3 4 5
	1-3	寝返り	① 2 3
	1-4	起き上がり	1 ② 3
	1-5	座位保持	① 2 3 4
	1-6	両足での立位保持	1 ② 3
	1-7	歩行	① 2 3
	1-8	立ち上がり	1 ② 3
	1-9	片足での立位保持	1 ② 3
	1-10	洗身	1 2 ③ 4
	1-11	つめ切り	1 2 ③
	1-12	視力	1 ② 3 4 5
	1-13	聴力	1 2 3 4 ⑤
	1-14	関節の動き（複数可）	① 2 3 4 5 6 7

6-①基本（身体機能・起居）動作（1-10、1-12、1-13は別記）

【特記、解決すべき課題など】
認知症状があり、下肢筋力低下を認識できない。
運動制限などはないことから、適切なリハビリを受けることで、
身体機能を維持できれば家族の負担を増やすことなく、自宅で生
活できる。

入浴

6-①1-10関係	援助の現状		希望	要援助→計画
	家族実施	サービス実施		
1)準備・後始末	○		○	✓
2)移乗移動介助	○		○	✓
3)洗身介助	○		○	✓
4)洗髪介助	○		○	✓
5)清拭・部分浴				
6)褥瘡・皮膚疾患の対応	○			

2)移乗移動介助	
現 状	計 画
□見守りのみ ☑介助あり	□見守り必要 ☑介助必要

3)洗身介助	
□見守りのみ ☑介助あり	□見守り必要 ☑介助必要

【特記、解決すべき課題など】
入浴することの理解ができないのか拒否があり、十分な保清がで
きない。定期的に入浴できることで、着替えもでき、以前のよう
にこざっぱりとした生活を送れるようになる。

<コミュニケーションの状況・方法（6-①1-12、1-13関係）>
ア.視聴覚
　□眼鏡使用　□コンタクト使用　□補聴器使用
イ.電話
　☑あり □なし　（娘からの電話のみ）
ウ.言語障害
　☑あり（ 失語症　　　　　　） □なし
エ.コミュニケーション支援機器の使用
　□あり（　　　　　　　　　） □なし

【特記、解決すべき課題など】
失語があり、意思疎通がほとんどできない。
言語以外で何らか意思を伝える方法があれば、本人が伝えたいこ
とを理解できる。（太郎さん自身も何かしら意思が伝われば、暴
言や暴行は減る可能性が高い）

6-②生活機能（食事・排泄等）

要介護認定項目		
2-1	移乗	1 **②** 3 4
2-2	移動	1 **②** 3 4
2-3	えん下	1 **②** 3
2-4	食事摂取	1 **②** 3 4
2-5	排尿	1 **②** 3 4
2-6	排便	1 **②** 3 4
2-7	口腔清潔	1 **②** 3
2-8	洗顔	1 **②** 3
2-9	整髪	1 **②** 3
2-10	上衣の着脱	1 2 **③** 4
2-11	ズボン等の着脱	1 2 **③** 4
2-12	外出頻度	1 2 **③**
2-13	飲水摂取	1 2 **③** 4

＜その他食事の現状（6-②2-4関係）＞

- ア．食事場所 ☑食堂 □居室ベッド上
  □布団上 □その他居室内
  □その他（　　　　　　　　　）
- イ．食堂までの段差 □あり ☑なし
- ウ．咀嚼の状況 ☑問題なし □問題あり
  → □噛みにくい □時々噛みにくい
  □とても噛みにくい
- エ．食事の内容
  ☑一般食 □糖尿食 K㌍
  □高血圧食 g □抗潰瘍食
  □その他（　　　　　　　　　）

＜その他排泄の状況（6-②2-5、2-6関係）＞

- ア．尿意
  ☑ある □ときどきある □ない
- イ．便意
  ☑ある □ときどきある □ない

食事

6-②2-1～ 2-4 関係	援助の現状 家族実施	サービス実施	希望	要援助 →計画
1)移乗介助				
2)移動介助				
3)摂取介助	◯			

【特記、解決すべき課題など】
食べることの認識ができないのかペースが合わず、口の中に詰め込んでしまうことがある。
誤嚥のリスクも高いことからリハビリ等専門的な指導を受けることで誤嚥のリスクを減らすことができる。

排泄等

6-②2-5～ 2-11 関係	援助の現状 家族実施	サービス実施	希望	要援助 →計画
1)準備・後始末	◯			
2)移乗移動介助	◯			✓
3)排尿介助	◯			✓
4)排便介助	◯			✓
5)口腔清潔介助	◯			
6)洗面介助	◯			
7)整容介助	◯			
8)更衣介助	◯			

【特記、解決すべき課題など】
トイレの場所が認識できず、トイレ以外の場所で排泄することがしばしばある。誘導方法などを介護者（家族）が知ることでトイレで排泄できる可能性がある。

外出

6-②2-12 関係	援助の現状 家族実施	サービス実施	希望	要援助 →計画
1)移送・外出介助	◯			

【特記、解決すべき課題など】
認知症状の進行により、ひとりで出かけることができない（出ていくことはできるが、戻ってくることができない）。
協力者等がいれば、通院以外でも自由に外に行くこともできる。

主 食

現状	計画
□普通食	☑普通食（やわらかめ）
□粥食	□粥食
□経口栄養	□経口栄養
□経管栄養	□経管栄養
□その他	□その他
（　　　）	（　　　）

副 食

現状	計画
□普通食	☑普通食
□刻み食	□刻み食
□ミキサー食	□ミキサー食
□その他	□その他
（　　　）	（　　　）

摂取介助

□見守りのみ	□見守り必要
□介助あり	□介助必要

排尿介助（2-5）

現状	計画
□見守りのみ	□見守り必要
☑介助あり（時々）	☑介助必要
□トイレ	□トイレ
□ポータブルトイレ	□ポータブルトイレ
□尿収器	□尿収器
□導尿	□導尿
□おむつ	□おむつ

排便介助（2-6）

現状	計画
□見守りのみ	□見守り必要
☑介助あり	☑介助必要
□トイレ	☑トイレ
□ポータブルトイレ	□ポータブルトイレ
□差し込み便器	□差し込み便器
□おむつ	□おむつ
□摘便	□摘便
□浣腸	□浣腸
□人工肛門	□人工肛門

6-③認知機能

要介護認定項目					
	3-1	意思の伝達	1	2 ③ 4	
	3-2	毎日の日課を理解する	1	②	
	3-3	生年月日や年齢を答える	1	②	
	3-4	面接調査の直前記憶	1	②	
	3-5	自分の名前を答える	1	②	
	3-6	今の季節を理解する	1	②	
	3-7	自分のいる場所を答える	1	②	
	3-8	徘徊	1	2 ③	
	3-9	外出すると戻れない（迷子）	1	2 ③	
	3-10	介護者の発言への反応	1	2 ③	

● 6-④精神・行動障害

要介護認定項目				
	4-1	被害妄想（物を盗られたなど）	① 2 3
	4-2	作話をする	① 2 3
	4-3	感情が不安定になる	① 2 3
	4-4	昼夜の逆転	1 2 ③
	4-5	しつこく同じ話をする	① 2 3
	4-6	大声を出す	1 2 ③
	4-7	介護に抵抗する	1 2 ③
	4-8	落ち着きがない（「家に帰る」等）	① 2 3
	4-9	外に出たがり目が離せない	1 2 ③
	4-10	ものを集める、無断でもってくる	① 2 3
	4-11	物を壊す、衣類を破く	1 2 ③
	4-12	ひどい物忘れ	1 2 ③
	4-13	独り言や独り笑い	① 2 3
	4-14	自分勝手な行動	1 2 ③
	4-15	話がまとまらない、会話にならない	① 2 3
	4-16	幻視・幻聴	① 2 3
	4-17	暴言・暴力	1 2 ③
	4-18	目的なく動き回る	1 2 ③
	4-19	火の始末・管理	① 2 3
	4-20	不潔行為	① 2 3
	4-21	異食行動	① 2 3

6-③認知機能、6-④精神・行動障害　全般

家族等からの情報と観察

1. 夜間の徘徊
   ・ほぼ毎日、深夜2時頃起きて、室内のカーテンをすべて開けて、家の外へ行ってしまう。
2. 昼間の徘徊
   ・歩いている途中で他人の家に入り込んでしまう⇒地域から苦情があがっている。

援助の現状

（家族）	（サービス）
夜間の場合は追いかけて、連れ戻している。（息子、孫が中心に）	現行サービス利用なし。

援助の希望（本人）

※失語あり。コミュニケーション手段が不明で本人の希望を聞き出すことができない。
（家族からの情報として）今までしてくれていたこと、時間がわからない様子。

援助の希望（家族）

介護疲れが増している。
自宅で介護することの限界かと思うところもあるが、何か支援を使い自宅で介護していきたい。

援助の計画

家族の意向は一貫して変わらない。
生活リズムをつくることで、介護負担が増えないことが想定される。

【特記、解決すべき課題など】
認知症の進行によりBPSDの出現が増大しているが、介護者の負担が少しでも減れば、自宅で介護を続けること、太郎さんが今までのような暮らしを続けることができる。

●6- ⑤社会生活（への適応）力

<table>
<tr><td rowspan="9">要
介
護
認
定
項
目</td><td>5-1</td><td>薬の内服</td><td>1 ②3</td></tr>
<tr><td>5-2</td><td>金銭の管理</td><td>1 2③</td></tr>
<tr><td>5-3</td><td>日常の意思決定</td><td>1 2 3 ④</td></tr>
<tr><td>5-4</td><td>集団への不適応</td><td>1 ②3</td></tr>
<tr><td>5-5</td><td>買い物</td><td>1 2 3 ④</td></tr>
<tr><td>5-6</td><td>簡単な調理</td><td>1 2 3 ④</td></tr>
<tr><td>5-7</td><td>電話の利用</td><td>1 ②3</td></tr>
<tr><td>5-8</td><td>日中の活動(生活)状況等</td><td>① 2 3</td></tr>
<tr><td>5-9</td><td>家族・居住環境、社会参加の状況などの変化</td><td>1 ②</td></tr>
</table>

→ 6-⑥医療・健康関係へ

6-⑤5-2、 5-5～5-6関係	援助の現状		希望	要援助 →計画
	家族実施	サービス実施		
1)金銭管理	○			
2)買い物	○			
3)調理	○			
4)準備・後始末	○			

6-⑤5-7～ 5-8関係	援助の現状		希望	要援助 →計画
	家族実施	サービス実施		
1)定期的な 相談・助言	○			
2)各種書類 作成代行	○			
3)余暇活動 支援	○			
4)移送・外出 介助	○			
5)代読・代筆	○			
6)話し相手	○			
7)安否確認	○			
8)緊急連絡手 段の確保	○			
9)家族連絡 の確保	○			
10)社会活動 への支援	○			

＜社会活動の状況（6-⑤5-8、5-9関係）＞

ア．家族等近親者との交流
　☑あり（　　　　　　　　　　　）　□なし
イ．地域近隣との交流
　□あり（うたのサークル　　　）　☑なし
ウ．友人知人との交流
　☑あり（本人宅への訪問・電話）　□なし

緊急連絡・ 見守りの方法	地域の協力 （徘徊ネットワーク）

【特記、解決すべき課題など】

認知症や失語症により現状、本人自ら交流することはできないが、今までの地域との関わりからみると、地域の協力を得られる可能性が高い。

相談機関（包括等）を活用し、地域の支え合いをつくることで交流の機会をつくることはできる。

〔全社協・在宅版ケアプラン作成方法検討委員会作成　無断転載禁止〕

要介護認定項目	処置内容	1. 点滴の管理
		2. 中心静脈栄養
		3. 透析
		4. ストーマ（人工肛門）の処置
		5. 酸素療法
		6. レスピレーター（人工呼吸器）
		7. 気管切開の処置
		8. 疼痛の看護
		9. 経管栄養
	特別な対応	10. モニター測定（血圧、心拍、酸素飽和度等）
		11. じょくそうの処置
		12. カテーテル（コンドームカテーテル、留置カテーテル、ウロストーマ等）

	援助の現状		希望	要援助→計画
	家族実施	サービス実施		
1) 測定・観察				
2) 薬剤の管理	○			
3) 薬剤の使用				
4) 受診・検査介助	○			
5) リハビリテーション			○	✓
6) 医療処置の管理				

現状	計画	具体的内容
□	□	バイタルサインのチェック
□	□	定期的な病状観察
✓	✓	内服薬
□	□	坐薬（緩下剤、解熱剤等）
□	□	眼・耳・鼻等の外用薬の使用等
□	□	温・冷あん法、湿布貼付等
□	□	注射
□	□	吸引
□	□	吸入
□	□	自己注射（インスリン療法）
□	□	経管栄養法
□	□	中心静脈栄養法
□	□	酸素療法
□	□	人工呼吸療法
□	□	気管カニューレ管理
□	□	自己導尿
□	□	自己腹膜灌流
□	□	膀胱留置カテーテル管理
□	□	人工肛門・人工膀胱管理
□	□	疼痛管理
□	□	褥瘡管理

【特記、生活上配慮すべき課題など】

下肢筋力低下により、つまずきが多くなり転倒のリスクが高い。
認識ができないとリハビリの効果は得られないという考え方もあるが、身体を動かす場面からつくっていくことで、下肢筋力低下予防につながる可能性はある。

介護に関する医師の意見（「主治医意見書」を転記）

(1) 移動
屋外歩行　　　　　　　　　　□自立　　✓介助があればしている　　□していない
車いすの使用　　　　　　　　✓用いていない　□主に自分で操作している　□主に他人が操作している
歩行補助具・装具の使用(複数選択可)　✓用いていない　□屋外で使用　　□屋内で使用

(2) 栄養・食生活
食事行為　　　　　　　　　　✓自立ないし何とか自分で食べられる　　□全面介助
現在の栄養状態　　　　　　　□良好　　　　　　　　　　□不良
→ 栄養・食生活上の留意点（　自分の好きなものしか食べない。水分が十分摂れていない。　　　　　　　）

(3) 現在あるかまたは今後発生の可能性の高い状態とその対処方針
□尿失禁　✓転倒・骨折　✓移動能力の低下　□褥瘡　✓心肺機能の低下　✓閉じこもり　✓意欲低下　✓徘徊
✓低栄養　□摂食・嚥下機能低下　✓脱水　□易感染性　□がん等による疼痛　□その他（　　　　）
　　→ 対処方針（　　　　　　　　　　　　　　　　　　　　　　　　　　　　　　　　　　　　）

(4) サービス利用による生活機能の維持・改善の見通し
✓期待できる　　　　　□期待できない　　　　　□不明

(5) 医学的管理の必要性（特に必要性の高いものには下線を引いて下さい。予防給付により提供されるサービスを含みます。）
□訪問診療　　　　　　　　□訪問看護　　　　　　□訪問歯科診療　　　✓訪問薬剤管理指導
□訪問リハビリテーション　✓短期入所療養介護　　□訪問歯科衛生指導　✓訪問栄養食事指導
✓通所リハビリテーション　□老人保健施設　　　　□介護医療院　　　　□その他の医療系サービス（　　　）
□特記すべき項目なし

(6) サービス提供時における医学的観点からの留意事項（該当するものを選択するとともに、具体的に記載）
✓血圧（　154/87　　　　）　□摂食（　　　　　　　　）　□嚥下（　　　　　　　　）
✓移動（　転倒に注意　　　）　✓運動（　負担のかからない運動　）　□その他（　　　　　　　　）
□特記すべき項目なし

(7) 感染症の有無（有の場合は具体的に記入して下さい。）
✓無　　□有（　　　　　　　　　　　　　　　　）　　□不明

7 全体のまとめ

1. 生活の意向の考え方

・失語症のため、本人から意向を聞き取ることができないため、主介護者である息子さんに意向を確認する

・今までの生活における家族との関わり、地域との関わりを勘案し、地域で暮らしていくことを望んでいると捉え、

　支援の検討をしていく

2. 自宅で介護をしていくための問題

・認知症の進行（BPSDの状態が家族で対応できる限界になる可能性がある）

・ADLの低下（精神的な介護のみならず、身体的な介護が増えると負担は増強する）

・地域との関係悪化（BPSDが地域との関係悪化につながる危険性がある）

・家族の介護負担感（意向は家族全員一致、妻の体調不良で意向が崩れる可能性がある）

3. 考えられる原因（要因）

・意思疎通が難しい（家族の不安や介護サービス利用時の混乱につながっている）

・BPSD（どのように進行するか予想がつかない）

・生活リズム（毎日が日替わり予定、流れにのれず、本人混乱している）

4. 問題を解決していくための課題（利用者及び家族の生活に対する意向を踏まえた課題分析の結果）

・意思疎通が少しでもできる方法が見つかること（家族・サービス事業者で協力）

・生活の流れができること（生活の流れを日替わりから習慣化へ）

・介護者の精神的負担が増えないこと（生活の流れをつくることで家族の休みが読める）

災害時の対応の必要性について ⇒有の場合	必要性の有無	(有)　　　無	個別避難計画策定の有無	有　(策定中)　無

災害時の連絡先 （家族以外／民生委員等）	（氏名）○○○○_____（本人との関係）民生委員 TEL. ○○○○-○○○○　　FAX. メール
備考	

権利擁護に関する対応の必要性について ⇒有の場合	必要性の有無	有　　　(無)

備考	

〔全社協・在宅版ケアプラン作成方法検討委員会作成　無断転載禁止〕

■1日のスケジュール

時刻	本人の生活リズム	①本人が自分でしていること ②したいと思っていること （興味、関心）	援助の現状 家族実施	援助の現状 サービス実施	要援助と判断される場合に✓計画した場合に○（確認）
0（深夜）					
1					
2					
3					
4					
5	（家族の生活の流れ）	※今までの生活の流れ ※店先の掃除			
6（早朝）	□				
7	△	本人が起きてくるのを待ちながら家族が食べ終わった頃（不規則）	朝食準備 声かけ誘導		
8					
9（午前）					
10					
11					
12	△		昼食準備		
13		① 準備をして声かけ誘導し食べる。			
14（午後）					
15					
16					
17					
18					
19（夜間）	△	① 準備をして声かけ誘導し食べる。	夕食準備		
20					
21	※☆ 息子さんが時間がある時	拒否が強く１～２回／月しか入れない。			
22					
23（深夜）					
24					

◎:排便　△:食事　□:起床
○:排尿　☆:入浴　■:就寝

〔全社協・在宅版ケアプラン作成方法検討委員会作成　無断転載禁止〕

7．課題の整理シート（アセスメントからケアプランへの展開）

1）《特記・解決すべき課題》の書き方

~のため、……である（なっている）。しかし、××をすることによって、○○ができる（可能）と思われる。

① 「~のため」　　　　　　　　　　⇒　原因
② 「……である」　　　　　　　　　⇒　現状
③ 「しかし、××をすることによって」⇒　方法
④ 「○○ができる」　　　　　　　　⇒　課題解決の可能性

例えば　認知症状があるため①、下肢筋力が低下してきている認識を持つことができない②。しかし、定期的にリハビリを行うことで身体機能が維持できれば、家族の介護負担を増やすことなく③ 自宅で介護を続けることができる④

> 原因：認知症状があるため①
> 現状：下肢筋力が低下してきている認識をもつことができない②。
> 方法：しかし、定期的にリハビリを行うことで身体機能が維持できれば、家族の介護負担を増やすことなく③
> 課題解決の可能性：自宅で介護を続けることができる④

2）《特記・解決すべき課題》のまとめに進むために以下のアルファベットを付けて整理する

A　6-①基本（身体機能・起居）動作　体位変換・起居（1-1、1-2 関係）
B　6-①基本（身体機能・起居）動作　入浴（1-10 関係）
C　コミュニケーションの状況・方法（6-①1-12、1-13 関係）
D　6-②生活機能（食事・排泄等）　　食事（2-1~2-4 関係）
E　6-②生活機能（食事・排泄等）　　排泄（2-5~2-11 関係）
F　6-②生活機能（食事・排泄等）　　外出（2-12 関係）
G　6-③認知機能、6-④精神・行動障害
H　6-⑤社会生活（への適応）力
I　6-⑥医療・健康関係

3）《特記・解決すべき課題》のまとめ　　上記1）の考え方に沿ってA）~I）を下記のように整理する

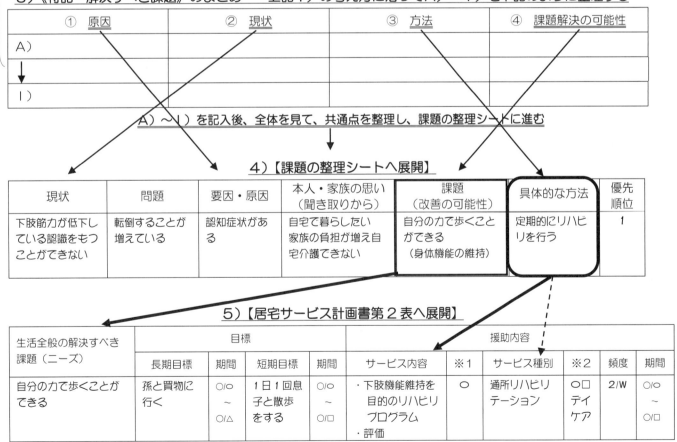

① 原因	② 現状	③ 方法	④ 課題解決の可能性
A）			
↓			
I）			

A）~I）を記入後、全体を見て、共通点を整理し、課題の整理シートに進む

4）【課題の整理シートへ展開】

現状	問題	要因・原因	本人・家族の思い（聞き取りから）	課題（改善の可能性）	具体的な方法	優先順位
下肢筋力が低下している認識をもつことができない	転倒することが増えている	認知症状がある	自宅で暮らしたい家族の負担が増え自宅介護できない	自分の力で歩くことができる（身体機能の維持）	定期的にリハビリを行う	1

5）【居宅サービス計画書第2表へ展開】

生活全般の解決すべき課題（ニーズ）	目標				援助内容				
	長期目標	期間	短期目標	期間	サービス内容	※1	サービス種別	※2	頻度	期間
自分の力で歩くことができる	孫と買物に行く	○/○ ~ ○/△	1日1回息子と散歩をする	○/○ ~ ○/□	・下肢機能維持を目的のリハビリプログラム・評価	○	通所リハビリテーション	○□ デイケア	2/W	○/○ ~ ○/□

203

8.《特記・解決すべき課題》のまとめ

① 原因	② 現状	③ 方法	④ 課題解決の可能性
A) 認知症の症状があるため	A) 下肢筋力低下を認識できない	A) 運動制限などはないことから適切なリハビリを受けることで	A) 身体機能を維持することができれば、家族の負担を増やすことなく自宅で生活できる
B) 入浴することの理解ができないのか	B) 拒否があり、十分な保清ができない	B) 定期的に入浴できることで、着替えもできき	B) 以前のように、こざっぱりとした生活を送れるようになる
C) 失語があるため	C) 意思疎通がほとんどできない	C) 言語以外で何らか意思を伝える方法があれば	C) 本人が伝えたいことを理解できる
D) 食べることの認識ができないのか	D) ペースが合わず口の中に詰め込んでしまうことがある。誤嚥のリスクも高いことから	D) リハビリ等、専門的な指導を受けることで	D) 誤嚥のリスクを減らすことができる
E) トイレの場所が認識できず	E) トイレ以外の場所で排泄することがしばしばある	E) 誘導方法などを介護者(家族)が知ることで	E) トイレで排泄できる可能性がある
F) 認知症状の進行により	F) ひとりで出かけることができない(出ていくことはできるが、戻ってくることはできない)	F) 協力者がいれば	F) 通院以外でも自由に外へ行くことができる
G) 認知症状の進行により	G) BPSDの出現が増大しているが	G) 介護者の負担が少しでも減れば	G) 自宅での介護を続けること、太郎さんが今までのような暮らしを続けることができる
H) 認知症状や失語症により	H) 現在、本人自ら交流することはできないが今までの地域の関わりからみると、地域の協力を得られる可能性が高い。	H) 相談機関(包括等)を活用し、地域の支え合いをつくることで	H) 交流の機会をつくることができる
I) 下肢筋力の低下により	I) つまずきが多くなり、転倒のリスクが高い	I) 認識ができないというリハビリの効果は得られないという考え方もあるが、体を動かす場面からつくっていくことで	I) 下肢筋力の低下予防につながる可能性は高い

9. 課題の整理

現　状	問　題	要因・原因	本人・家族の思い（聞き取りから）	課　題（改善の可能性）	具体的な方法	優先順位
・下肢筋力低下を認識できない ・拒否があり、十分な保清ができない	□認識できない ・トイレ以外の場所で排泄する	□認知症状があり ・認知症状の進行	① 親父がどう思っているかは言葉で聞くことができないので勝手な想像ですが、長年連れ添った母親に言わせると、夜中にカーテンを開けて、みんなを起こすのを、時間こそ違うけれど親父が今までしてきたことと、今まで通りのこと	A) 身体機能を維持することができされば家族の負担を増やすことなく自宅で生活できる	運動制限などはないことがら適切なリハビリを受ける	3
・意思疎通がほとんどできない	□失語があり □口に食べ物を詰め込んでしまう ・誤嚥	□失語があり ・意思疎通が難しい ・何を言いたいのかわからない	② もしかしたら筆を持たせたら字が書けるかな	B) 以前のように、こざっぱりした生活を送れるようになる	定期的に入治できることで着替えをできる	2
・トイレ以外の場所で排泄することがしばある ・ひとりで出かけることができない（出ていくことはできるが、戻ってくることはできない）	□拒否（介護） BPSD □下肢筋力低下 ・つまずき	□下肢筋力の低下 ・認識できない	③ 近所の人が声をかけてくれたり、親父自ら近所に出かけていくことはできないけど、昔から馴染みの人が来ると、親父はうれしそうな表情をする	C) 本人が伝えたいことが理解できる	言語以外で何らか意思を伝える方法をみつける	1
・BPSDの出現が増大している ・現在、本人自ら交流することはできないが、今までその地域の関わりからみると、地域の協力を得られる可能性が高い ・つまずきが多くなり、転倒のリスクが高い	□意思疎通ができない 本人ら交流することができない		④ 親父の生活スタイルというか時間の流れをつくってやりたい ⑤ 親父の時間の流れが日によって違っているのを直してやりたい ⑥ 混乱しているように見えるので、生活の流れをつくれたらいいな	204頁の「8.《特記・解決すべき課題》のまとめ ④課題解決の可能性」のうち、A)B)C)の部分だけを参考にして展開しています。<D)～I)は略>	204頁の「8.《特記・解決すべき課題》のまとめ ③方法」のうち、A)B)C)の部分だけを参考にして展開しています。<D)～I)は略>	

205

作成年月日 令和4年 7月12日

居宅サービス計画書（1）原案

認定済 ・ 申請中

利用者名　東　太郎　　　殿　　生年月日 昭和7年5月5日　住所　東京都西区北町3ー3

初回 ・ 紹介 ・ 継続

居宅サービス計画作成者氏名　山野　里子

居宅介護支援事業者・事業所名及び所在地　ケアプランセンター霞が関

居宅サービス計画作成（変更）　年　月　日　初回居宅サービス計画作成日　年　月　日

認定日　年　月　日　認定の有効期間　年　月　日 ～ 年　月　日

要介護状態区分	要介護 1 ・ 要介護 2 ・ 要介護 3 ・ 要介護 4 ・ 要介護 5
利用者及び家族の生活に対する意向を踏まえた課題分析の結果	（本人）認知症状が出てきたときからの生活を見ても今まで通りの暮らしと変わらない。家族のことを思いやる気持ちは変わらない。 （家族）いろいろ困ることが増えてきそうだけど本人の意向にそういいかがわからないが家族みんなで「どんな状態になっても自宅で介護していきたい」と思っている。家族の負担も心配なので自宅で介護していく方法を相談したい。家族、特に息子と受験や将来の話をする時間がほしい。 家族や地域との関わりの状況から「地域で暮らしていく」こと望む生活ととらえ、①意思疎通が少しでもできる方法が見つかること、②生活の流れができること、③介護者の精神的な負担が増えないこと、この3つが課題ととらえ、①②がかなうことにより、介護者がゆとりのある生活が送れることにつながる。
介護認定審査会の意見及びサービスの種類の指定	特段記載はない
総合的な援助の方針	意思疎通が難しいことから、ご本人が望んでいることをキャッチできない状態ですが、家族の力が十分発揮できるよう支援体制を組んでいきます。まずは今までの生活スタイルを思い出しながら1週間の生活の流れをつくります。意思疎通の方法は家族以外の方にチャレンジをお願いします。地域の方々の力を借りて、太郎さんの笑顔を広がる場をつくっていきます。家族や地域の中で暮らし続けていけるよう、1か月ごとの状況を確認しながら支援をすすめていきます。 今までの暮らしから、今後も徘徊等生命の危険性が高い行動が想定されていることから、地域の力を借りて見守り体制や家族を含む連絡体制をつくっていきます。 緊急連絡先：東　静子（長男の書）携帯：090-3030-0000
生活援助中心型の算定理由	1．一人暮らし　2．家族等が障害、疾病等　3．その他（　　　　　）

居宅サービス計画書（2）原案

作成年月日　令和4年　7月　12日

利用者名　　**東　太郎**　　殿

(注) 204頁の「8.《特記・解決すべき課題》のまとめ ④課題解決の可能性」および205頁の「9・課題の整理 課題（改善可能性）」の A) B) C) の部分だけを参考として展開しています。< D) ～ I) は略 >

生活全般の解決すべき課題（ニーズ）	目標				援助内容				
	長期目標	(期間)	短期目標	(期間)	サービス内容	※1	サービス種別	※2	頻度	期間
本人が伝えたいことが理解できる	言語以外で意思を伝える方法が見つかる	6か月	伝える方法を工夫してみる	3か月	・リハビリなど専門的な指導を受ける（ST） ・意思疎通の方法を検討（PT・OT・ST）	○	通所リハビリ	E デイケア	2／週	3か月
以前のように、さっぱりした生活を送れるようになる	定期的に入浴ができる	6か月	拒否なく入浴ができる	3か月	・入浴時のリハ（介助含） ・栄養（水分）状態の確認 ・着脱介助 ・声掛け誘導支援	○	通所リハビリ	E デイケア	2／週	3か月
身体機能を維持することができる	身体機能が維持できる	6か月	つまずきが減る	3か月	・日中・自宅以外の場で過ごす時間をつくる ・下肢機能評価 ・適切なリハビリプログラムの提供と実施・評価	○ ○	通所リハビリ	E デイケア	2／週	3か月
れば家族の負担なく自宅で生活できる					・家族から離れて生活する時間の提供（家族支援） 個別リハ・認知症ケア加算	○	短期入所療養介護	E 老健	木・金 (毎週)	3か月

※1 「保険給付の対象となるかどうかの区分」について、保険給付対象内サービスについては○印を付す。

※2 「当該サービス提供を行う事業所」について記入する。

207

週間サービス計画表原案

作成年月日　令和4年　7月12日
4年8月分より

利用者名　東　太郎　殿

時間		月	火	水	木	金	土	日	主な日常生活上の活動
0:00	深夜								
2:00									
4:00									
6:00	早朝								※店先の掃除（以前の習慣）
8:00									起床／朝食
10:00	午前	9:30~17:00 Eデイケア	家族と散歩	9:30~17:00 Eデイケア	家族と散歩	9:30~ E老健 短期入所 療養介護		家族と散歩	
12:00									昼食
14:00	午後			Eデイケア					
16:00							~17:00		
18:00	夜間	家族とご飯	武さん・国さんと家族とみんなで晩酌	家族とご飯	家族とご飯		夜の居場所に参加	家族とご飯	夕食
20:00									
22:00	深夜								入浴
24:00									就寝

週単位以外 のサービス	家族と散歩／通院／居場所づくりに参加

　ここに掲載する事例は、本ガイドラインのケアマネジメントの考え方とケアプラン
作成方法を理解していただくために、具体的な援助事例に基づいて作成したもので、
これらの事例が「標準例」ということではありません。
　また、なぜこのような居宅サービス計画を立案したかを理解していただくために、
アセスメントをかなり詳細に記述した結果、やや説明的なものになっていることは否
めませんが、事例を示した趣旨をご理解いただき、1つの記入例として参考にしてい
ただければ幸いです。

事例①

退院後にリハビリテーションと福祉用具を活用する事例

1 フェースシート

令和4 年 6 月 1 日相談受付 ｜ 訪問・電話・来所・その他( ) ｜ 初回相談受付者 I介護支援専門員

本人氏名	A		男・女	年齢	M T S	25 年 8 月 10日生れ(72歳)

住　所	〒　A市	☎ 携帯	

緊急連絡先	氏名 B		男・女	年齢(45歳)	本人との続柄(長女)
	住所 ○○		☎ 携帯	000-0000 000	

相談者	氏名 S		男・女	年齢(70歳)	本人との続柄(妻)
	住所 ○○		☎ 携帯	000-0000 000	

相談経路 (紹介者)	A病院Y氏(ソーシャルワーカー)からの依頼
居宅サービス計画 作成依頼の届出	届出年月日　令和4 年　5 月　30 日

■相談内容(主訴／本人・家族の希望・困っていることや不安、思い)

(本人) 右手足が動かないので自宅に帰ってからのことが心配。特にトイレで失敗しないか不安。退院できることはうれしいが大丈夫だろうか。

どうしてこんなことになってしまったのか、死んでしまえばよかったと思うこともあったが、少しずつ歩けるようになってきたので、歩く練習は続けていきたい。

(介護者・家族) (妻) 家に帰ってきてほしいけれど、膝の悪い私が夫の世話をすることができるかどうかわからない。どうやって夫の介護をすればよいかを教えてほしい。

(長女) パートの仕事をしているが、事前に計画できれば、実家は近いので手伝えると思う。早く良くなってほしい。

■これまでの生活の経過(主な生活史)

農業を営む両親の次男としてA市で出生。高校時代はテニス部に所属し体力には自信があった。高校を卒業後大手鉄道会社の事務員として勤務する。

25歳のとき職場の同僚であった妻(当時23歳)と結婚し二人の子ども(長男・長女)を育てる。妻は長女出産後専業主婦となる。平成22年、60歳で定年退職後は兄夫婦が営む農業を手伝ったり、時間の合間をみて図書館や温泉めぐりを妻とともに楽しんでいた。

平成25年頃、健康診断で高血圧を指摘され内服薬治療が開始されるが、元来健康には自信があり、症状もなかったため本人の判断で治療を中止していた。

介護保険	利用者負担割合	☑1割 □2割 □3割	後期高齢者医療 保険(75歳以上)	一部負担金 □1割負担 □2割負担 □3割負担
高額介護 サービス費該当	利用者負担	(□第5段階　□第4段階　☑第3段階　□第2段階　□第1段階)		
要介護認定	済 ➡ 非該当・要支援 1・2 要介護 1・②・3・4・5		認定日	R4年　5 月 15日
	未(見込み) ➡ 非該当・要支援 1・2 要介護 1・2・3・4・5			

身体障害者手帳	□有 ☑無	等　級	種	級	四肢体幹機能障害	交付日		年	月
療育手帳	□有 ☑無	程　度				交付日		年	月
精神障害者 保健福祉手帳	□有 ☑無	等　級		級		交付日		年	月
障害福祉サービス 受給者証の有無	□有 ☑無	自立支援医療 受給者証の有無	□有 ☑無	障害支援区分→( )					

日常生活自立度	障害高齢者	自立・J1・J2・A1・(A2)・B1・B2・C1・C2	判定者	主治医 (機関名 A病院)	判定日	R4年 5 月 1 日
	認知症	(自立)・I・IIa・IIb・IIIa・IIIb・IV・M		主治医 (機関名 A病院)		R4年 5 月 1 日

アセスメント実施日 ｜ (初回) R4 年 6 月 9 日 ｜ (更新) 年 月 日

〔全社協・在宅版ケアプラン作成方法検討委員会作成　無断転載禁止〕

2 家族状況とインフォーマルな支援の状況

■家族構成と介護状況

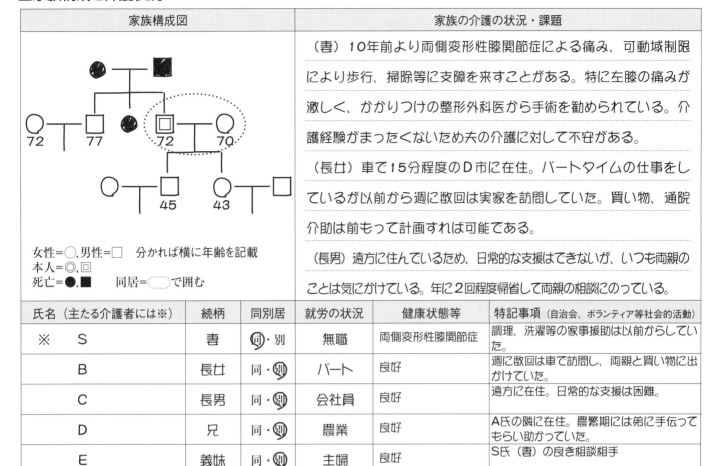

家族構成図	家族の介護の状況・課題
女性＝○, 男性＝□　分かれば横に年齢を記載 本人＝◎, ▣ 死亡＝●, ■　同居＝◯◯◯で囲む	（妻）10年前より両側変形性膝関節症による痛み、可動域制限により歩行、掃除等に支障を来すことがある。特に左膝の痛みが激しく、かかりつけの整形外科医から手術を勧められている。介護経験がまったくないため夫の介護に対して不安がある。 （長女）車で15分程度のD市に在住。パートタイムの仕事をしているが以前から週に数回は実家を訪問していた。買い物、通院介助は前もって計画すれば可能である。 （長男）遠方に住んでいるため、日常的な支援はできないが、いつも両親のことは気にかけている。年に2回程度帰省して両親の相談にのっている。

氏名 （主たる介護者には※）	続柄	同別居	就労の状況	健康状態等	特記事項 （自治会、ボランティア等社会的活動）
※　　S	妻	同・別	無職	両側変形性膝関節症	調理、洗濯等の家事援助は以前からしていた。
B	長女	同・別	パート	良好	週に数回は車で訪問し、両親と買い物に出かけていた。
C	長男	同・別	会社員	良好	遠方に在住。日常的な支援は困難。
D	兄	同・別	農業	良好	A氏の隣に在住。農繁期には弟に手伝ってもらい助かっていた。
E	義妹	同・別	主婦	良好	S氏（妻）の良き相談相手

■インフォーマルな支援活用状況 （親戚、近隣、友人、同僚、ボランティア、民生委員、自治会等の地域の団体等）

支援提供者	活用している支援内容	特記事項
友人	妻が車の運転ができないため、買い物や外出の際に支援してくれる	

本人が受けたい支援／今後必要になると思われる支援	支援提供者	特記事項
プチ介護教室 （妻に必要と思われる支援） 脳卒中の会 （本人に必要と思われる支援）	A市社会福祉協議会 NPO法人F	介護に対して不安があるため、介護教室を紹介する。 同じ障害のある方々と話ができる場を紹介する。

3 サービス利用状況

（　○年○ 月 ○ 日時点）

在宅利用 （認定調査を行った月のサービス利用回数を記入。（介護予防）福祉用具貸与は調査日時点の、特定（介護予防）福祉用具販売は過去6カ月の品目数を記載）

□訪問介護(ホームヘルプサービス)	月	回	□(介護予防)特定施設入居者生活介護	月	日	
□(介護予防)訪問型サービス	月	回	□看護小規模多機能型居宅介護	月	日	
□(介護予防)訪問入浴介護	月	回	□(介護予防)福祉用具貸与		品目	
□(介護予防)訪問看護	月	回	□特定(介護予防)福祉用具販売		品目	
□(介護予防)訪問リハビリテーション	月	回	□住宅改修	あり・なし		
□(介護予防)居宅療養管理指導	月	回	□夜間対応型訪問介護	月	日	
□通所介護(デイサービス)	月	回	□(介護予防)認知症対応型通所介護	月	日	
□(介護予防)通所型サービス	月	回	□(介護予防)小規模多機能型居宅介護	月	日	
□(介護予防)通所リハビリテーション(デイケア)	月	回	□(介護予防)認知症対応型共同生活介護	月	日	
□(介護予防)短期入所生活介護(特養等)	月	日	□定期巡回・随時対応型訪問介護看護	月	回	
□(介護予防)短期入所療養介護(老健・診療所)	月	日	□(介護予防)その他の生活支援サービス 　（名称：　　　　　　　　　）	月	回	

　〔全社協・在宅版ケアプラン作成方法検討委員会作成　無断転載禁止〕

□配食サービス	月 回	□生活支援員の訪問(日常生活自立支援事業)	月 回
□洗濯サービス	月 回	□ふれあい・いきいきサロン	月 回
□移動または外出支援	月 回	□市町村特別給付 [ ]	
□友愛訪問	月 回	□( )	月 回
□老人福祉センター	月 回	□( )	月 回
□老人憩いの家	月 回		
□ガイドヘルパー	月 回		
□身障／補装具・日常生活用具( )			

直近の入所・入院	□介護老人福祉施設 □介護老人保健施設 □介護医院(介護療養型医療施設) □認知症対応型共同生活介護適用施設(グループホーム) □特定施設入居者生活介護適用施設(ケアハウス等)	□医療機関(医療保険適用療養病床) ☑医療機関(療養病床以外) □その他の施設	施設・機関名　A病院 所在地　〒 000-0000 ○○○○○○○○○○ ☎ 000-000-0000

制度利用状況	年金	☑老齢関係→(厚生年金月1) □障害関係→( ) □遺族・寡婦→( )	健康保険	☑国保　　　　　　　□協会けんぽ(旧・政管健保) □組合健保　　　　　□日雇い □国公共済　　　　　□地方共済 □私立学校共済　　　□船員 □後期高齢者医療
	□恩給 □特別障害者手当 □生活保護 □生活福祉資金貸付 □高齢者住宅整備資金貸付 □日常生活自立支援事業 □成年後見制度⇨　□成年後見　□保佐　□補助 　　　　　　　　　成年後見人等( )			□労災保険→( ) その他 □( ) 　　　 □( ) 　　　 □( )

4 住居等の状況

☑1戸建て　　　　　□集合住宅	
賃貸・所有・社宅等・公営住宅・その他( )	

居室等の状況	ア. ☑専用居室あり　　　□専用居室なし イ. ☑1階　□2階　□その他( )階⇨エレベーター□有□無 ウ. □布団　☑ベッド⇨☑固定式　□ギャッチ　□電動 　　　　　□その他( ) エ. 陽あたり　☑良　□普通　□悪 オ. 暖房　☑あり　□なし　カ. 冷房　☑あり　□なし

トイレ	ア. ☑和式　　□洋式 　　□その他(据置式便器設置) イ. 手すり　□あり　☑なし ウ. トイレまでの段差　☑あり　□なし	室外	福祉機器 □使用している　☑使用していない ↓ 使用している場合 □車いす　□電動車いす □杖　□歩行器 □その他( )
浴室	ア. ☑自宅にあり　　□自宅になし イ. 手すり　□あり　☑なし ウ. 浴室までの段差　☑あり　□なし	室内	福祉機器 □使用している　☑使用していない ↓ 使用している場合 □車いす　□電動車いす □杖　□歩行器 □その他( )

移動手段

諸設備	調理器具 ☑ガス □IH	暖房器具 □ガス □電気 ☑灯油 □その他( )

【周辺環境・立地環境・その他住居に関する特記事項】

・玄関、室内に段差が多く、転倒のリスクが高い。

・退院前にPT、OTと相談し、住宅改修の検討が必要。

家屋(居室を含む)見取図　　※段差には▲を記入

〈住宅改修前〉
A様邸

道路

■トイレ開き戸

小壁・小便器有り

◆和式トイレ

浴槽

◆和式便器

浴室

脱衣所

廊下

台所

リビング

玄関

寝台

寝室

居室

和室

△室内段差25mm　　　　▲玄関上り框段差28mm

兄夫婦 宅

5 本人の健康状態・受診等の状況

既往歴・現症(必要に応じ「主治医意見書」を転記)	障害等の部位

※要介護状態に関係がある既往歴および現症

・高血圧症（Ｒ４年１月10日）

・脳梗塞後遺症による右片麻痺（Ｒ４年１月10日）

障害等の部位：
△障害部位　×欠損部位　●褥瘡部位
（正面）　（背面）

身　　長	168　cm	体　　重	70　kg
歯の状況	☑歯あり　□歯なし　□総入れ歯　□局部義歯 ⇨6-②生活機能(食事・排泄等)		

【特記事項】(病気やけが、障害等に関わる事項。改善の可能性等)

Ｒ４年１月10日夕食後突然右上肢の脱力感が出現したがそのまま様子をうかがっていた。翌朝、右上下肢の麻痺が出現したため、救急病院へ搬送。検査の結果脳梗塞と診断され保存的治療が開始された。３週間後、急性期の治療が終了しリハビリテーション目的にて自宅近くのＡ病院回復期リハビリテーション病棟に転院する。
リハビリテーションを実施後、四脚杖を利用しての歩行が見守りで可能となったため、退院に向けた支援が開始された。歩行が不安定なので転倒に注意が必要。
現在内服薬で血圧は安定（80～120mmHg）している。排便時のいきみによる血圧上昇を抑制するために緩下剤を服用。仮性球麻痺は認めないが口腔内の感覚障害があるため、誤嚥性肺炎に注意が必要。
主治医からの指導・助言事項。視力障害、聴力障害、麻痺、関節の動き、褥瘡、その他皮膚疾患(以上要介護認定項目)、外傷、内部障害、言語障害、動悸・息切れ、便秘、尿失禁、便失禁、摂食嚥下障害、口腔(炎症・痛み・出血・口臭・虫歯・不良義歯等)に留意のこと。

現在の受診状況(歯科含む)

病　　名	高血圧症			
薬の有無	☑有　□無	□有　□無	□有　□無	□有　□無
受診状況 発症時期 ※主治医意見書を参考に記入	Ｒ４年１月10日			
受診状況 受診頻度	☑定期(週・月　1回) □不定期	□定期(週・月　回) □不定期	□定期(週・月　回) □不定期	□定期(週・月　回) □不定期
受診状況 受診状況	☑通院　□往診	□通院　□往診	□通院　□往診	□通院　□往診
受診病院 医療機関	Ａ病院			
受診病院 診療科	内科			
受診病院 主治医				
受診病院 連絡先	☎	☎	☎	☎
受診方法 留意点等	現在は入院中。 退院後は長女が送迎予定。			
往診可能な医療機関	□無 ☑有（○○内科　　　　　　　　　　　　　　）☎			
緊急入院できる医療機関	□無 ☑有（×××病院　　　　　　　　　　　　　　）☎			
相談、処方を受けている薬局 (かかりつけ薬局)	☑無 □有（　　　　　　　　　　　　　　　　　　）☎			

【特記、生活上配慮すべき課題など】

・血圧を管理することにより脳梗塞再発を予防する。
・尿便意があるが、緩下剤内服の調節が上手にできていないため便失禁が週に数回あり。
・誤嚥性肺炎を予防する。

〔全社協・在宅版ケアプラン作成方法検討委員会作成　無断転載禁止〕

6 本人の基本動作等の状況と援助内容の詳細

現在、家族が実施して
いる場合は○
時々実施の場合は△

現在、在宅サービス等で実施している
場合○

本人・家族がサービス実施を希望する
場合○

要援助と判断される場合に✓
計画した場合に○(確認)

●6-①基本(身体機能・起居)動作

要介護認定項目				
	1-1	麻痺等(複数可)	1	2 ③ 4 ⑤ 6
	1-2	拘縮(複数可)	1	② ③ ④ 5
	1-3	寝返り	1	② 3
	1-4	起き上がり	1	② 3
	1-5	座位保持	1	② 3 4
	1-6	両足での立位保持	1	2 ③
	1-7	歩行	1	② 3
	1-8	立ち上がり	1	② 3
	1-9	片足での立位保持	1	2 ③
	1-10	洗身	1	2 ③ 4
	1-11	つめ切り	1	2 ③
	1-12	視力	①	2 3 4 5
	1-13	聴力	①	2 3 4 5
	1-14	関節の動き(複数可)	1	② ③ ④ ⑤ ⑥ ⑦

体位変換・起居

6-①1-1、1-2関係	援助の現状		希望	要援助→計画
	家族実施	サービス実施		
1)体位変換介助				
2)起居介助			○	✓

リハビリの必要性
- ☑ あり→P9
- □ なし

6-①基本(身体機能・起居)動作(1-10、1-12、1-13は別記)

【特記、解決すべき課題など】
(入院中の状況)
寝返り:ベッド柵につかまって左側臥位になる。
起き上がり:1人でベッド上端座位になれる。
座位:ベッド柵につかまれば座位保持可能。長座位はできない。
歩行:短下肢装具、四脚杖を利用すれば見守りにて10メートル
　　　程度歩行できる能力はあるが、病棟内では車いすを自走。

退院に向けた支援:リハビリ、福祉用具の活用

入浴

6-①1-10関係	援助の現状		希望	要援助→計画
	家族実施	サービス実施		
1)準備・後始末			○	✓
2)移乗移動介助			○	✓
3)洗身介助			○	✓
4)洗髪介助			○	✓
5)清拭・部分浴				
6)褥瘡・皮膚疾患の対応				

2)移乗移動介助
現状	計画
☑ 見守りのみ	☑ 見守り必要
□ 介助あり	□ 介助必要

3)洗身介助
現状	計画
□ 見守りのみ	□ 見守り必要
☑ 介助あり	☑ 介助必要

【特記、解決すべき課題など】
(入院中の状況)
移乗:40cmの高さであれば、見守りにてシャワーいす⇔車いす
　　　へ移乗している。
準備:前開きのシャツであれば時間を要するが1人で着脱可能。
　　　下着の上げ下ろしは見守りにて可能。
洗身:前のみ可能であるが、その他は介助されている状況。

＊浴槽の出入りが困難なため入院中はシャワー浴のみで介助されている状況。

【特記、解決すべき課題など】

特に課題はない

＜コミュニケーションの状況・方法(6-①1-12、1-13関係)＞
ア.視聴覚
　□眼鏡使用　□コンタクト使用　□補聴器使用
イ.電話
　☑あり　□なし
ウ.言語障害
　□あり(　　　　　)　☑なし
エ.コミュニケーション支援機器の使用
　□あり(　　　　　)　☑なし

〔全社協・在宅版ケアプラン作成方法検討委員会作成　無断転載禁止〕

6-②生活機能（食事・排泄等）

要介護認定項目

2-1 移乗	1 ② 3 4
2-2 移動	1 ② 3 4
2-3 えん下	① 2 3
2-4 食事摂取	① 2 3 4
2-5 排尿	1 2 ③ 4
2-6 排便	1 2 ③ 4
2-7 口腔清潔	1 ② 3
2-8 洗顔	1 ② 3
2-9 整髪	1 ② 3
2-10 上衣の着脱	1 ② 3 4
2-11 ズボン等の着脱	1 ② 3 4
2-12 外出頻度	1 2 ③
2-13 飲水摂取	① 2 3 4

＜その他食事の現状（6-②2-4関係）＞

ア．食事場所 ☑食堂 □居室ベッド上
　　　□布団上 □その他居室内
　　　□その他（　　　　　　　　　）
イ．食堂までの段差 □あり ☑なし
ウ．咀嚼の状況 ☑問題なし □問題あり
　→ □噛みにくい □時々噛みにくい
　　　□とても噛みにくい
エ．食事の内容
　　　□一般食 □糖尿食 Ｋカロ
　　☑高血圧食 g □抗潰瘍食
　　　□その他（　　　　　　　　　）

＜その他排泄の状況（6-②2-5、2-6関係）＞

ア．尿意
　☑ある □ときどきある □ない
イ．便意
　☑ある □ときどきある □ない

食事

6-②2-1〜2-4 関係	援助の現状 家族実施	援助の現状 サービス実施	希望	要援助→計画
1)移乗介助			○	☑
2)移動介助			○	☑
3)摂取介助				

【特記、解決すべき課題など】
（入院中の状況）
移乗：ベッド⇔車いす移乗はコールにて看護師が見守りで実施中。移動バーがあれば転倒の危険性は少ない。

移動：（屋内移動）病棟内は車いすを自走して移動。

高血圧食は味が薄いため、書にふりかけを持って来てもらうことがある。（病棟看護師より）

排泄等

6-②2-5〜2-11 関係	援助の現状 家族実施	援助の現状 サービス実施	希望	要援助→計画
1)準備・後始末			○	√
2)移乗移動介助			○	☑
3)排尿介助			○	☑
4)排便介助			○	☑
5)口腔清潔介助			○	☑
6)洗面介助			○	√
7)整容介助			○	√
8)更衣介助			○	☑

【特記、解決すべき課題など】
排泄：昼は身体障害者用トイレへ車いすで移動、夜間はポータブルトイレを声かけ、見守りにて利用している。
準備、後始末、移乗は時間を要するが見守りにて実施している状況。
口腔清拭：食物残渣物があるため、口腔内ケアを病棟スタッフが実施。

外出

6-②2-12 関係	援助の現状 家族実施	援助の現状 サービス実施	希望	要援助→計画
1)移送・外出介助			○	☑

【特記、解決すべき課題など】
図書館に行って、歴史小説を読破したいので、車の運転を頼みたい。

主 食

現状	計画
☑普通食	☑普通食（やわらかめ）
□粥食	□粥食
□経口栄養	□経口栄養
□経管栄養	□経管栄養
□その他	□その他
（　　　　　）	（　　　　　）

副 食

現状	計画
☑普通食	☑普通食
□刻み食	□刻み食
□ミキサー食	□ミキサー食
□その他	□その他
（　　　）	（　　　）

摂取介助

□見守りのみ	□見守り必要
□介助あり	□介助必要

排尿介助 （2-5）

現状	計画
☑見守りのみ	☑見守り必要
□介助あり	□介助必要
□トイレ	□トイレ
☑ポータブルトイレ	☑ポータブルトイレ
□尿収器	□尿収器
□導尿	□導尿
□おむつ	□おむつ

排便介助 （2-6）

現状	計画
☑見守りのみ	☑見守り必要
□介助あり	□介助必要
□トイレ	□トイレ
☑ポータブルトイレ	☑ポータブルトイレ
□差し込み便器	□差し込み便器
□おむつ	□おむつ
□摘便	□摘便
□浣腸	□浣腸
□人工肛門	□人工肛門

〔全社協・在宅版ケアプラン作成方法検討委員会作成　無断転載禁止〕

6- ③認知機能

要介護認定項目	3-1	意思の伝達	①2 3 4
	3-2	毎日の日課を理解する	①2
	3-3	生年月日や年齢を答える	①2
	3-4	面接調査の直前記憶	①2
	3-5	自分の名前を答える	①2
	3-6	今の季節を理解する	①2
	3-7	自分のいる場所を答える	①2
	3-8	徘徊	①2 3
	3-9	外出すると戻れない（迷子）	①2 3
	3-10	介護者の発言への反応	①2 3

●6- ④精神・行動障害

要介護認定項目	4-1	被害妄想（物を盗られたなど）	①2 3
	4-2	作話をする	①2 3
	4-3	感情が不安定になる	①2 3
	4-4	昼夜の逆転	①2 3
	4-5	しつこく同じ話をする	①2 3
	4-6	大声を出す	①2 3
	4-7	介護に抵抗する	①2 3
	4-8	落ち着きがない（「家に帰る」等）	①2 3
	4-9	外に出たがり目が離せない	①2 3
	4-10	ものを集める、無断でもってくる	①2 3
	4-11	物を壊す、衣類を破く	①2 3
	4-12	ひどい物忘れ	①2 3
	4-13	独り言や独り笑い	①2 3
	4-14	自分勝手な行動	①2 3
	4-15	話がまとまらない、会話にならない	①2 3
	4-16	幻視・幻聴	①2 3
	4-17	暴言・暴力	①2 3
	4-18	目的なく動き回る	①2 3
	4-19	火の始末・管理	①2 3
	4-20	不潔行為	①2 3
	4-21	異食行動	①2 3

6- ③認知機能、6- ④精神・行動障害　全般

家族等からの情報と観察

なし

援助の現状

（家族）	（サービス）
なし	なし

援助の希望（本人）

なし

援助の希望（家族）

なし

援助の計画

なし

【特記、解決すべき課題など】

なし

〔全社協・在宅版ケアプラン作成方法検討委員会作成　無断転載禁止〕

●6- ⑤社会生活（への適応）力

要介護認定項目		
5-1	薬の内服	1 ②3
5-2	金銭の管理	①2 3
5-3	日常の意思決定	①2 3 4
5-4	集団への不適応	①2 3
5-5	買い物	1 2 3 ④
5-6	簡単な調理	1 2 3 ④
5-7	電話の利用	①2 3
5-8	日中の活動(生活)状況等	1 2 ③
5-9	家族・居住環境、社会参加の状況などの変化	1 ②

→6-⑥医療・健康関係へ

6-⑤5-2、5-5～5-6関係	援助の現状		希望	要援助→計画
	家族実施	サービス実施		
1)金銭管理				
2)買い物	○			
3)調理	○			
4)準備・後始末				

6-⑤5-7～5-8関係	援助の現状		希望	要援助→計画
	家族実施	サービス実施		
1)定期的な相談・助言				
2)各種書類作成代行	○			
3)余暇活動支援				
4)移送・外出介助				
5)代読・代筆				
6)話し相手				
7)安否確認				
8)緊急連絡手段の確保				
9)家族連絡の確保				
10)社会活動への支援				

＜社会活動の状況（6-⑤5-8、5-9関係）＞

ア．家族等近親者との交流
　☑あり（ 兄が営む農業の手伝い ）　□なし

イ．地域近隣との交流
　□あり（ 　　　　　　　　　 ）　☑なし

ウ．友人知人との交流
　☑あり（ 高校の同窓会役員 ）　□なし

緊急連絡・見守りの方法	長女に電話連絡

【特記、解決すべき課題など】

調理、掃除、買い物、洗濯は発症前より妻が実施。
服薬管理は入院中にて看護師が管理しているが、自分で管理できる能力はある（病棟看護師より聴取）。

妻、長女はほぼ毎日来院。兄夫婦は週に1回程度来院。
友人や元職場の後輩、同僚の面会あり。

〔全社協・在宅版ケアプラン作成方法検討委員会作成　無断転載禁止〕

●6-⑥ 医療・健康関係

※計画をする際には主治医の意見を求める場合あり

要介護認定項目		
処置内容	1. 点滴の管理	
	2. 中心静脈栄養	
	3. 透析	
	4. ストーマ（人工肛門）の処置	
	5. 酸素療法	
	6. レスピレーター（人工呼吸器）	
	7. 気管切開の処置	
	8. 疼痛の看護	
	9. 経管栄養	
特別な対応	10. モニター測定（血圧、心拍、酸素飽和度等）	
	11. じょくそうの処置	
	12. カテーテル（コンドームカテーテル、留置カテーテル、ウロストーマ等）	

	援助の現状		希望	要援助→計画
	家族実施	サービス実施		
1）測定・観察			○	✓
2）薬剤の管理			○	✓
3）薬剤の使用				
4）受診・検査介助			○	✓
5）リハビリテーション			○	✓
6）医療処置の管理			○	

【特記、生活上配慮すべき課題など】

　現在入院中。病院にて観察・薬剤管理・診療・リハビリ・医療処置が実施されている。

現状	計画	具体的内容
✓	✓	バイタルサインのチェック
✓	✓	定期的な病状観察
✓	✓	内服薬
✓	✓	坐薬（緩下剤、解熱剤等）
☐	☐	眼・耳・鼻等の外用薬の使用等
☐	☐	温・冷あん法、湿布貼付等
☐	☐	注射
☐	☐	吸引
☐	☐	吸入
☐	☐	自己注射（インスリン療法）
☐	☐	経管栄養法
☐	☐	中心静脈栄養法
☐	☐	酸素療法
☐	☐	人工呼吸療法
☐	☐	気管カニューレ管理
☐	☐	自己導尿
☐	☐	自己腹膜灌流
☐	☐	膀胱留置カテーテル管理
☐	☐	人工肛門・人工膀胱管理
☐	☐	疼痛管理
☐	☐	褥瘡管理

介護に関する医師の意見（「主治医意見書」を転記）

（1）移動
屋外歩行　　☐自立　　☐介助があればしている　　✓していない
車いすの使用　　☐用いていない　　✓主に自分で操作している　　☐主に他人が操作している
歩行補助具・装具の使用（複数選択可）　　☐用いていない　　☐屋外で使用　　✓屋内で使用

（2）栄養・食生活
食事行為　　✓自立ないし何とか自分で食べられる　　☐全面介助
現在の栄養状態　　✓良好　　☐不良
　→　栄養・食生活上の留意点（　　　　　　　　　　　　　　　）

（3）現在あるかまたは今後発生の可能性の高い状態とその対処方針
✓尿失禁　✓転倒・骨折　✓移動能力の低下　☐褥瘡　☐心肺機能の低下　☐閉じこもり　✓意欲低下　☐徘徊
☐低栄養　✓摂食・嚥下機能低下　☐脱水　☐易感染性　☐がん等による疼痛　☐その他（　　　　　）
　→　対処方針（　　　　　　　　　　　　　　　　　　　　　）

（4）サービス利用による生活機能の維持・改善の見通し
✓期待できる　　☐期待できない　　☐不明

（5）医学的管理の必要性（特に必要性の高いものには下線を引いて下さい。予防給付により提供されるサービスを含みます。）
☐訪問診療　　☐訪問看護　　☐訪問歯科診療　　☐訪問薬剤管理指導
✓訪問リハビリテーション　　☐短期入所療養介護　　☐訪問歯科衛生指導　　☐訪問栄養食事指導
✓通所リハビリテーション　　☐老人保健施設　　☐介護医療院　　☐その他の医療系サービス（　　　）
☐特記すべき項目なし

（6）サービス提供時における医学的観点からの留意事項（該当するものを選択するとともに、具体的に記載）
✓血圧（　要血圧管理　　　）　☐摂食（　　　　　　）　✓嚥下（　誤嚥性肺炎に注意　）
☐移動（　　　　　　）　✓運動（　転倒に注意　）　☐その他（　　　　　）
☐特記すべき項目なし

（7）感染症の有無（有の場合は具体的に記入して下さい。）
✓無　　☐有（　　　　　　　　）　　☐不明

〔全社協・在宅版ケアプラン作成方法検討委員会作成　無断転載禁止〕

7 全体のまとめ

身体面
（高血圧症）
現在、内服薬で血圧は安定している。脳梗塞発症前は高血圧症に対する病識がなく自己判断にて治療を中断していた。血圧管理の必要性について主治医や病院スタッフから指導を受けているが、高血圧食を嫌い内服に関しても関心が薄く、血圧管理の必要性が十分に理解できていないと思われた。血圧の管理をすることで脳梗塞の再発を予防することが重要である。

（排泄障害）
排便時のいきみによる血圧上昇を抑制するために、緩下剤を服用している。その調節が十分にできていないため尿便意があるにもかかわらず、機能的便失禁が週に数回あり、本人は退院後、排泄の失敗を心配している。

（運動・感覚障害・嚥下障害）
右片まひ、右肩関節、右足関節の可動域制限により歩行、排泄、入浴等のADLに支障を来している状況であるが、装具や杖、手すり、左上下肢の残存機能を活用することで今後も活動性が改善する可能性が十分ある。
右片まひにより座位、立位バランスが安定しないため転倒に注意する必要がある。
嚥下困難によるムセや口腔内に残渣物があるため、誤嚥性肺炎の予防が必要。

精神面・社会面
突然の片まひに対する苛立ちがある。「死ねばよかった」との発言が以前あったとのこと。精神的に不安定な状況から歩行ができるようになるとともに落ち着きを取り戻し、機能訓練に対する意欲がわいてきた。しかし、退院の準備をすすめていくにあたり、排泄の失敗や膝が悪い妻の介護力など、片まひとなって今まで経験したことがない自宅での生活を想像すればするほど不安が増している様子が伺える。
退院までに身体障害者手帳を申請する予定となっている。

環境面
自宅は平屋3LDKの持ち家。最寄の駅までの公共交通機関はなく、妻は運転免許証を所有しておらず、もっぱら本人が自家用車を運転し外出していた。自宅敷地内に駐車場あり。
玄関、廊下、浴室、トイレに段差がある。手すりの設置はしていない。
浴槽は半埋め込み式、トイレは和式便器。ポータブルトイレや昇降機等の福祉用具を設置するスペースを確保することは可能。居室内の動線を変更する検討の必要性があるため、今後退院前訪問に同行し自宅の住環境を確認する予定。

総括
脳梗塞を発症し右片まひが後遺症となった。本人は退院にあたり、排泄の失敗に対する不安でいっぱいな状況。
自宅で自立した日常生活を送るための阻害因子として、右片まひと自宅の住環境があげられる。自宅の住環境はバリアフリーの病院とは異なるために移動、排泄、入浴に支障を来す。しかし、住環境の整備と残存機能を活用したリハビリテーションを続けることにより、生活機能が改善されることが見込まれる。まずは排泄や屋外への移動に関するトイレや玄関の住宅改修を行う。次に今後さらに改善が見込まれる入浴の活動性の向上に沿って浴室の住宅改修を予定する。
また、介護経験が薄い主介護者である妻の介護に対するストレスにも注意しながら支援をすることが求められる。

災害時の対応の必要性について ⇒有の場合	必要性の有無	㊲	無	個別避難計画策定の有無	有　策定中　㊻

災害時の連絡先 （家族以外／民生委員等）	（氏名）　　　　F氏　　　　　　　（本人との関係）民生委員 TEL.　000-0000　　　　　　FAX. メール
備考	

権利擁護に関する対応の必要性について ⇒有の場合	必要性の有無	有	㊻

備考	

〔全社協・在宅版ケアプラン作成方法検討委員会作成　無断転載禁止〕

■1日のスケジュール（入院中のもの）

本人の生活リズム	①本人が自分でしていること ②したいと思っていること （興味、関心）	援助の現状		要援助と判断される場合に✔計画した場合に○（確認）
		家族実施	サービス実施	

時刻軸（0〜24時）

- （深夜）
- 3〜4時 ○：① ナースコール、起き上がり ポータブルトイレ移乗　／　移乗見守り　／　✓
- 5時：① ベッド上寝返り、起き上がり
- （早朝）
- 6時 □：① ナースコール、起き上がり ポータブルトイレ移乗 食事動作　／　移乗見守り 洗顔、更衣介助　／　✓ ✓
- 7時 ○：
- 7時半 △：① 口腔清潔介助 服薬管理 測定、観察　／　✓ ✓
- （午前）
- 9時：① ナースコール、起き上がり 車いす駆動、便器移乗
- 10時 ○ ◎：前のみ洗身　／　機能訓練 移乗見守り　／　✓ ✓
- 11時 ☆：① 食事動作 便器移乗　車いす駆動　／　衣服の洗濯 生活必需品買い物　／　準備、後始末 洗身、洗髪 口腔清潔介助 服薬管理 移乗見守り　／　✓ ✓ ✓ ✓ ✓
- 12時 △：
- 12時半 ○：
- （午後）
- 14時：① 便器移乗　車いす駆動　／　回診 機能訓練 移乗見守り　／　✓ ✓
- 15時 ○：
- 17時：① 食事動作 便器移乗　車いす駆動
- 18時 △：口腔清潔介助 服薬管理 移乗見守り　／　✓ ✓ ✓
- 18時半 ○：
- （夜間）
- 20時：① 起き上がり ポータブルトイレ移乗
- 21時 ○：移乗見守り 整容、更衣介助　／　✓ ✓
- 21時半 ■（就寝）
- （深夜）

◎:排便　　△:食事　　□:起床
○:排尿　　☆:入浴　　■:就寝

220

居宅サービス計画書（1）

作成 令和4年 6月30日　　第1表

利用者名　A　　殿	生年月日 昭和25 年 8 月 10 日　　住 所 〇〇〇〇

居宅サービス計画作成者氏名　工介護支援専門員

居宅介護支援事業者・事業所名及び所在地

居宅サービス計画作成（変更）日　　　年　　月　　日　　初回居宅サービス計画作成日　R4 年 6 月 30 日

認定日　R4年 5 月 15 日　　認定の有効期間　R4 年 5 月 1 日 ～ R5 年 6 月 1 日

要介護状態区分	要介護1 ・ 要介護2 ・ 要介護3 ・ 要介護4 ・ 要介護5

利用者及び家族の生活に対する意向を踏まえた課題分析の結果	（本人）退院できることはうれしいけれど、トイレで失敗をしないか不安。今後は何でも一人でできるようになりたい。落ち着いたら、図書館に歴史の書を読みに行きたい。 （妻）家に帰ってきてほしいが、膝が悪いので夫の介護ができるかどうか心配。以前のように自宅で夫とともに暮らしたい。 脳梗塞後遺症により排泄、歩行、入浴などに支障を来しています。自宅の生活環境を整え、残された機能を活用することで、一人でできる日常生活動作を獲得する可能性は十分あります。退院後もリハビリテーションを続けることが必要です。慣れない介護に対する、奥さんの介護負担にも注意していきます。

介護認定審査会の意見及びサービスの種類の指定	

総合的な援助の方針	脳梗塞を発症して自宅へ帰ることになりました。ご夫婦ともに心配でしょう。 まずは、Aさんが心配している排泄について、福祉用具（ポータブルトイレ）、住宅改修（手すり、洋式便器、引き戸へ変更）、訪問リハビリ、通所リハビリを活用することにより自宅で倒れなく安心して排泄ができるよう支援します。 残された機能を活用することにより、歩行や入浴などの日常生活動作が改善する可能性が十分あるので、自宅や通所で生活期のリハビリを継続します。 通院により病気の管理を継続し、脳梗塞の再発予防と健康管理を行いましょう。 緊急連絡先　A病院主治医〇〇-〇〇　　B氏（長女）〇〇-〇〇

生活援助中心型の算定理由	1. 一人暮らし　　2. 家族等が障害、疾病等　　3. その他（　　　　　）

221

居宅サービス計画書(2)

作成　令和4年　6月30日

利用者名　　A　　殿

生活全般の解決すべき課題(ニーズ)	目標				援助内容					
	長期目標	(期間)	短期目標	(期間)	サービス内容	※1	サービス種別	※2	頻度	期間
失敗せずに一人でトイレで排泄したい	外出先でも一人でトイレに行けるようになる	R4 7/1~ R4 12/31	自宅のトイレで排泄できるようになる	R4 7/1~ R4 9/30	排泄訓練、タッチアップ等福祉用具選定、住宅改修検討、自宅内動線検討	○	訪問リハビリテーション	A病院	週2回	R4.7/1~R4.9/30
					購入	○	特定福祉用具購入	D事業所	適宜	R4.7/1~R4.9/30
					歩行、排泄訓練	○	通所リハビリテーション	A病院	週3回	R4.7/1~R4.9/30
					洋式便器に交換、手すり設置	○	住宅改修	D事業所	適宜	R4.7/1~R4.9/30
					起居、移乗、排泄見守り		妻	D事業所	毎日	R4.7/1~R4.9/30
一人で歩けるようになりたい	自宅周辺を散歩することができるようになる	R4 7/1~ R4 12/31	自宅内を歩いて移動することができる	R4 7/1~ R4 9/30	起立、歩行、バランス訓練、装具チェック、福祉用具選定	○	訪問リハビリテーション	A病院	週2回	R4.7/1~R4.9/30
					起立、歩行、バランス訓練、身体的機能訓練、装具チェック	○	通所リハビリテーション	A病院	週3回	R4.7/1~R4.9/30
					電動ベッド、ベッド付属品、スライディングバー、介助バー	○	福祉用具貸与	D事業所	適宜	R4.7/1~R4.9/30
					玄関手すり設置、玄関台設置による段差解消	○	住宅改修	D事業所	適宜	R4.7/1~R4.9/30
健康に過ごしたい	健康維持ができ、脳梗塞の再発を予防する	R4 7/1~ R4 12/31	確実に受診をすることにより血圧を管理することができる	R4 7/1~ R4 9/30	体調、服薬等医学的管理	○	受診	A病院	月2回	R4.7/1~R4.9/30
					病院送迎、移乗見守り		長女		月2回	R4.7/1~R4.9/30
					バイタルチェック	○	通所リハビリテーション	A病院	週3回	R4.7/1~R4.9/30
					服薬管理、口腔ケア		本人、妻		毎日	R4.7/1~R4.9/30
風呂好きなので毎日お風呂に入りたい	自宅で入浴できるようになる	R4 7/1~ R4 12/31	週3回入浴することができる	R4 7/1~ R4 9/30	入浴、更衣訓練	○	訪問リハビリテーション	A病院	週3回	R4.7/1~R4.9/30
					洗身、洗髪、入浴準備					
できるだけ人に迷惑をかけずに自宅で暮らしたい	妻が介護に慣れて自宅で夫とともに生活することができる	R4 7/1~ R4 12/31	妻が余裕をもって介護することができる	R4 7/1~ R4 9/30	介護教室参加		介護教室	A市社会福祉協議会	月2回	R4.7/1~R4.9/30
					妻のストレスチェック		長女		適宜	R4.7/1~R4.9/30
					介護方法の相談・指導	○	介護支援専門員/ 訪問リハビリテーション	A居宅介護支援事業所 A病院	適宜	R4.7/1~R4.9/30

※1「保険給付対象かどうかの区分」について、保険給付対象のサービスについては○印を付す。
※2「当該サービス提供を行う事業所」について記入する。

週間サービス計画表

利用者名　　A　　　　　殿

時間		月	火	水	木	金	土	日	主な日常生活上の活動
0:00	深夜								
2:00									
4:00									排泄（書見守り）
6:00	早朝								起床　排泄
									朝食
8:00	午前	通所リハビリ	長女訪問	通所リハビリ		通所リハビリ	長女訪問		
10:00		↕		↕		↕			排泄
12:00									昼食　排泄
14:00	午後		訪問リハビリ				訪問リハビリ		
16:00									排泄
18:00									
20:00	夜間								夕食　排泄
22:00	深夜								就寝　排泄
24:00									

週単位以外
のサービス

通院（月2回）　福祉用具貸与（電動ベッド・ベッド柵・スイングアーム介助バー）　特定福祉用具購入（ポータブルトイレ）

住宅改修（洋式便器設置・トイレ手すり設置・トイレ引き戸取替え・玄関台段差解消・廊下手すり設置）

事例②

看取りのために退院した事例

1 フェースシート

令和4 年 3 月 2 日相談受付 | (訪問)・電話・来所・その他( ) | 初回相談受付者 J介護支援専門員

本人氏名	A	男・(女)	年齢	M・T・(S) 9 年 ○月 ○日生れ (102歳)

住　所	〒 B市○○	☎ ○○○-○○○ 携帯

緊急連絡先	氏名	C	男・(女)	年齢(72 歳)	本人との続柄(次女)
	住所	同上		☎ ○○○-○○○ 携帯 ○○○-○○○	

相談者	氏名	C	男・(女)	年齢(72 歳)	本人との続柄(次女)
	住所	同上		☎ 携帯	

相談経路 (紹介者)	次女からの相談（居宅介護支援の変更依頼）

居宅サービス計画 作成依頼の届出	届出年月日　　令和4年　3 月 2 日

■相談内容 (主訴／本人・家族の希望・困っていることや不安、思い)

（本人）

床ずれを治したい。自宅でゆっくり過ごしたい。

（介護者・家族）

褥瘡が深いので褥瘡が治ったらいいと思う。

入院を嫌がるので、在宅で看取りたい。

■これまでの生活の経過 (主な生活史)

　B市で6人姉妹の末っ子として生まれる。両親と他の姉妹はA氏誕生後、南米に移住したため祖父母に育てられた。女学校卒業後は地元の産婦人科医院に勤めながら助産師の資格を取る。24歳で恋愛結婚。6人の子どもに恵まれ育児をしながら、助産師や養護学校教諭として60歳まで仕事を続けた。夫と次女の三人暮らして夫婦で海外旅行など楽しまれていたが、78歳の時に夫が他界、その後は次女と二人暮らしとなる。ドライブや外食、映画鑑賞が好きで社交的な生活を続けていたが、95歳の時に外出先で転倒し、右大腿骨頸部骨折で手術を受ける。退院後より訪問リハビリやデイサービスを利用し歩行器で歩行可能となる。98歳で心不全と尿路感染のため長期入院したことをきっかけにADLが低下し認知機能の低下もみられるようになった。食事を誤嚥しやすく、食事量の低下が続き仙骨部に褥瘡形成がみられるが、次女が在宅での介護を希望し退院となり、在宅生活が再開される。

介護保険	利用者負担割合	☑1割　□2割　□3割	後期高齢者医療 保険(75歳以上)	一部負担金 ☑1割負担　□2割負担　□3割負担
高額介護 サービス費該当	利用者負担	(□第5段階　　□第4段階　　□第3段階　　☑第2段階　　□第1段階)		
要介護認定	(済) ➡ 非該当・要支援 1・2 要介護 1・2・3・4・(5)		認定日	R3年 6月 1日
	未(見込み) ➡ 非該当・要支援 1・2 要介護 1・2・3・4・5			

身体障害者手帳	□有 ☑無	等級	種　　級		交付日	年	月
療育手帳	□有 ☑無	程度			交付日	年	月
精神障害者 保健福祉手帳	□有 ☑無	等級	級		交付日	年	月
障害福祉サービス 受給者証の有無	□有 ☑無	自立支援医療 受給者証の有無	□有 ☑無	障害支援区分→( )			

日常生活自立度	障害高齢者	自立・J1・J2・A1・A2・B1・B2・C1・(C2)	判定者	(機関名)	判定日	年	月	日
	認知症	自立・I・IIa・IIb・(IIIa)・IIIb・IV・M		(機関名)		年	月	日

アセスメント実施日	(初回)　H27 年 7 月 6 日	(更新)　R4 年 3 月 6 日

〔全社協・在宅版ケアプラン作成方法検討委員会作成　無断転載禁止〕

2 家族状況とインフォーマルな支援の状況

■家族構成と介護状況

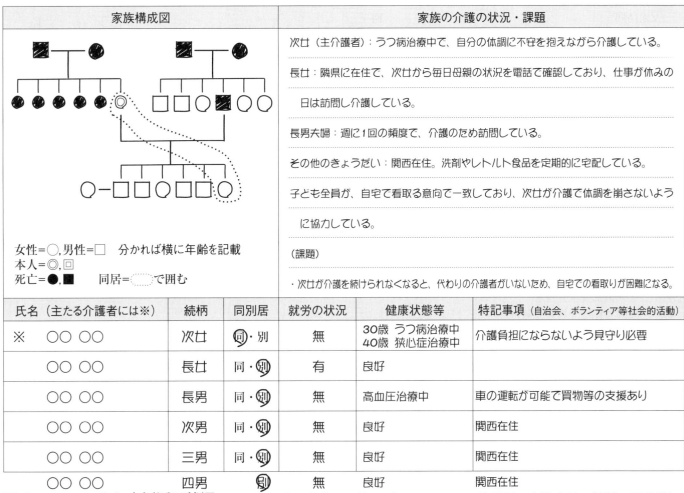

<table>
<tr><th>家族構成図</th><th>家族の介護の状況・課題</th></tr>
<tr><td>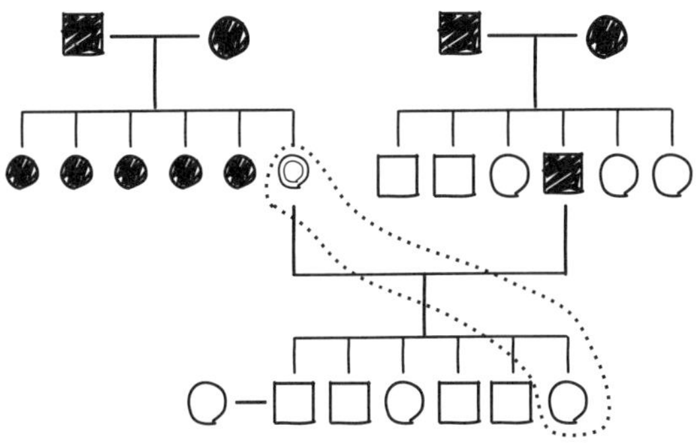
女性=○,男性=□　分かれば横に年齢を記載
本人=◎,回
死亡=●,■　同居=(点線)で囲む</td><td>次女（主介護者）：うつ病治療中で、自分の体調に不安を抱えながら介護している。
長女：隣県に在住で、次女から毎日母親の状況を電話で確認しており、仕事が休みの日は訪問し介護している。
長男夫婦：週に1回の頻度で、介護のため訪問している。
その他のきょうだい：関西在住。洗剤やレトルト食品を定期的に宅配している。
子ども全員が、自宅で看取る意向で一致しており、次女が介護で体調を崩さないように協力している。
（課題）
・次女が介護を続けられなくなると、代わりの介護者がいないため、自宅での看取りが困難になる。</td></tr>
</table>

氏名（主たる介護者には※）	続柄	同別居	就労の状況	健康状態等	特記事項（自治会、ボランティア等社会的活動）
※　○○ ○○	次女	(同)・別	無	30歳 うつ病治療中 40歳 狭心症治療中	介護負担にならないよう見守り必要
○○ ○○	長女	同・(別)	有	良好	
○○ ○○	長男	同・(別)	無	高血圧治療中	車の運転が可能で買物等の支援あり
○○ ○○	次男	同・(別)	無	良好	関西在住
○○ ○○	三男	同・(別)	無	良好	関西在住
○○ ○○	四男	(別)	無	良好	関西在住

■インフォーマルな支援活用状況（親戚、近隣、友人、同僚、ボランティア、民生委員、自治会等の地域の団体等）

支援提供者	活用している支援内容	特記事項
次女の友人	買物支援・生活相談	次女とは姉妹のように育ち、 Aさんを母親のように慕っている。

本人が受けたい支援／今後必要になると思われる支援	支援提供者	特記事項

3 サービス利用状況

（R4 年 4 月 1 日時点）

在宅利用（認定調査を行った月のサービス利用回数を記入。（介護予防）福祉用具貸与は調査日時点の、特定（介護予防）福祉用具販売は過去6カ月の品目数を記載）

☑訪問介護(ホームヘルプサービス)	月 17 回		□(介護予防)特定施設入居者生活介護	月	日
□(介護予防)訪問型サービス	月 回		□看護小規模多機能型居宅介護	月	日
□(介護予防)訪問入浴介護	月 回		☑(介護予防)福祉用具貸与		4 品目
☑(介護予防)訪問看護	月 30 回		□特定(介護予防)福祉用具販売		品目
□(介護予防)訪問リハビリテーション	月 回		☑住宅改修	あり・(なし)	
☑(介護予防)居宅療養管理指導	月 4 回		□夜間対応型訪問介護	月	日
□通所介護(デイサービス)	月 回		□(介護予防)認知症対応型通所介護	月	日
□(介護予防)通所型サービス	月 回		□(介護予防)小規模多機能型居宅介護	月	日
□(介護予防)通所リハビリテーション(デイケア)	月 回		□(介護予防)認知症対応型共同生活介護	月	日
□(介護予防)短期入所生活介護(特養等)	月 日		□定期巡回・随時対応型訪問介護看護	月	回
□(介護予防)短期入所療養介護(老健・診療所)	月 日		□(介護予防)その他の生活支援サービス (名称：　　　　)	月	回

□配食サービス 　　　月　　　回	□生活支援員の訪問（日常生活自立支援事業） 月　　　回
□洗濯サービス 　　　月　　　回	□ふれあい・いきいきサロン 　　　月　　　回
□移動または外出支援 　　　月　　　回	□市町村特別給付　〔　　　　　　　　　　　　〕
□友愛訪問 　　　月　　　回	□（　　　　　　　　　　　　）　　　月　　　回
□老人福祉センター 　　　月　　　回	
□老人憩いの家 　　　月　　　回	□（　　　　　　　　　　　　）　　　月　　　回
□ガイドヘルパー 　　　月　　　回	
□身障／補装具・日常生活用具（　　　　　　）	

直近の入所・入院	□介護老人福祉施設 □介護老人保健施設 □介護医療院（介護療養型医療施設） □認知症対応型共同生活介護適用施設（グループホーム） □特定施設入居者生活介護適用施設（ケアハウス等）	□医療機関（医療保険適用療養病床） ☑医療機関（療養病床以外） □その他の施設	施設・機関名　C病院 所在地　〒123-4567 　　　〇〇市〇〇区〇〇町3丁目 ☎

制度利用状況	年金 ┌ ☑老齢関係→（　　　　　　） 　　　├ □障害関係→（　　　　　　） 　　　└ □遺族・寡婦→（　　　　　　） □恩給 □特別障害者手当 □生活保護 □生活福祉資金貸付 □高齢者住宅整備資金貸付 □日常生活自立支援事業 □成年後見制度⇨　□成年後見　□保佐　□補助 　　　　　　　　　成年後見人等（　　　　　）	健康保険 ┌ □国保　　　　　　　□協会けんぽ（旧・政管健保） 　　　├ □組合健保　　　　□日雇い 　　　├ □国公共済　　　　□地方共済 　　　├ □私立学校共済　　□船員 　　　└ ☑後期高齢者医療 □労災保険→（　　　　　　　　　　） その他 ┌ □（　　　　　　　　　　） 　　　├ □（　　　　　　　　　　） 　　　└ □（　　　　　　　　　　）

4 住居等の状況

		家屋（居室を含む）見取図　※段差には▲を記入
☑1戸建て　　　□集合住宅 ⊙賃貸・所有・社宅等・公営住宅・その他（　　　　　　）		

居室等の状況	ア. ☑専用居室あり　　□専用居室なし イ. ☑1階　□2階　□その他（　　）階⇨エレベーター□有□無 ウ. □布団　☑ベッド⇨□固定式　□ギャッチ　☑電動 　　　　　　　□その他（　　　　　　　　　　） エ. 陽あたり ☑良　□普通　□悪 オ. 暖房 ☑あり　□なし　カ. 冷房 ☑あり　□なし

トイレ	ア. □和式　☑洋式 　　□その他（　　　　）	室外	福祉機器 □使用している ☑使用していない ↓使用している場合 □車いす　□電動車いす □杖　□歩行器 □その他（　　　　　）
	イ. 手すり ☑あり □なし ウ. トイレまでの段差 □あり ☑なし		
浴室	ア. ☑自宅にあり　□自宅になし イ. 手すり ☑あり □なし ウ. 浴室までの段差 ☑あり □なし	室内	福祉機器 ☑使用している　□使用していない ↓使用している場合 ☑車いす　□電動車いす □杖　□歩行器 □その他（　　　　　）

※移動手段

諸設備	調理器具 □ガス ☑IH	暖房器具 □ガス ☑電気 □灯油 □その他（　　　　）

【周辺環境・立地環境・その他住居に関する特記事項】

駅から近く、徒歩10分圏内にスーパーやコンビニ、銀行などがある。

浴室までの廊下幅が狭く車いすが通らない。また、浴室入口に段差が15cmほどあるため、介護者が抱えて浴室まで移動する必要がある。

5 本人の健康状態・受診等の状況

既往歴・現症（必要に応じ「主治医意見書」を転記）	障害等の部位

※要介護状態に関係がある既往歴および現症

平成13年	高血圧
平成28年	右大腿骨頸部骨折
平成30年	心不全
平成30年	尿路感染

△障害部位
×欠損部位
●褥瘡部位

（正面）　（背面）

ステージD4

身　長	140　cm	体　重	45　kg
歯の状況	☐歯あり　☐歯なし　☑総入れ歯　☐局部義歯 ⇒6−②生活機能（食事・排泄等）		

【特記事項】（病気やけが、障害等に関わる事項。改善の可能性等）
心不全による下肢の浮腫がある。平成25年の入院を機に歩行困難となり物忘れがひどくなっている。
誤嚥しやすい状況であり、肺炎に注意が必要。

主治医からの指導・助言事項。視力障害、聴力障害、麻痺、関節の動き、褥瘡、その他皮膚疾患（以上要介護認定項目）、外傷、内部障害、言語障害、動悸・息切れ、便秘、尿失禁、便失禁、摂食嚥下障害、口腔（炎症・痛み・出血・口臭・虫歯・不良義歯等）に留意のこと。

現在の受診状況（歯科含む）

病　名	心不全	褥瘡		
薬の有無	☑有　☐無	☑有　☐無	☐有　☐無	☐有　☐無
受診状況 発症時期 ※主治医意見書を参考に記入	平成30年	令和4年		
受診状況 受診頻度	☑定期（週・⦿月　1回） ☐不定期	☑定期（週・⦿月　1回） ☐不定期	☐定期（週・月　　回） ☐不定期	☐定期（週・月　　回） ☐不定期
受診状況 受診状況	☐通院　☑往診	☐通院　☑往診	☐通院　☐往診	☐通院　☐往診
受診病院 医療機関	C医院	C医院		
受診病院 診療科	内科	皮膚科		
受診病院 主治医	○○	○○		
受診病院 連絡先	☎○○○-○○○	☎○○○-○○○	☎	☎
受診方法 留意点等	家族が送迎	家族が送迎		

往診可能な医療機関	☐無　☑有（　C病院　　　　　　　　　　　　　）☎
緊急入院できる医療機関	☐無　☑有（　C病院　　　　　　　　　　　　　）☎
相談、処方を受けている薬局 （かかりつけ薬局）	☐無　☑有（　D薬局　　　　　　　　　　　　　）☎

【特記、生活上配慮すべき課題など】
かかりつけ医：在宅での看取りに対応されている。
かかりつけ薬局：○○薬局による訪問薬剤管理指導　1回/2週（嚥下が悪いため粉砕し、ゼリーと一緒に服用中。）

〔全社協・在宅版ケアプラン作成方法検討委員会作成　無断転載禁止〕

6 本人の基本動作等の状況と援助内容の詳細

●6-①基本(身体機能・起居)動作

要介護認定項目	1-1 麻痺等(複数可)	1	②③4⑤6
	1-2 拘縮(複数可)	1	2③45
	1-3 寝返り	1	2③
	1-4 起き上がり	1	2③
	1-5 座位保持	1	2③4
	1-6 両足での立位保持	1	2③
	1-7 歩行	1	2③
	1-8 立ち上がり	1	2③
	1-9 片足での立位保持	1	2③
	1-10 洗身	1	23④
	1-11 つめ切り	1	2③
	1-12 視力	1	234⑤
	1-13 聴力	1	23④5
	1-14 関節の動き(複数可)	1	②③④⑤⑥7

現在、家族が実施している場合は○
時々実施の場合は△

現在、在宅サービス等で実施している場合○

本人・家族がサービス実施を希望する場合○

要援助と判断される場合に✓
計画した場合に○(確認)

体位変換・起居

6-①1-1、1-2関係	援助の現状		希望	要援助→計画
	家族実施	サービス実施		
1)体位変換介助	○	○	○	✓
2)起居介助	○	○	○	✓

リハビリの必要性
- ✓あり→P9
- □なし

6-①基本(身体機能・起居)動作(1-10、1-12、1-13は別記)

【特記、解決すべき課題など】
両下肢は前方、横への規定動作ができない。右肩関節の可動域制限がある。起き上がりは、次女が抱きかかえるようにして起こすほうが本人が安心するため、背上げ機能は使用していない。座位も背中に柔らかいクッションを重ねてもたれるようにすれば10分程度は可能。

入浴

6-①1-10関係	援助の現状		希望	要援助→計画
	家族実施	サービス実施		
1)準備・後始末				
2)移乗移動介助				
3)洗身介助				
4)洗髪介助	○	○	○	✓
5)清拭・部分浴	○	○	○	✓
6)褥瘡・皮膚疾患の対応	○	○	○	✓

2)移乗移動介助
現状	計画
□見守りのみ	□見守り必要
□介助あり	□介助必要

3)洗身介助
現状	計画
□見守りのみ	□見守り必要
□介助あり	□介助必要

【特記、解決すべき課題など】
浴室までの廊下幅が狭く段差もあるため介護者が抱きかかえて移動する必要があり、入浴により倦怠感が強くなるため、入浴はしていない。ベッド上で洗髪、清拭、足浴、陰部洗浄を行っている。

<コミュニケーションの状況・方法(6-①1-12、1-13関係)>
ア.視聴覚
　□眼鏡使用　□コンタクト使用　□補聴器使用
イ.電話
　□あり　✓なし
ウ.言語障害
　✓あり(　　　　　)　□なし
エ.コミュニケーション支援機器の使用
　□あり(　　　　　)　✓なし

【特記、解決すべき課題など】
・声かけに開眼し頷いて意思表示ができる場合と、うとうとされて意思疎通ができない場合がある。本人に確認が取れない時は次女が代弁される。
・海外映画が好きで、昔の映画のDVDをかけるとはっきりと観えていない様子であるが台詞を聴いて楽しまれている。
・短い言葉での発語がある。「うん」「ありがとう」「そうね」等。

〔全社協・在宅版ケアプラン作成方法検討委員会作成　無断転載禁止〕

6-②生活機能（食事・排泄等）

要介護認定項目					
	2-1 移乗	**1**	**2**	**3**	**④**
	2-2 移動	**1**	**2**	**3**	**④**
	2-3 えん下	**1**	**②**	**3**	
	2-4 食事摂取	**1**	**2**	**3**	**④**
	2-5 排尿	**1**	**2**	**3**	**④**
	2-6 排便	**1**	**2**	**3**	**④**
	2-7 口腔清潔	**1**	**2**	**③**	
	2-8 洗顔	**1**	**2**	**③**	
	2-9 整髪	**1**	**2**	**③**	
	2-10 上衣の着脱	**1**	**2**	**3**	**④**
	2-11 ズボン等の着脱	**1**	**2**	**3**	**④**
	2-12 外出頻度	**①**	**2**	**3**	
	2-13 飲水摂取	**1**	**2**	**3**	**④**

食事

6-②2-1～2-4 関係	援助の現状 家族実施	援助の現状 サービス実施	希望	要援助→計画
1)移乗介助	○	○	○	○
2)移動介助	○	○	○	☑
3)摂取介助	○	○	○	☑

【特記、解決すべき課題など】
・食事摂取時、本人はベッドに端座位になり両手でベッド柵を握っているため両手が使えない。次女が一口ずつ飲み込める量を勘案しながら本人の口に入れている。
・食事は、好みのものしか口を開けないため、プリン、水羊羹、卵豆腐が中心。
・むせがあるため、水分にはとろみをつけている。

主 食

現 状	計 画
□普通食	□普通食
□粥食	□粥食
□経口栄養	□経口栄養
□経管栄養	□経管栄養
☑その他	☑その他
（　　　　）	（　　　　）

副 食

□普通食	□普通食
□刻み食	□刻み食
□ミキサー食	□ミキサー食
☑その他	☑その他
（　　　　）	（　　　　）

摂取介助

□見守りのみ	□見守り必要
☑介助あり	☑介助必要

＜その他食事の現状（6-②2-4 関係）＞

ア．食事場所 □食堂　☑居室ベッド上
　　□布団上　□その他居室内
　　□その他（　　　　　　　）
イ．食堂までの段差　□あり　□なし
ウ．咀嚼の状況　□問題なし　☑問題あり
　→　□噛みにくい　□時々噛みにくい
　　☑とても噛みにくい
エ．食事の内容
　　□一般食　□糖尿食　Kカロリー
　　□高血圧食　　g　□抗潰瘍食
　　☑その他（ゼリー状のもの　）

＜その他排泄の状況（6-②2-5、2-6関係）＞

ア．尿意
　　□ある　□ときどきある　☑ない
イ．便意
　　□ある　□ときどきある　☑ない

排泄等

6-②2-5～2-11 関係	援助の現状 家族実施	援助の現状 サービス実施	希望	要援助→計画
1)準備・後始末	○	○	○	☑
2)移乗移動介助	○	○	○	☑
3)排尿介助	○	○	○	☑
4)排便介助	○	○	○	☑
5)口腔清潔介助	○	○	○	☑
6)洗面介助	○	○	○	☑
7)整容介助	○	○	○	☑
8)更衣介助	○	○	○	☑

排尿介助（2-5）

現 状	計 画
□見守りのみ	□見守り必要
☑介助あり	☑介助必要
□トイレ	□トイレ
□ポータブルトイレ	□ポータブルトイレ
□尿収器	□尿収器
□導尿	□導尿
☑おむつ	☑おむつ

排便介助（2-6）

□見守りのみ	□見守り必要
☑介助あり	☑介助必要
□トイレ	□トイレ
□ポータブルトイレ	□ポータブルトイレ
□差し込み便器	□差し込み便器
☑おむつ	☑おむつ
□摘便	□摘便
□浣腸	□浣腸
□人工肛門	□人工肛門

【特記、解決すべき課題など】
・紙おむつ（テープタイプ）にパットを使用している。尿意ははっきりしないため、定期的に確認し汚染時は介護者（次女・訪問看護・ヘルパー）が交換する（1日3回程度）。便意はなく週に1回自然排便があるため、介護者が交換する。

外出

6-②2-12 関係	援助の現状 家族実施	援助の現状 サービス実施	希望	要援助→計画
1)移送・外出介助	△			✓

【特記、解決すべき課題など】
訪問診療を受けており受診のための外出もないため、ここ1か月は外出していない。

6- ③認知機能

要介護認定項目	3-1 意思の伝達	1	②	3	4
	3-2 毎日の日課を理解する	1	②		
	3-3 生年月日や年齢を答える	1	②		
	3-4 面接調査の直前記憶	1	②		
	3-5 自分の名前を答える	①	2		
	3-6 今の季節を理解する	1	②		
	3-7 自分のいる場所を答える	1	②		
	3-8 徘徊	①	2	3	
	3-9 外出すると戻れない（迷子）	①	2	3	
	3-10 介護者の発言への反応	1	②	3	

● 6- ④精神・行動障害

要介護認定項目	4-1 被害妄想（物を盗られたなど）	①	2	3
	4-2 作話をする	①	2	3
	4-3 感情が不安定になる	①	2	3
	4-4 昼夜の逆転	①	2	3
	4-5 しつこく同じ話をする	①	2	3
	4-6 大声を出す	①	2	3
	4-7 介護に抵抗する	①	2	3
	4-8 落ち着きがない（「家に帰る」等）	①	2	3
	4-9 外に出たがり目が離せない	①	2	3
	4-10 ものを集める、無断でもってくる	①	2	3
	4-11 物を壊す、衣類を破く	①	2	3
	4-12 ひどい物忘れ	①	2	3
	4-13 独り言や独り笑い	①	2	3
	4-14 自分勝手な行動	①	2	3
	4-15 話がまとまらない、会話にならない	①	2	3
	4-16 幻視・幻聴	①	2	3
	4-17 暴言・暴力	①	2	3
	4-18 目的なく動き回る	①	2	3
	4-19 火の始末・管理	①	2	3
	4-20 不潔行為	①	2	3
	4-21 異食行動	①	2	3

6- ③認知機能、6- ④精神・行動障害　全般

家族等からの情報と観察

・短期記憶の低下があり、居場所を病院と間違えることがあるため、自宅とわかるように次廿が壁に家族の写真を貼ったり、見える場所に好きな置物を置くなど工夫している。

援助の現状

（家族）	（サービス）
次廿の介護を他の5人がサポートしている。次廿はきょうだいと連絡を取り合って、意思統一ができていると認識している。	訪問看護：本人とのコミュニケーション、次廿の体調確認。看取りまでに現れる症状などを説明しながら寄り添う。

援助の希望（本人）

状態観察
褥瘡のケア

援助の希望（家族）

状態観察と緩和ケア
褥瘡のケア
保清や排泄の介助
安楽な姿勢
関係者による傾聴、精神的サポート

援助の計画

・日々の状態を把握し、変化に合わせた対応が迅速に行い、苦痛の緩和を図る。
・看取りの過程をご本人、ご家族に寄り添いながら、精神的支援を行う。

【特記、解決すべき課題など】
・次廿の睡眠状態の把握をする。
・次廿のささいなことへの不安や心配事に対し、傾聴に努めチームとして情報の共有を図る。
・次廿の心理的・身体的負担感の把握に努める。

●6- ⑤社会生活（への適応）力

<table>
<tr><td rowspan="9">要介護認定項目</td><td>5-1</td><td>薬の内服</td><td>1</td><td>2</td><td>③</td></tr>
<tr><td>5-2</td><td>金銭の管理</td><td>1</td><td>2</td><td>③</td></tr>
<tr><td>5-3</td><td>日常の意思決定</td><td>1</td><td>2</td><td>③</td><td>4</td></tr>
<tr><td>5-4</td><td>集団への不適応</td><td>①</td><td>2</td><td>3</td></tr>
<tr><td>5-5</td><td>買い物</td><td>1</td><td>2</td><td>3</td><td>④</td></tr>
<tr><td>5-6</td><td>簡単な調理</td><td>1</td><td>2</td><td>3</td><td>④</td></tr>
<tr><td>5-7</td><td>電話の利用</td><td>1</td><td>2</td><td>③</td></tr>
<tr><td>5-8</td><td>日中の活動(生活)状況等</td><td>1</td><td>2</td><td>③</td></tr>
<tr><td>5-9</td><td>家族・居住環境,社会参加の状況などの変化</td><td>1</td><td>②</td></tr>
</table>

→6-⑥医療・健康関係へ

6-⑤5-2、5-5～5-6関係	援助の現状		希望	要援助→計画
	家族実施	サービス実施		
1)金銭管理	◯			
2)買い物	◯			
3)調理	◯			
4)準備・後始末	◯			

6-⑤5-7～5-8関係	援助の現状		希望	要援助→計画
	家族実施	サービス実施		
1)定期的な相談・助言	◯	◯	◯	☑
2)各種書類作成代行	◯		◯	✓
3)余暇活動支援				
4)移送・外出介助				
5)代読・代筆	△			
6)話し相手	◯			
7)安否確認	◯			☑
8)緊急連絡手段の確保	◯		◯	☑
9)家族連絡の確保	◯			
10)社会活動への支援				

＜社会活動の状況（6-⑤5-8、5-9関係）＞

ア．家族等近親者との交流
　☑あり（　　　　　　　　）　□なし

イ．地域近隣との交流
　□あり（　　　　　　　　）　☑なし

ウ．友人知人との交流
　□あり（　　　　　　　　）　☑なし

緊急連絡・見守りの方法	次女→訪問看護→かかりつけ医・ケアマネジャー

【特記、解決すべき課題など】

・次女が受診で不在の時の緊急対応。

　〔全社協・在宅版ケアプラン作成方法検討委員会作成　無断転載禁止〕

		援助の現状		希望	要援助→計画
		家族実施	サービス実施		
	1）測定・観察	〇	〇	〇	☑
	2）薬剤の管理	〇	〇	〇	☑
	3）薬剤の使用		〇	〇	☑
	4）受診・検査介助		〇	〇	☑
	5）リハビリテーション	〇	〇	〇	☑
	6）医療処置の管理		〇	〇	☑

	現状	計画	具体的内容
	☑	☑	バイタルサインのチェック
	☑	☑	定期的な病状観察
	☑	☑	内服薬
	☐	☐	坐薬（緩下剤、解熱剤等）
	☐	☐	眼・耳・鼻等の外用薬の使用等
	☐	☐	温・冷あん法、湿布貼付等
	☐	☐	注射
	☐	☐	吸引
	☐	☐	吸入
	☐	☐	自己注射（インスリン療法）
	☐	☐	経管栄養法
	☐	☐	中心静脈栄養法
	☐	☐	酸素療法
	☐	☐	人工呼吸療法
	☐	☐	気管カニューレ管理
	☐	☐	自己導尿
	☐	☐	自己腹膜灌流
	☐	☐	膀胱留置カテーテル管理
	☐	☐	人工肛門・人工膀胱管理
	☐	☐	疼痛管理
	☑	☑	褥瘡管理

要介護認定項目

処置内容
1. 点滴の管理
2. 中心静脈栄養
3. 透析
4. ストーマ（人工肛門）の処置
5. 酸素療法
6. レスピレーター（人工呼吸器）
7. 気管切開の処置
8. 疼痛の看護
9. 経管栄養

特別な対応
10. モニター測定（血圧、心拍、酸素飽和度等）
11. じょくそうの処置 ◯
12. カテーテル（コンドームカテーテル、留置カテーテル、ウロストーマ等）

【特記、生活上配慮すべき課題など】

・末期の心不全で両下肢や背部に浮腫が強く、背部と仙骨部に深い褥瘡があり、毎日の処置が必要。
・食事量、水分量も徐々に低下しているが、看取りの状態であるため、点滴はしない方針。
・訪問診療と訪問看護が状態変化時に対応できる体制を取っている。

介護に関する医師の意見（「主治医意見書」を転記）

（1）移動
屋外歩行　　　☐自立　　☐介助があればしている　　☑していない
車いすの使用　　☑用いていない　　☐主に自分で操作している　　☐主に他人が操作している
歩行補助具・装具の使用（複数選択可）　☑用いていない　　☐屋外で使用　　☐屋内で使用

（2）栄養・食生活
食事行為　　　☑自立ないし何とか自分で食べられる　　☐全面介助
現在の栄養状態　☑良好　　☐不良
　→　栄養・食生活上の留意点（　　　　　　　　　　　　　　　　　　　　）

（3）現在あるかまたは今後発生の可能性の高い状態とその対処方針
☑尿失禁　☑転倒・骨折　☐移動能力の低下　☐褥瘡　☑心肺機能の低下　☐閉じこもり　☐意欲低下　☐徘徊
☐低栄養　☑摂食・嚥下機能低下　☐脱水　☐易感染性　☐がん等による疼痛　☐その他（　　　　　）
　→　対処方針（　　　　　　　　　　　　　　　　　　　　　　　　　）

（4）サービス利用による生活機能の維持・改善の見通し
☑期待できる　　　☐期待できない　　　☐不明

（5）医学的管理の必要性（特に必要性の高いものには下線を引いて下さい。予防給付により提供されるサービスを含みます。）
☑訪問診療　　　☑訪問看護　　　☐訪問歯科診療　　　☑訪問薬剤管理指導
☐訪問リハビリテーション　　☐短期入所療養介護　　☐訪問歯科衛生指導　　☐訪問栄養食事指導
☐通所リハビリテーション　　☐老人保健施設　　☐介護医療院　　☐その他の医療系サービス（　　　　　）
☐特記すべき項目なし

（6）サービス提供時における医学的観点からの留意事項（該当するものを選択するとともに、具体的に記載）
☑血圧（降圧剤使用　　　　）　☑摂食（ペースト状にする必要あり）　☑嚥下（時々むせる　　　）
☑移動（転倒・転落に注意　　）　☑運動（歩行障害　　　　　）　☐その他（　　　　　　）
☐特記すべき項目なし

（7）感染症の有無（有の場合は具体的に記入して下さい。）
☑無　　☐有（　　　　　　　　　　　）　　☐不明

○「何に注意して支援するか？」

・痛みや苦しみの表出が十分でないため、表情やしぐさでご本人の苦痛を汲み取り、緩和する方法を家族や支援者が共に考え共通のケアができるようにする。

・主介護者は介護経験が浅く、自身の健康に不安をもちながらの看取りであるため、亡くなるまでの一般的な経過を丁寧に説明し、今現在の母親の段階を理解し受け止められるように精神的なサポートが必要。これまで、母親に対してできるだけよいケアを提供したいという気持ちで介護サービス事業所を幾度も変更してきた経緯があるため、お亡くなりになった後に後悔が残らないように、意向を十分にうかがいながら支援することが必要。

○優先すべきニーズは何か？

1. 苦痛の緩和

2. 誤嚥性肺炎、窒息の予防

3. 看取りの体制づくり

4. 介護者の精神的支援

○生活の目標、課題

・「身体機能状況」

（課題）両上肢、左肩関節の可動域制限がある。起き上がりは、次女が抱きかかえるようにして起こすほうが本人が安心するため、背上げ機能は使用していない。座位も背中に柔らかいクッションを重ねてもたれるようにすれば10分程度は可能。

（目標）安楽な姿勢がとれる。褥瘡が改善する。

・「精神状況」

（課題）短期記憶の低下があり、居場所を病院と間違えることがあるため、自宅とわかるように次女が壁に家族の写真を貼ったり、見える場所に好きな置物を置くなど工夫している。

（目標）自宅にいる安心感の中で生活できる。

災害時の対応の必要性について ⇒有の場合	必要性の有無	有 無	個別避難計画策定の有無	有 策定中 無
災害時の連絡先 （家族以外／民生委員等）	（氏名）○○ ○○ （本人との関係）次女の友人 TEL. ○○○-○○○ FAX. メール			
備考				

権利擁護に関する対応の必要性について ⇒有の場合	必要性の有無	有 無
備考		

〔全社協・在宅版ケアプラン作成方法検討委員会作成　無断転載禁止〕

■1日のスケジュール

本人の生活リズム	①本人が自分でしていること ②したいと思っていること （興味、関心）	援助の現状		要援助と判断される場合に✓計画した場合に○（確認）
		家族実施	サービス実施	

時刻	本人の生活リズム	①②興味・関心	家族実施	サービス実施	確認
0 （深夜）					
1					
2					
3					
4					
5					
6 （早朝）	□ ○ △		洗面 おむつ交換 食事介助		✓ ✓
7					
8					
9 （午前）	○ △			おむつ交換 食事介助	✓
10					
11					
12	○ △			おむつ交換 食事介助	✓
13					
14 （午後）	○ △		おむつ交換 食事介助		✓
15					
16					
17					
18 （夜間）	○ △		口腔ケア	おむつ交換	✓ ✓
19					
20	○ ■		おむつ交換		✓
21					
22					
23 （深夜）					
24					

◎:排便　　△:食事　　□:起床
○:排尿　　☆:入浴　　■:就寝

236　　〔全社協・在宅版ケアプラン作成方法検討委員会作成　無断転載禁止〕

居宅サービス計画書（1） 第1表

| 利用者名 | A | 殿 | 生年月日 大正 9 年 ○ 月 ○ 日 | 住 所 | B市○○ |

居宅サービス計画作成者氏名　J

居宅介護支援事業者・事業所名及び所在地　○○○

| 居宅サービス計画作成（変更）日 | R4 年　3 月　29 日 | 初回居宅サービス計画作成日　H27 年　7 月　6 日 |

| 認定日 | R3 年　6 月　1 日 | 認定の有効期間　R3 年　6 月　1 日 ～ R5 年　5 月 31 日 |

| 要介護状態区分 | 要介護1 ・ 要介護2 ・ 要介護3 ・ 要介護4 ・ 要介護5 |

| 利用者及び家族の生活に対する意向を踏まえた課題分析の結果 | 本人：体に自由に動かせなくなってから床ずれができているので、床ずれを治して痛みがないようにしたい。眼や知人の声を聞くと気分が落ち着くので、家で過ごしたい。
次女様：これから体調が変わっていくと思うが、まずは痛みがある床ずれを治して、なるべく苦痛がないようにしてあげたい。母は、笑顔が好きで和気あいあいと過ごすことが好きだったので、安心できる家で「今日も一日も楽しかった」と思えるような一日一日を楽しく、大切に暮らしていきたいと思う。
本人の望まれる自宅での生活を、次女様が中心となり、ほかの家族の協力を得ながら、本人の表情や様子に応じた細やかな対応をされています。今後、変化していく症状に次女様が不安を抱かれることもあると思いますが、次女様の介護方法を尊重しながら、本人の様子やお気持ちに沿う支援をチームで共有し、穏やかな時間を少しでも長くもてるようにしましょう。 |

| 介護認定審査会の意見及びサービスの種類の指定 | 状態の安定が考えられるため、認定有効期間を24か月とする。 |

| 総合的な援助の方針 | 1か月前から青中に褥瘡があり、寝返りに介助が必要となられ今後も徐々にお体の様子が変化してくると思われますが、主治医や訪問看護、ヘルパー、福祉用具事業所と連携を取りながら、褥瘡が改善し、痛みや倦怠感を改善できるだけ緩和し自宅で過ごせるように支援いたします。

【緊急連絡先　　○○ ○○様（次女）000-0000-0000】
◇医療機関　　○○内科　000-0000
◇○○訪問看護ステーション　000-0000 |

| 生活援助中心型の算定理由 | 1．一人暮らし　　　2．家族等が障害、疾病等　　　3．その他（　　　　　　） |

居宅サービス計画書(2)

利用者名　A　殿

生活全般の解決すべき課題（ニーズ）	目標				援助内容					
	長期目標	(期間)	短期目標	(期間)	サービス内容	※1	サービス種別	※2	頻度	期間
変化していく体調や症状を少しでも楽にしたい。	自宅にいる安心感の中で過ごすことができる。	R4.4.1~R4.9.30	体調の変化をすぐに他者に伝えることができる。	R4.4.1~R4.9.30	定期的な診察 状態悪化時の対応		訪問診療	○○内科	1回/週	R4.4.1~R4.6.30
					薬の配達 服薬方法の説明	○	居宅療養管理指導（薬剤師）	○○薬局	1回/2週	R4.4.1~R4.6.30
					状態観察、痛みや倦怠感の観察 肩頭、下肢のマッサージ		訪問看護（医療）	○○訪問看護ステーション	毎日	R4.4.1~R4.6.30
					介護シートの活用 本人、家族の思いの傾聴			デーション 家族 支援者全員	適宜	R4.4.1~R4.6.30
褥瘡を治したい。	褥瘡が改善し新たな褥瘡の予防ができる。	R4.4.1~R4.9.30	褥瘡が改善する。	R4.4.1~R4.9.30	褥瘡処置、皮膚の状態観察、保清		訪問看護（医療）	○○訪問看護ステーション	毎日	R4.4.1~R4.6.30
					甘浴や体位の確保 おむつ交換・陰部洗浄	○	身体介護	○○ヘルパーステーション	毎日	R4.4.1~R4.6.30
					特殊寝台、付属品、エアマットの使用	○	福祉用具貸与	福祉用具○○	毎日	R4.4.1~R4.6.30
					介護相談 サービス調整	○	居宅介護支援	○○居宅介護支援事業所	随時	R4.4.1~R4.6.30
好きな食べ物をむせなく食べたい。	誤嚥性肺炎が予防できる。	R4.4.1~R4.9.30	むせることなく食事や水分が摂れる。	R4.4.1~R4.9.30	食事摂取時の体位、セッティング	○	身体介護	○○ヘルパーステーション	毎日	R4.4.1~R4.6.30
					食事、水分量の把握、食事時の姿勢指導		訪問看護（医療）	○○訪問看護ステーション	毎日	R4.4.1~R4.6.30
					確認、食事介助、口腔ケア 口腔ケア		インフォーマル	次女	毎日	R4.4.1~R4.6.30
					食事介助、水分摂取介助 好みの食べ物の購入		インフォーマル	友人	必要時	R4.4.1~R4.6.30
次女と最期まで一緒に過ごしたい。	次女と穏やかな時間が過ごせる。	R4.4.1~R4.9.30	悔いなく最期まで介護ができる。	R4.4.1~R4.9.30	介護者の体調確認		訪問看護（医療）	○○訪問看護ステーション	毎日	R4.4.1~R4.6.30
					介護者の心理的・身体的負担の把握		身体介護	○○ヘルパーステーション	毎日	R4.4.1~R4.6.30
					不安や心配事に対する傾聴		介護支援専門員	○○居宅介護支援事業所	適宜	R4.4.1~R4.6.30

※1「保険給付対象か否かの区分」について、保険給付対象のサービスについては○印を付す。
※2「当該サービス提供を行う事業所」について記入する。

利用者名　　A　　　　殿

時間		月	火	水	木	金	土	日	主な日常生活上の活動
深夜	0:00								
	2:00								
早朝	4:00								
	6:00								起床 排尿
	8:00								朝食
午前	10:00				訪問看護（医療）				排尿
	12:00								食事（間食）
午後	14:00				訪問介護　身体介護2				排尿 昼食
	16:00				訪問看護（医療）				排尿
	18:00								食事（間食）
夜間	20:00								排尿 夕食
深夜	22:00								排尿
	24:00								就寝

週単位以外のサービス	福祉用具貸与（特殊寝台、特殊寝台附属品） 訪問診療　〇〇内科　1回／2週　　居宅療養管理指導（薬剤師）　1回／2週

239

事例③

身体機能の低下にともなう医療との連携が必要な事例

○　年　○月　○日相談受付　│　訪問・電話・(来所)・その他(　　　　　　　　)　初回相談受付者　○○

本人氏名	A		男・(女)	年齢	M T (S)	○年　○月　○日生れ（ 95歳）
住　　所	〒 ○○○－○○○○ 　　○○市○○○区○○○丁目○－○			☎ ○○○－○○○ 携帯		
緊急連絡先	氏名　B		男・(女)	年齢（ 63歳）		本人との続柄（　次女　）
	住所　　同上			☎ ○○○－○○○ 携帯 ○○○－○○○		
相　談　者	氏名　B		男・(女)	年齢（ 63歳）		本人との続柄（　次女　）
	住所　　同上			☎ 携帯		
相談経路 （紹介者）	受診後に来所					
居宅サービス計画 作成依頼の届出	届出年月日　　○年　　3月　　○日					

■相談内容(主訴／本人・家族の希望・困っていることや不安、思い)

（本人）皆さんいつも良くしてもらっているし、娘もよくしてくれるので、特別困ったことはない。おいしいものを食べたい。

（介護者・家族）次女：フルタイムで働きながら看ているため、日中だけ通所サービス活用して暮らしたい。少しずつ飲み込みが悪くなっているが、食べることが好きな母なので最後まで口から食べさせたい。たとえ肺炎等を繰り返したとして、徐々にレベル低下しても願いを叶えさせてあげたい。いろいろ相談したい。
長女：次女の意向と同じ。次女のサポートをしたい。

■これまでの生活の経過(主な生活史)

　5人きょうだいの2番めに生まれる。女学校を卒業後、妹たちの面倒をみながら隣町の実家で生活。病弱だった。20歳で結婚し、現在地へ転居。教会の牧師だった夫を支えながら2人の子どもを育てた。花を育てることが好きで庭には常に花を欠かさず咲かせていた。

　75歳で脳梗塞を発症したが、左上下肢軽度不全まひのみで、杖使用するが生活に大きな支障はなく、花も育てていた。90歳を超えた頃から、徐々に筋力低下等もみられ、少しずつ活動範囲が縮小。屋外は疲れるため、車いす使用となり、92歳の時、家族の意向（次女の体力低下）で要介護認定申請をした。

介護保険	利用者負担割合 ☑1割 □2割 □3割	後期高齢者医療 保険（75歳以上）	一部負担金 ☑1割負担 □2割負担 □3割負担
高額介護 サービス費該当	利用者負担　　（ □第5段階　☑第4段階　　□第3段階　　□第2段階　　□第1段階 ）		
要介護認定	済　　　➡ 非該当・要支援 1・2 要介護 1・2・3・4・(5)	認定日 ○年 ○月 ○日	
	未(見込み) ➡ 非該当・要支援 1・2 要介護 1・2・3・4・5		
身体障害者手帳	□有 ☑無　等　級　　　　種　　　級		交付日　　年　　　月
療育手帳	□有 ☑無　程　度		交付日　　年　　　月
精神障害者 保健福祉手帳	□有 ☑無　等　級　　　　　　　級		交付日　　年　　　月
障害福祉サービス 受給者証の有無	□有 ☑無　自立支援医療 受給者証の有無 □有 □無	障害支援区分→(　　　　　　　　　　　　)	
日常生活自立度	障害高齢者　自立・J1・J2・A1・A2・B1・(B2)・C1・C2	判定者 ○○ (機関名○○クリニック)	判定日 ○年 ○月 ○日
	認知症　　自立・Ⅰ・Ⅱa・Ⅱb・Ⅲa・(Ⅲb)・Ⅳ・M	○○ (機関名○○クリニック)	○年 ○月 ○日

アセスメント実施日	(初回) ○年 ○月 ○日	(更新) 　年　　月　　日

〔全社協・在宅版ケアプラン作成方法検討委員会作成　無断転載禁止〕

2 家族状況とインフォーマルな支援の状況

■家族構成と介護状況

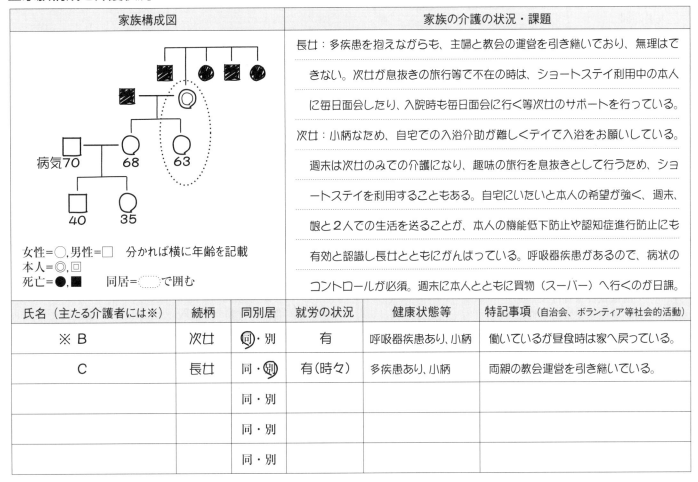

家族構成図	家族の介護の状況・課題
女性=○,男性=□　分かれば横に年齢を記載 本人=◎,◻ 死亡=●,■　同居=⬚で囲む	長女：多疾患を抱えながらも、主婦と教会の運営を引き継いでおり、無理はできない。次女が息抜きの旅行等で不在の時は、ショートステイ利用中の本人に毎日面会したり、入院時も毎日面会に行く等次女のサポートを行っている。 次女：小柄なため、自宅での入浴介助が難しくデイで入浴をお願いしている。週末は次女のみでの介護になり、趣味の旅行を息抜きとして行うため、ショートステイを利用することもある。自宅にいたいと本人の希望が強く、週末、娘と2人での生活を送ることが、本人の機能低下防止や認知症進行防止にも有効と認識し長女とともにがんばっている。呼吸器疾患があるので、病状のコントロールが必須。週末に本人とともに買物（スーパー）へ行くのが日課。

氏名（主たる介護者には※）	続柄	同別居	就労の状況	健康状態等	特記事項（自治会、ボランティア等社会的活動）
※ B	次女	同・別	有	呼吸器疾患あり、小柄	働いているが昼食時は家へ戻っている。
C	長女	同・別	有（時々）	多疾患あり、小柄	両親の教会運営を引き継いでいる。
		同・別			
		同・別			
		同・別			

■インフォーマルな支援活用状況（親戚、近隣、友人、同僚、ボランティア、民生委員、自治会等の地域の団体等）

支援提供者	活用している支援内容	特記事項
教会の信者さんたち 次女の会社同僚 長女、長女の娘 長女の夫	声かけ、挨拶 受診及び入退院時の車での送迎 面会、次女不在時の介護補助	教会礼拝来所時 要請あれば協力いつでも可 直接的ケアは難しいが声かけ、面会、洗濯等の支援は可

本人が受けたい支援／今後必要になると思われる支援	支援提供者	特記事項
経口摂取量が徐々に低下、減少していくことにともなうレベル低下 急変の可能性に対する方針決定と次女たちのなかでの心の準備	都度の状況説明を医師より行う	ケアマネジャー含め、関係者によるフォローとタイミングの見極め必要

3 サービス利用状況

（ ○年 ○月 ○日時点）

在宅利用（認定調査を行った月のサービス利用回数を記入。（介護予防）福祉用具貸与は調査日時点の、特定（介護予防）福祉用具販売は過去6カ月の品目数を記載）

□訪問介護（ホームヘルプサービス）	月　回	□（介護予防）特定施設入居者生活介護	月　日
□（介護予防）訪問型サービス	月　回	□看護小規模多機能型居宅介護	月　日
□（介護予防）訪問入浴介護	月　回	□（介護予防）福祉用具貸与	品目
✓（介護予防）訪問看護	月　4　回	□特定（介護予防）福祉用具販売	品目
□（介護予防）訪問リハビリテーション	月　回	□住宅改修	あり・なし
□（介護予防）居宅療養管理指導	月　回	□夜間対応型訪問介護	月　日
✓通所介護（デイサービス）	月　12　回	□（介護予防）認知症対応型通所介護	月　日
□（介護予防）通所型サービス	月　回	□（介護予防）小規模多機能型居宅介護	月　日
✓（介護予防）通所リハビリテーション（デイケア）	月　8　回	□（介護予防）認知症対応型共同生活介護	月　日
✓（介護予防）短期入所生活介護（特養等）	月 1~6 日	□定期巡回・随時対応型訪問介護看護	月　回
□（介護予防）短期入所療養介護（老健・診療所）	月　日	□（介護予防）その他の生活支援サービス 　（名称：　　　　　　　　　）	月　回

〔全社協・在宅版ケアプラン作成方法検討委員会作成　無断転載禁止〕

□配食サービス	月　　　回	□生活支援員の訪問(日常生活自立支援事業)	月　　　回
□洗濯サービス	月　　　回	□ふれあい・いきいきサロン	月　　　回
□移動または外出支援	月　　　回	□市町村特別給付　〔　　　　　　　　　〕	
□友愛訪問	月　　　回	□(　　　　　　　　　　　　　)	月　　　回
□老人福祉センター	月　　　回		
□老人憩いの家	月　　　回	□(　　　　　　　　　　　　　)	月　　　回
□ガイドヘルパー	月　　　回		
□身障／補装具・日常生活用具 (　　　　　　)			

<table>
<tr><td rowspan="5">直近の入所・入院</td><td>□介護老人福祉施設
□介護老人保健施設
□介護医療院(介護療養型医療施設)
□認知症対応型共同生活介護適用施設(グループホーム)
□特定施設入居者生活介護適用施設(ケアハウス等)</td><td>□医療機関(医療保険適用療養病床)
☑医療機関(療養病床以外)
□その他の施設</td><td>施設・機関名　○○病院
所在地　〒
　○○市○○区○○○ー○
☎</td></tr>
</table>

<table>
<tr><td rowspan="2">制度利用状況</td><td>年金　☑老齢関係→(　　　　　　　)
　　　　□障害関係→(　　〉合計6万円/月)
　　　　☑遺族・寡婦→(　　　　　　　)
□恩給
□特別障害者手当
□生活保護
□生活福祉資金貸付
□高齢者住宅整備資金貸付
□日常生活自立支援事業
□成年後見制度⇒　□成年後見　□保佐　□補助
　　　　　　　　　成年後見人等(　　　　　　)</td><td>健康保険　□国保　　　□協会けんぽ(旧・政管健保)
　　　　　□組合健保　□日雇い
　　　　　□国公共済　□地方共済
　　　　　□私立学校共済　□船員
　　　　　☑後期高齢者医療
□労災保険→(　　　　　　　　　　　)

その他　☑(　娘（次女）の収入　)
　　　　☑(　貯蓄　　　　　　　　)
　　　　□(　　　　　　　　　　　)</td></tr>
</table>

4 住居等の状況

<table>
<tr><td colspan="2">☑1戸建て　　　　　□集合住宅
賃貸・(所有)・社宅等・公営住宅・その他(　　　　　　　)</td><td rowspan="7">家屋(居室を含む)見取図　　※段差には▲を記入</td></tr>
<tr><td>居室等の状況</td><td>ア. ☑専用居室あり　　　□専用居室なし
イ. ☑1階　□2階　□その他(　　)階⇒エレベーター□有□無
ウ. □布団　☑ベッド⇒□固定式　□ギャッチ　☑電動
　　　　　　□その他(　　　　　　)
エ. 陽あたり　□良　☑普通　□悪
オ. 暖房　☑あり　□なし　カ. 冷房　☑あり　□なし</td></tr>
<tr><td rowspan="2">トイレ</td><td>ア. □和式　☑洋式
　　□その他(　　　)
イ. 手すり　☑あり　□なし
ウ. トイレまでの段差　□あり　☑なし</td></tr>
<tr><td rowspan="3">室外／移動手段／室内</td><td>福祉機器
☑使用している　□使用していない
↓使用している場合
☑車いす　□電動車いす
□杖　　　□歩行器
□その他(　　　)</td></tr>
<tr><td rowspan="2">浴室</td></tr>
<tr><td>ア. ☑自宅にあり　□自宅になし
イ. 手すり　☑あり　□なし
ウ. 浴室までの段差　☑あり　□なし</td><td>福祉機器
☑使用している　□使用していない
↓使用している場合
☑車いす　□電動車いす
□杖　　　□歩行器
□その他(　　　)</td></tr>
</table>

諸設備	調理器具	☑ガス □IH	暖房器具	□ガス □電気 □灯油 □その他(　　)

【周辺環境・立地環境・その他住居に関する特記事項】

浴室、トイレの段差は1.5cmなので、車いすで越えることが可能。

玄関から門までは3mくらいある。教会敷地とつながっている。

交通の便が良く、かかりつけ医、スーパー等、すぐ近くにあり、公園も近くにある。

〔全社協・在宅版ケアプラン作成方法検討委員会作成　無断転載禁止〕

5 本人の健康状態・受診等の状況

既往歴・現症（必要に応じ「主治医意見書」を転記）

※要介護状態に関係がある既往歴および現症

・脳梗塞後遺症（軽度左上下肢不全まひ）

・鉄欠乏性貧血

・便秘症

・認知症（血管性）

・肺炎

身　長	145　cm	体　重	38　kg

歯の状況：□歯あり　□歯なし　☑総入れ歯　□局部義歯
⇨6-②生活機能（食事・排泄等）

障害等の部位

△障害部位　×欠損部位　●褥瘡部位

（正面）　（背面）

【特記事項】（病気やけが、障害等に関わる事項。改善の可能性等）
・若い頃から病弱だったこともあり、健康に気遣っており、特に歯は気遣っている。
　総義歯は毎食後手入れを欠かさず、義歯を装着しなければ食事摂取しない。
・水分のむせありトロミが必要。固形物はひと口サイズでよくかんで食べることで摂取可能。
　疲れてくると自立摂取できないため、途中から介助する必要あり。時間はかかるが全量摂取可能。
・機嫌が悪い時は暴力あり。時間をおくことが必要。口中を確認しながら介助を行うこと。

主治医からの指導・助言事項。視力障害、聴力障害、麻痺、関節の動き、褥瘡、その他皮膚疾患（以上要介護認定項目）、外傷、内部障害、言語障害、動悸・息切れ、便秘、尿失禁、便失禁、摂食嚥下障害、口腔（炎症・痛み・出血・口臭・虫歯・不良義歯等）に留意のこと。

現在の受診状況（歯科含む）

病　名	脳梗塞後遺症、便秘症	鉄欠乏性貧血、認知症	肺炎	義歯調整
薬の有無	☑有　□無	☑有　□無	☑有　□無	□有　☑無
受診状況 発症時期 ※主治医意見書を参考に記入	75歳	90歳頃	くり返し	不詳
受診頻度	☑定期（週・月 2回）□不定期	☑定期（週・月 2回）□不定期	□定期（週・月　回）☑不定期	□定期（週・月　回）☑不定期
受診状況	☑通院　□往診	☑通院　□往診	□通院　□往診	☑通院　□往診
受診病院 医療機関	○○クリニック	○○クリニック	○○病院	○○歯科
診療科	内科	内科	内科	歯科
主治医	○○Dr	○○Dr	○○Dr	○○
連絡先	☎	☎	☎	☎
受診方法留意点等	次女介助	同左	かかりつけ医より紹介入院	次女介助

往診可能な医療機関	☑無　□有（　　　　　　　　　　　　　　　　）☎
緊急入院できる医療機関	□無　☑有（　○○病院　　　　　　　　　　　）☎　○○○-○○○
相談、処方を受けている薬局（かかりつけ薬局）	□無　☑有（　○○薬局　　　　　　　　　　　）☎

【特記、生活上配慮すべき課題など】
・薬は一包化、カプセルは飲めない。認知症の内服等はなく、機嫌改善のための漢方薬（抑肝散）が処方されている。
・信頼しているかかりつけ医は、自宅のすぐ近くなので往診の希望なし。次女も同じかかりつけ医。
・義歯の調整が必要な時や、こわれた時に歯科受診している。

6 本人の基本動作等の状況と援助内容の詳細

●6-①基本(身体機能・起居)動作

要介護認定項目				
	1-1	麻痺等(複数可)	1	② 3 ④ 5 6
	1-2	拘縮(複数可)	1	② 3 4 ⑤
	1-3	寝返り	1	② 3
	1-4	起き上がり	1	② 3
	1-5	座位保持	1	2 ③ 4
	1-6	両足での立位保持	1	② 3
	1-7	歩行	1	2 ③
	1-8	立ち上がり	1	② 3
	1-9	片足での立位保持	1	2 ③
	1-10	洗身	1	2 ③ 4
	1-11	つめ切り	1	2 ③
	1-12	視力	①	2 3 4 5
	1-13	聴力	①	2 3 4 5
	1-14	関節の動き(複数可)	1	② 3 4 5 6 ⑦

現在、家族が実施している場合は○
時々実施の場合は△

現在、在宅サービス等で実施している場合○

本人・家族がサービス実施を希望する場合○

要援助と判断される場合に✓
計画した場合に○(確認)

体位変換・起居

6-①1-1、1-2関係	援助の現状		希望	要援助→計画
	家族実施	サービス実施		
1)体位変換介助	○			
2)起居介助	○			

リハビリの必要性
□あり→P9
□なし

6-①基本(身体機能・起居)動作(1-10、1-12、1-13は別記)

【特記、解決すべき課題など】

すべてにおいて家族などが一部〜全介助している。
不安な時など、突如起き上がろうとしたり、立ち上がろうとしたりすることがあるため、常時見守りや声かけが必要。

入浴

6-①1-10関係	援助の現状		希望	要援助→計画
	家族実施	サービス実施		
1)準備・後始末	○	○	○	✓
2)移乗移動介助	△	○	○	✓
3)洗身介助		○	○	✓
4)洗髪介助		○	○	✓
5)清拭・部分浴	△	○	○	✓
6)褥瘡・皮膚疾患の対応				

2)移乗移動介助	
現状	計画
□見守りのみ	□見守り必要
✓介助あり	✓介助必要

3)洗身介助	
□見守りのみ	□見守り必要
✓介助あり	✓介助必要

【特記、解決すべき課題など】

デイで入浴しているが、週末自宅で過ごす時は、排便後や失禁時等にシャワーで次女が部分浴を行うことがある。

<コミュニケーションの状況・方法(6-①1-12、1-13関係)>

ア.視聴覚
　□眼鏡使用　□コンタクト使用　□補聴器使用

イ.電話
　✓あり　□なし

ウ.言語障害
　□あり(　　　　　)　✓なし

エ.コミュニケーション支援機器の使用
　□あり(　　　　　)　✓なし

【特記、解決すべき課題など】

受話器を耳にあてると話すことはできるが、理解して話すことは難しい。
「こんにちは」程度の挨拶は可。

〔全社協・在宅版ケアプラン作成方法検討委員会作成　無断転載禁止〕

6-②生活機能（食事・排泄等）

要介護認定項目		
2-1	移乗	1 2 3 ④
2-2	移動	1 2 3 ④
2-3	えん下	1 ② 3
2-4	食事摂取	1 2 ③ 4
2-5	排尿	1 2 3 ④
2-6	排便	1 2 3 ④
2-7	口腔清潔	1 2 ③
2-8	洗顔	1 2 ③
2-9	整髪	1 2 ③
2-10	上衣の着脱	1 2 3 ④
2-11	ズボン等の着脱	1 2 3 ④
2-12	外出頻度	① 2 3
2-13	飲水摂取	1 2 ③ 4

＜その他食事の現状（6-②2-4関係）＞

ア．食事場所 ☑食堂 □居室ベッド上
　　□布団上 □その他居室内
　　□その他（　　　　　　　　　　）
イ．食堂までの段差 □あり ☑なし
ウ．咀嚼の状況 ☑問題なし □問題あり
　→ □噛みにくい □時々噛みにくい
　　□とても噛みにくい
エ．食事の内容
　☑一般食 □糖尿食 　　Kカロリー
　□高血圧食 　g □抗潰瘍食
　□その他（　　　　　　　　　　）

＜その他排泄の状況（6-②2-5、2-6関係）＞

ア．尿意
　☑ある □ときどきある □ない
イ．便意
　☑ある □ときどきある □ない

食事

6-②2-1～2-4 関係	援助の現状		希望	要援助→計画
	家族実施	サービス実施		
1)移乗介助	○	○	○	☑
2)移動介助	○	○	○	☑
3)摂取介助	○	○	○	☑

【特記、解決すべき課題など】
・えん下の見守り要。疲れてくると自力摂取しないため、介助要。
・声かけを行い、各動作をなるべく自分でできそうな所は一部だけでもやってもらうよう心がけている。
・体調不良時に機嫌悪いことが多く、スプーンを投げたり義歯を投げたりすることもあり、様子をみながら時間をおいて介助を行うことが必要。

主食

現状	計画
☑普通食	☑普通食
□粥食	□粥食
□経口栄養	□経口栄養
□経管栄養	□経管栄養
□その他	□その他
（　　　　　）	（　　　　　）

副食

現状	計画
☑普通食	☑普通食
□刻み食	□刻み食
□ミキサー食	□ミキサー食
□その他	□その他
（ 水分とろみ ）	（ 水分とろみ ）

摂取介助

□見守りのみ	□見守り必要
☑介助あり	☑介助必要

排泄等

6-②2-5～2-11 関係	援助の現状		希望	要援助→計画
	家族実施	サービス実施		
1)準備・後始末	○	○	○	☑
2)移乗移動介助	○	○	○	☑
3)排尿介助	○	○	○	☑
4)排便介助	○	○	○	☑
5)口腔清潔介助	○	○	○	☑
6)洗面介助	○			
7)整容介助	○			
8)更衣介助	○			

排尿介助（2-5）

現状	計画
□見守りのみ	□見守り必要
☑介助あり	☑介助必要
☑トイレ	☑トイレ
☑ポータブルトイレ	☑ポータブルトイレ
□尿収器	□尿収器
□導尿	□導尿
☑おむつ	☑おむつ

排便介助（2-6）

現状	計画
□見守りのみ	□見守り必要
☑介助あり	□介助必要
☑トイレ	☑トイレ
□ポータブルトイレ	□ポータブルトイレ
□差し込み便器	□差し込み便器
☑おむつ	☑おむつ
□摘便	□摘便
□浣腸	□浣腸
□人工肛門	□人工肛門

【特記、解決すべき課題など】
・トイレで排泄したい気持ちが強いため、訴える時はトイレへ。夜間のみポータブルトイレを使用。
・バランスを崩しやすいため、つかまり立ちをしている間に短時間でズボンの上げ下ろし介助を行うことが必要。

外出

6-②2-12 関係	援助の現状		希望	要援助→計画
	家族実施	サービス実施		
1)移送・外出介助	○	○	○	☑

【特記、解決すべき課題など】
・デイ利用時はスタッフが介助している。
・いろいろなものに興味関心があるため、他人の行動やスーパーの品物等を見ることが好き。
・家族を支援してくれる知人などが、介助してくれることあり。

6-③認知機能

要介護認定項目	3-1	意思の伝達	①	2	3	4
	3-2	毎日の日課を理解する	1	②		
	3-3	生年月日や年齢を答える	1	②		
	3-4	面接調査の直前記憶	1	②		
	3-5	自分の名前を答える	①	2		
	3-6	今の季節を理解する	①	2		
	3-7	自分のいる場所を答える	①	2		
	3-8	徘徊	①	2	3	
	3-9	外出すると戻れない（迷子）	①	2	3	
	3-10	介護者の発言への反応	①	2	3	

●6-④精神・行動障害

要介護認定項目	4-1	被害妄想（物を盗られたなど）	①	2	3
	4-2	作話をする	①	2	3
	4-3	感情が不安定になる	1	②	3
	4-4	昼夜の逆転	①	2	3
	4-5	しつこく同じ話をする	①	2	3
	4-6	大声を出す	1	②	3
	4-7	介護に抵抗する	1	②	3
	4-8	落ち着きがない（「家に帰る」等）	1	②	3
	4-9	外に出たがり目が離せない	①	2	3
	4-10	ものを集める、無断でもってくる	①	2	3
	4-11	物を壊す、衣類を破く	1	②	3
	4-12	ひどい物忘れ	1	2	③
	4-13	独り言や独り笑い	①	2	3
	4-14	自分勝手な行動	①	2	3
	4-15	話がまとまらない、会話にならない	①	2	3
	4-16	幻視・幻聴	①	2	3
	4-17	暴言・暴力	1	②	3
	4-18	目的なく動き回る	①	2	3
	4-19	火の始末・管理	①	2	3
	4-20	不潔行為	1	②	3
	4-21	異食行動	①	2	3

6-③認知機能、6-④精神・行動障害　全般

家族等からの情報と観察

・亡くなった夫が（記憶の中では）生存していることになっていて、よく夫の心配をしている。「○○時までに帰らないと主人が帰ってくる」等。
・気分のムラがあり、機嫌が悪い時には、ツバをとばしたり、相手の人の手をつねったり、足でけったりすることがある。
・物忘れがあり同じ話を繰り返すことは多いが、周囲の雰囲気を察することができるため、しつこい程度ではない。

援助の現状

（家族）	（サービス）
・義歯を投げて割ったことがあり再作製が大変だったことを気にしている。 ・本人の言動を「いつものこと」と考えているため、怒ることは少ないが、都度、本人に言い聞かせる感じで接している。	・本人の気分にあわせて関わる。 ・義歯については、再作製は本人の気分のムラがあり困難を極めるため、こわさないようにと、歯科医から言われている。

援助の希望（本人）

・「義歯がこわれると困る」と言う（ただし、感情的になっている時には、義歯も含めあらゆるものを投げる）。
・「おいしいものを食べさせて」とよく言う。それ以外の困りごとはないと言う。
・むせてえん下がきつい時でも「でも私は食べる」との弁あり。

援助の希望（家族）

・機嫌が悪く介護者の手をつねったり、ツバを吐いたりする時には、必ずきっかけ・原因があるので、背景をさぐって関わってほしい。
・支援していただく皆さまに迷惑をかけて申し訳ない。でもあと生きても数年しかないと思うのでよろしくお願いしたい。

援助の計画

・気分のムラ、機嫌が悪い時には体調不良、ペースを乱された、あまりにも近くに寄って声をかけられた、等、必ず原因があるので、そこを考えて支援方法を考えていく。
・肺炎を繰り返しているため、機嫌が悪い時には特に、姿勢にも注意して、しばらく時間をおいてから気持ちが安定した時に関わる等、関係者で共通認識を確認したうえで関わる。

【特記、解決すべき課題など】

・食事中に機嫌が悪くなった時には、いったん居室に戻ったり、デイの時には個別対応することで安定するように関わることが必要。

〔全社協・在宅版ケアプラン作成方法検討委員会作成　無断転載禁止〕

●6- ⑤社会生活（への適応）力

要 介 護 認 定 項 目	5-1　薬の内服	1　2　③
	5-2　金銭の管理	1　2　③
	5-3　日常の意思決定	1　②　3　4
	5-4　集団への不適応	①　2　3
	5-5　買い物	1　2　3　④
	5-6　簡単な調理	1　2　3　④
	5-7　電話の利用	1　2　③
	5-8　日中の活動(生活)状況等	1　②　3
	5-9　家族・居住環境、社会参加の状況などの変化	1　②

→6-⑥医療・健康関係へ

6-⑤5-2、 5-5〜5-6関係	援助の現状		希望	要援助 →計画
	家族実施	サービス実施		
1) 金銭管理	◯			
2) 買い物	◯			
3) 調理	◯			
4) 準備・後始末	◯			

6-⑤5-7〜 5-8関係	援助の現状		希望	要援助 →計画
	家族実施	サービス実施		
1) 定期的な 相談・助言		◯	◯	☑
2) 各種書類 作成代行	◯			
3) 余暇活動 支援	◯			
4) 移送・外出 介助	◯		◯	☑
5) 代読・代筆	◯			
6) 話し相手	◯			
7) 安否確認	◯			
8) 緊急連絡手 段の確保	◯			
9) 家族連絡 の確保	◯			
10) 社会活動 への支援	◯			

＜社会活動の状況（6-⑤5-8、5-9関係）＞

ア．家族等近親者との交流
　☑あり（長女、長女の家族　　　　）　□なし

イ．地域近隣との交流
　☑あり（信者さん、近隣者との挨拶）　□なし

ウ．友人知人との交流
　☑あり（次女の職場の同僚　　　　）　□なし

緊急連絡・ 見守りの方法	次女、長女の携帯を緊急連絡先 としている。

【特記、解決すべき課題など】

・薬は、薬局で一包化したものを、毎回、ヨーグルト等と一緒に、介助で口に入れ、のみ込むまで確認している。
・意思伝達ははっきりできるが、日常的でないことに関する判断は難しい。
・金銭管理はすべて次女が行う。
・食べたいものを選ぶことは可能なので、車いすで次女が介助し近くのスーパーに行っている。
　機嫌が悪い時には、車いすで少し外回りを散歩すると、気分が安定しやすくなる。
・近隣者や信者さんとは「こんにちは」「お元気ですか」程度の挨拶を交わすことができるが、よほど会話をあ
　わせられる相手でなければ、それ以上の会話は困難。
・礼拝中はじっとして観察・礼拝を行っている（大声を出すこともまったくない）。

〔全社協・在宅版ケアプラン作成方法検討委員会作成　無断転載禁止〕

		援助の現状		希望	要援助→計画
		家族実施	サービス実施		
1）測定・観察		◯	◯	◯	☑
2）薬剤の管理		◯	◯		
3）薬剤の使用		◯	◯		
4）受診・検査介助		◯	◯		
5）リハビリテーション			◯	◯	☑
6）医療処置の管理			◯		

要介護認定項目

処置内容

1. 点滴の管理 ◯
2. 中心静脈栄養
3. 透析
4. ストーマ（人工肛門）の処置
5. 酸素療法 ◯
6. レスピレーター（人工呼吸器）
7. 気管切開の処置
8. 疼痛の看護
9. 経管栄養

特別な対応

10. モニター測定（血圧、心拍、酸素飽和度等）◯
11. じょくそうの処置
12. カテーテル（コンドームカテーテル、留置カテーテル、ウロストーマ等）

【特記、生活上配慮すべき課題など】

肺炎で入院中のため、左記実施あり。
退院後は通常定期の内服のみに変更。

現状	計画	具体的内容
☑	☐	バイタルサインのチェック
☑	☐	定期的な病状観察
☑	☐	内服薬
☐	☐	坐薬（緩下剤、解熱剤等）
☐	☐	眼・耳・鼻等の外用薬の使用等
☐	☐	温・冷あん法、湿布貼付等
☑	☐	注射
☑	☐	吸引
☐	☐	吸入
☐	☐	自己注射（インスリン療法）
☐	☐	経管栄養法
☐	☐	中心静脈栄養法
☑	☐	酸素療法
☐	☐	人工呼吸療法
☐	☐	気管カニューレ管理
☐	☐	自己導尿
☐	☐	自己腹膜灌流
☐	☐	膀胱留置カテーテル管理
☐	☐	人工肛門・人工膀胱管理
☐	☐	疼痛管理
☐	☐	褥瘡管理

介護に関する医師の意見（「主治医意見書」を転記）

（1）移動

屋外歩行	☐自立	☐介助があればしている	☑していない
車いすの使用	☐用いていない	☐主に自分で操作している	☑主に他人が操作している
歩行補助具・装具の使用（複数選択可）	☐用いていない	☑屋外で使用	☑屋内で使用

（2）栄養・食生活

食事行為　☐自立ないし何とか自分で食べられる　☑全面介助

現在の栄養状態　☑良好　☐不良

→ 栄養・食生活上の留意点（　えん下に注意、水分とろみが必要　）

（3）現在あるかまたは今後発生の可能性の高い状態とその対処方針

☐尿失禁　☐転倒・骨折　☐移動能力の低下　☐褥瘡　☑心肺機能の低下　☐閉じこもり　☐意欲低下　☐徘徊
☑低栄養　☑摂食・嚥下機能低下　☑脱水　☑易感染性　☐がん等による疼痛　☐その他（　　　）

→ 対処方針（　　　　　　　　　）

（4）サービス利用による生活機能の維持・改善の見通し

☑期待できる　☐期待できない　☐不明

（5）医学的管理の必要性（特に必要性の高いものには下線を引いて下さい。予防給付により提供されるサービスを含みます。）

☐訪問診療　☑訪問看護　☐訪問歯科診療　☐訪問薬剤管理指導
☐訪問リハビリテーション　☑短期入所療養介護　☐訪問歯科衛生指導　☐訪問栄養食事指導
☑通所リハビリテーション　☐老人保健施設　☐介護医療院　☐その他の医療系サービス（　　　）
☐特記すべき項目なし

（6）サービス提供時における医学的観点からの留意事項（該当するものを選択するとともに、具体的に記載）

☐血圧（　　　）　☑摂食（えん下注意、水分とろみ）　☑嚥下（ゆっくり、ひと口ずつ）
☑移動（立位時等バランス悪く転倒注意）　☑運動（声かけしてタイミングをはかる）　☐その他（　　　）
☐特記すべき項目なし

（7）感染症の有無（有の場合は具体的に記入して下さい。）

☑無　☐有（　　　）　☐不明

7 全体のまとめ

○誤えん性と細菌性の両方の肺炎を繰り返しており、常時観察、異常の早期発見、早期受診が大切。

次女は細かく観察し、対応には慣れているものの、専門的視点からの対応は必要。

○入退院や肺炎を繰り返すたびに、徐々にレベル低下が予測されるため、①担当医からの家族への都度の説明、②経口摂取の方法（姿勢や介助の仕方）について都度確認、③家族へのサポート（不安なこと、疑問なことがあれば、医師、病院との間の調整等）を行うことが大切。

○本人が「好きなものを食べたい」という希望を第一に、少量でも経口摂取できるように。ただし、リスク説明は都度行い、①急変時の対応、②治療をどこまで行うか等について、関係者全員で共通認識をしておくこと。

○全身状態のレベルがなるだけ低下しないよう、家族への精神的サポート、実質的介護支援を行い、入退院を繰り返さずに済むよう、最後まで口から食べることが叶うよう、外来対応レベルでおさめたい。

○身体：できることはなるだけ自分で（義歯入れ外し、食事摂取、トイレでの排泄、意思表示、会話等）。

精神：・「ありがとう」とよく発言あり。観察力に優れている。さまざまなものへの興味関心の維持。

・教会の礼拝に参加し、信者さんとの交流により安定をはかる。

・機嫌の悪い時は、体調悪化を第一に疑う。

社会：次女が介護について熟知しており、観察力にも優れているため、早めの対応ができやすい。

・次女の息抜きのために長女が支援できる環境がある。

・すぐ近くのかかりつけ医を大変信頼していて、次女も頻回に相談している。

・入院先の病院と、かかりつけ医、ケアマネジャーとの連携が図りやすい関係性ができている。

○入退院の際は必ず、本人・家族の生活状況、ADLレベル等の情報交換を行い、医学的な注意点や観察点、また、入院中のエピソード等を情報入手し、関係者全員で共有しておくことが大切。何気ない疑問でも解決しておくことがリスク防止にもつながる。

災害時の対応の必要性について⇒有の場合	必要性の有無 有 無	個別避難計画策定の有無 有 策定中 無
災害時の連絡先（家族以外／民生委員等）	（氏名）○○さん （本人との関係）近隣者（古いつきあいの人）TEL. ○○○-○○○ FAX.　メール	
備考	車いすの移動介助、本人への声かけ	

権利擁護に関する対応の必要性について⇒有の場合	必要性の有無 有 無
備考	

251 〔全社協・在宅版ケアプラン作成方法検討委員会作成　無断転載禁止〕

■1日のスケジュール

時刻	本人の生活リズム	①本人が自分でしていること ②したいと思っていること (興味、関心)	援助の現状 家族実施	援助の現状 サービス実施	要援助と判断される場合に✓計画した場合に○(確認)
0					
1					
2 (深夜)					
3					
4					
5					
6			朝食準備		
7 (早朝)	□ ○ ◎(時々) △	① ゆっくりスプーンで食べる(途中で食べなくなることもある)	起居、排泄、更衣介助 食事介助 歯みがき介助		
8					
9 (午前)			通所見送り		
10	○			排泄介助	✓
11	☆			入浴介助	✓
12	△	① ゆっくりスプーンで食べる(途中で食べなくなることもある)		食事介助	✓
13	◎(時々)			排便介助	✓
14 (午後)					
15					
16			通所出迎え		
17	○		排泄介助		
18					
19 (夜間)	△	① ゆっくりスプーンで食べる(途中で食べなくなることもある)	食事介助		
20			歯みがき介助 排泄介助		
21			更衣介助 移乗介助		
22	○				
23 (深夜)	■				
24					

◎:排便　△:食事　□:起床
○:排尿　☆:入浴　■:就寝

〔全社協・在宅版ケアプラン作成方法検討委員会作成　無断転載禁止〕

居宅サービス計画書（1）

初回 ・ 紹介 ・ 継続○　　認定済○ ・ 申請中

利用者名　A　　殿　　生年月日 T○ 年○月○日　　住所　○○市○○区○○○丁目○-○

居宅サービス計画作成者氏名　○○

居宅介護支援事業者・事業所名及び所在地　○○マネジメントセンター　○○市○○区○○

居宅サービス計画作成（変更）日　○年 4月 ○日　　初回居宅サービス計画作成日　○年 ○月 ○日

認定日　○年 ○月 ○日　　認定の有効期間　○年 ○月 ○日 ～ ○年 ○月 ○日

要介護状態区分	要介護1 ・ 要介護2 ・ 要介護3 ・ 要介護4 ・ 要介護5○
利用者及び家族の生活に対する意向を踏まえた課題分析の結果	本人）皆さんについても良くしてもらっているし、娘もよくしてくれるので困ったことはない。おいしいものを食べたい。 次女）食べることが好きな母なので、のみ込みは少しずつ悪くなっているが最後まで口から食べさせたい。たとえ誤嚥性肺炎を繰り返したとしても、徐々にレベル低下しても願い叶えてあげたい。自分は働いているため日中だけ通所サービスを活用していきたい。 長女）次女の意向と同じ。医師の方も大変と思うけど、何とか口からお願いしたい。次女のサポートをして母の希望をかなえたい。 本人の「食べたい」という思いをかなえるためにも、全身状態に注意を払い、残存能力を活用したアプローチの工夫をして、関係者間で連携を図りリスクを最小限に抑えながら、在宅継続を図る。
介護認定審査会の意見及びサービスの種類の指定	記載なし
総合的な援助の方針	「食べることが好き」という意思を尊重しつつ、リスクを最低限におさえるために、関係者全員で支援の方針を共通認識して在宅生活を支援する。ご家族自身の時間を確保して、ご本人の支援体制を考え、本人・ご家族ともに病状悪化しないように、観察・支援する。入退院の繰り返しもあるため、かかりつけ医、入院先の○○病院とも連携を図り、自宅でも入院でも本人、ご家族の不安を最小限にできるよう、チームで支援する。 （　緊急時の連絡先：次女 ○○さん 携帯 000-0000-0000　長女 ○○さん 携帯 000-0000-0000 　かかりつけ医：○○クリニック ○○Dr. tel 000-0000　入院 ○○病院： tel 000-0000　連携室○○さん　）
生活援助中心型の算定理由	1. 一人暮らし　　2. 家族等が障害、疾病等　　3. その他（　　　　）

253

居宅サービス計画書（2）

利用者名　A　殿　①

| 生活全般の解決すべき課題（ニーズ） | 目標 | | | | 援助内容 | | | | | |
	長期目標	（期間）	短期目標	（期間）	サービス内容	※1	サービス種別	※2	頻度	期間
肺炎（誤えん性と細菌性）を繰り返し、入院している。足し、自覚症状に乏しいため、定期的な状態観察、加えて体調悪化時は早期対応が必要である。	定期的な病状観察を行い、なるだけ入院せずに自宅で過ごすことができる。	R.○年 5/1- 10/31	定期的な状態観察を行い、悪化を早期発見し、対処できる。	R.○年 5/1- 6/30	定期受診、薬の一包化		○○医師、薬局	○○クリニック ○○薬局	2/M	R.○年5/1-6/30
					定期的病状観察、座位姿勢チェック	○	訪問看護	○○ステーション	1/W	〃
					家族との情報交換・助言	○	通所リハ	○○デイケア	2/W	〃
					各関係者間との情報交換・共有	○	通所介護	○○デイサービス	3/W	〃
					水分量の確認、悪化時Dr.への連絡		家族	家族	毎日	〃
食べることが好きで、最後まで口から食べたいし、食べさせたいというのが一番の希望。ごはんが少しずつ悪くなっているが、注意して食事をさせたい。ただし機嫌が悪い時には無理せず、時間をあけて行う等、工夫をしてほしい。	必要な水分、食事量を安全に摂取できる。	R.○年 5/1- 10/31	誤えんを防止しながら必要な食事を摂取できる。	R.○年 5/1- 6/30	食事前の口腔体操「パタカラがらがらの」		家族	家族	毎日	R.○年5/1-6/30
					水分ところ、固形物はひと口	○	通所リハ	○○デイケア	2/W	〃
					ワス下評価しながらの食事介助	○	通所介護	○○デイサービス	3/W	〃
					精神状態に応じた食事対応（個別にゆっくり等）					
日中ひとりになるため、通所を利用してほしい。次せが入院したため、自宅での入浴介助が困難になってきた。	家族不在時も、不安なく過ごすことができる。	R.○年 5/1- 10/31	身体を清潔に保ち、誤えんなく過ごせる現状レベルを維持できる。	R.○年 5/1- 6/30	入浴介助	○	通所サービス	○○デイサービス	3/W	R.○年5/1-6/30
					食事、飲水、排泄、更衣介助	○	通所リハ	○○デイケア	2/W	〃
					機能維持（筋力、えん下）のための評価とトレーニング					
					義歯入れ外し、食事できる部分はやってもらう		本人	本人		
いろいろな物事に興味関心があり、気分のムラの背景をよく探り、適切に対応することができる。気分がよいとよく話されるが、機嫌が悪いとリハビリを拒否したりお皿に当たることがある。	気分のムラの背景因を探り、適切に対応できる。	R.○年 5/1- 10/31			他者との挨拶や交流を積極的に行う	○	関係者全員	関係者全員	適宜	R.○年5/1-6/30
					ゆっくり本人と話しながら対応する					
					体調悪化がないか、病状観察を行う					
					場所を変えて気分転換を図る					
高齢でもあり、徐々に全身状況の低下が予測されるため、急変時の対応や、今後の治療方針について、家族を含めた関係者で情報共有をしておく必要がある。	関係者全員で情報共有することで、安心な生活ができる。	R.○年 5/1- 10/31	具体的な決めごとをして、関係者全員で情報共有ができる。	R.○年 5/1- 5/31	急変時の対応、今後予測される状態	○	関係者全員	関係者全員	早急に	R.○年5/1-5/31
					入院した時はどこまで治療を行うか。					
					経口摂取がパイになった時はどこで過ごすか。等の情報交換と共有（かかりつけ医、病院Dr.含む話し合い）					
本人及び家族の気分転換を図りながら少し気分転換を図り、在宅継続ができる。	本人、家族とともに精神安定を図り、在宅継続ができる。	R.○年 5/1- 10/31	お互いの気分転換の時間を持ち、よい表情で過ごせる。	R.○年 5/1- 6/30	次せの時間（旅行等）にあわせて短期間外食べ物の確保を行う	○	ショートステイ	△△ホーム	日に数日	R.○年5/1-6/30
					好きな食べ物を買いに出かける			次せと本人		〃
					好きな花等を見に、外出する			次せと本人、知人		〃

※1「保険給付対象かどうかの区分」について、保険給付対象のサービスについては○印を付す。
※2「当該サービス提供を行う事業所」について記入する。

254

居宅サービス計画書（2）　　　第2表

利用者名　　　A　　　殿　　②

生活全般の解決すべき課題（ニーズ）	目標						援助内容				
	長期目標	(期間)	短期目標	(期間)	サービス内容	※1	サービス種別	※2	頻度	期間	
日々の生活の中で不安に思うことや疑問に思うこと等、家族だけではわからないことへの相談。	状態に応じ、安心して日々を過ごすことができる。	R.○年 5/1-10/31	疑問や不安を解決しながら日々を過ごす。	R.○年 5/1-6/30	不安点、疑問点を相談する 関係者間の連携を図るためにノートの活用、入院時は自宅での情報伝達 退院前には現状把握、医学的な面に開してわかりやすく説明追加	○	関係者全員	家族 関係者全員	随時 〃 〃	R.○年5/1-6/30 〃	

※1「保険給付対象かどうかの区分」について、保険給付対象のサービスについては○印を付す。
※2「当該サービス提供を行う事業所」について記入する。

255

週間サービス計画表

利用者名　A　殿

	月	火	水	木	金	土	日	主な日常生活上の活動
深夜 0:00								
2:00								
早朝 4:00								
6:00								起床、排泄、更衣、口腔ケア
8:00								食事
午前 10:00	通所リハ	通所介護	通所介護	通所リハ	通所介護	車いすで買物（妻が介助）	車いすで買物、散歩（妻が介助）	排泄 / 入浴
12:00								食事 / 排泄
午後 14:00								
16:00					訪問看護			
夜間 18:00								排泄 / 食事
20:00								口腔ケア
22:00								排泄、更衣、移乗
深夜 24:00								就寝

週単位以外 のサービス	通院 1/2M、歯科受診（不定期）、ショートステイ（月1〜6日程度） 妻の同僚の訪問、近隣者との挨拶

事例④

令和4 年　4月 25 日相談受付　｜　訪問・⦅電話⦆・来所・その他(　　　　　)　初回相談受付者 N

本人氏名	A			⦅男⦆・女	年齢	M T ⦅S⦆	15 年　1 月　2日生れ (82 歳)
住　所	〒 C区D町3丁目　○○マンション1003					☎ ○○-○○-○○○ 携帯 △△△-△△△	
緊急連絡先	氏名	B		男・⦅女⦆	年齢(43 歳)	本人との続柄(　娘　)	
	住所	C区E町4丁目　△△マンション203				☎ 携帯 ×××-×××	
相談者	氏名	B		男・女	年齢(　歳)	本人との続柄(　　　)	
	住所	同上				☎ 携帯	
相談経路 (紹介者)	娘さんから居宅介護支援の依頼があり、F主任ケアマネジャーから担当をまかされる						
居宅サービス計画 作成依頼の届出	届出年月日　　R4 年　　4 月　　29 日						

■相談内容(主訴／本人・家族の希望・困っていることや不安、思い)

(本人)少しでもリハビリをして自分で動けるようになって自分の家でのんびり過こしたい。こんな体力じゃしょうがないよ。検査も治療もできないなら、家で皆さんの世話になって療養するよ。娘の家族の厄介になるのは孫もまだ小学生や保育園に行ってるので生活リズムが違うからお互い気を遣うよ。娘には仕事を続けてほしい。

(介護者・家族)

ひとりで過ごして何かあると心配なので自分の家にとりあえず来て療養してもらい、病や治療方針が決まったらまた考えていくことにしたい。自分だけではわからないのでいろいろな人に相談したい。

■これまでの生活の経過(主な生活史)

東京生まれ東京育ち。2人きょうだいの末っ子の弟。都内の大学を出て銀行に勤める。30歳の時に妻とは見合い結婚。40歳の時に娘が生まれる。銀行は転勤も多かったため賃貸のマンション等で生活していた。妻は専業主婦であった。

60歳で定年退職する。63歳肺がんを患う。65歳の時に妻をがんで亡くし、娘と2人暮らしをしていた。70歳の時に娘が結婚のため家を出て独居となる。

自分で買い物・食事づくり等もできていた。体調不良時も自分で救急車を呼び、娘さんの手をわずらわせることはあまりなかった。

介護保険	利用者負担割合	☑1割　□2割　□3割	後期高齢者医療 保険(75歳以上)	一部負担金 ☑1割負担　□2割負担　□3割負担		
高額介護 サービス費該当	利用者負担	(　□第5段階　　□第4段階　　☑第3段階　　□第2段階　　□第1段階　)				
要介護認定	済　➡	非該当・要支援　1・2　要介護　1・2・⦅3⦆・4・5			認定日	R4年　5月26日
	未(見込み)➡	非該当・要支援　1・2　要介護　1・2・3・4・5				
身体障害者手帳	□有 ☑無	等　級	種　　級		交付日	年　　月
療育手帳	□有 ☑無	程　度			交付日	年　　月
精神障害者 保健福祉手帳	□有 ☑無	等　級	級		交付日	年　　月
障害福祉サービス 受給者証の有無	□有 ☑無	自立支援医療 受給者証の有無　□有 ☑無	障害支援区分→(　　　　　　　)			
日常生活自立度	障害高齢者	自立・J1・J2・A1・A2・⦅B1⦆・B2・C1・C2	判定者	G (機関名　H　)	判定日	○年　○月　○日
	認知症	⦅自立⦆・I・IIa・IIb・IIIa・IIIb・IV・M		G (機関名　H　)		○年　○月　○日

アセスメント実施日　｜　(初回)　R4 年　6 月　13 日　｜(更新)　年　　月　　日

(引っこしによる再アセスメント　N)　258　　〔全社協・在宅版ケアプラン作成方法検討委員会作成　無断転載禁止〕

2 家族状況とインフォーマルな支援の状況

■家族構成と介護状況

家族構成図	家族の介護の状況・課題
（家系図） 82□ 本人 43○ 小学3年生 保育園児 女性=○，男性=□　分かれば横に年齢を記載 本人=◎，◎ 死亡=●，■　同居=（点線）で囲む	兄：がんにて死亡 妻：がんにて平成12年死亡 娘：小学校の図工の先生　クラス担任なし 　　7：30〜18：00不在　娘の保育園への送迎あり 　　基本土日休みだが、学校行事があると出勤することもある。 婿：土日休み　車を運転するようなことは手伝ってくれる。 孫：小学3年生（おじいちゃんが家に居ることは嫌な様子） 　　保育園　土曜日は習い事をしている様子。

氏名（主たる介護者には※）	続柄	同別居	就労の状況	健康状態等	特記事項（自治会、ボランティア等社会的活動）
※ B	娘	同・別	有	良好	小学校の先生
I	婿	同・別	有	良好	
J	孫	同・別		良好	小学生
K	孫	同・別		良好	保育園
		同・別			

■インフォーマルな支援活用状況（親戚、近隣、友人、同僚、ボランティア、民生委員、自治会等の地域の団体等）

支援提供者	活用している支援内容	特記事項
娘 民生委員 地域包括支援センター	買い物 安否確認、話し相手 安否確認・高齢者独居の情報提供等	

本人が受けたい支援／今後必要になると思われる支援	支援提供者	特記事項
お弁当のサービス		味にこだわりがあり3、4か所の配食サービスは体験済み

3 サービス利用状況

（ 4年 5 月 1 日時点）

在宅利用（認定調査を行った月のサービス利用回数を記入。(介護予防)福祉用具貸与は調査日時点の、特定(介護予防)福祉用具販売は過去6カ月の品目数を記載）

☑訪問介護（ホームヘルプサービス）	月	50	回	□(介護予防)特定施設入居者生活介護	月		日
□(介護予防)訪問型サービス	月		回	□看護小規模多機能型居宅介護	月		日
□(介護予防)訪問入浴介護	月		回	☑(介護予防)福祉用具貸与		3	品目
☑(介護予防)訪問看護	月	9	回	☑特定(介護予防)福祉用具販売		1	品目
□(介護予防)訪問リハビリテーション	月		回	□住宅改修		あり・なし	
□(介護予防)居宅療養管理指導	月		回	☑夜間対応型訪問介護	月		日
□通所介護（デイサービス）	月		回	□(介護予防)認知症対応型通所介護	月		日
□(介護予防)通所型サービス	月		回	□(介護予防)小規模多機能型居宅介護	月		日
□(介護予防)通所リハビリテーション（デイケア）	月		回	□(介護予防)認知症対応型共同生活介護	月		日
□(介護予防)短期入所生活介護(特養等)	月		日	□定期巡回・随時対応型訪問介護看護	月		回
□(介護予防)短期入所療養介護(老健・診療所)	月		日	□(介護予防)その他の生活支援サービス （名称：　　　　　　　　　　　）	月		回

〔全社協・住宅版ケアプラン作成方法検討委員会作成　無断転載禁止〕

□配食サービス	月	回	□生活支援員の訪問(日常生活自立支援事業) 月		回
☑洗濯サービス	月 1	回	□ふれあい・いきいきサロン	月	回
□移動または外出支援	月	回	□市町村特別給付 〔		〕
□友愛訪問	月	回	☑(おむつ支給) 月 1 回		
□老人福祉センター	月	回			
□老人憩いの家	月	回	□( ) 月 回		
□ガイドヘルパー	月	回			
□身障/補装具・日常生活用具 ( )					

直近の入所入院	□介護老人福祉施設 □介護老人保健施設 □介護医療院(介護療養型医療施設) □認知症対応型共同生活介護適用施設(グループホーム) □特定施設入居者生活介護適用施設(ケアハウス等)	☑医療機関(医療保険適用療養病床) □医療機関(療養病床以外) □その他の施設

施設・機関名 H病院
所在地 〒
C区D町
☎ ×××－×××

制度利用状況	年金 ┌ ☑老齢関係→ ( ) │ □障害関係→ ( ) └ □遺族・寡婦→ ( ) □恩給 □特別障害者手当 □生活保護 □生活福祉資金貸付 □高齢者住宅整備資金貸付 □日常生活自立支援事業 □成年後見制度⇨ □成年後見 □保佐 □補助 　　　　　　　　成年後見人等( )	健康保険 ┌ □国保　　　　　　□協会けんぽ(旧・政管健保) │ □組合健保　　　□日雇い │ □国公共済　　　□地方共済 │ □私立学校共済　□船員 └ ☑後期高齢者医療 □労災保険→( ) その他 ┌ □( ) │ □( ) └ □( )

■4 住居等の状況

	□1戸建て　　　☑集合住宅 賃貸・(所有)・社宅等・公営住宅・その他( )	家屋(居室を含む)見取図　　※段差には▲を記入

居室等の状況	ア. ☑専用居室あり　　□専用居室なし イ. □1階 □2階 ☑その他(10)階⇨エレベーター☑有□無 ウ. □布団 ☑ベッド⇨□固定式 □ギャッチ ☑電動 　　　　□その他( ) エ. 陽あたり ☑良 □普通 □悪 オ. 暖房 ☑あり □なし　カ. 冷房 ☑あり □なし

トイレ	ア. □和式 ☑洋式 　　□その他( ) イ. 手すり □あり ☑なし ウ. トイレまでの段差 ☑あり □なし	室外 移動手段	福祉機器 ☑使用している □使用していない ↓使用している場合 ☑車いす □電動車いす □杖 □歩行器 □その他( )
浴室	ア. ☑自宅にあり □自宅になし イ. 手すり □あり ☑なし ウ. 浴室までの段差 ☑あり □なし	室内	福祉機器 ☑使用している □使用していない ↓使用している場合 □車いす □電動車いす □杖 ☑歩行器 □その他( )

諸設備	調理器具 ☑ガス □IH 暖房器具 □ガス □電気 ☑灯油 □その他( )

【周辺環境・立地環境・その他住居に関する特記事項】
　集合住宅多く立ち並ぶ団地の中の分譲マンション　13F建ての10F

5 本人の健康状態・受診等の状況

既往歴・現症（必要に応じ「主治医意見書」を転記）	障害等の部位

※要介護状態に関係がある既往歴および現症

H15年	肺がん（右上葉切除）
H30年	心筋梗塞（冠動脈ステント）
	便秘症
	転倒による手首の骨折
R4年	肺炎を繰り返す
	令和4年6月在宅酸素　開始　1ℓ
	労作時　2ℓ

障害等の部位

（正面）　（背面）

△障害部位
×欠損部位
●褥瘡部位

身　長	160　cm	体　重	43　kg
歯の状況	□歯あり　□歯なし　□総入れ歯　☑局部義歯　⇨6−②生活機能（食事・排泄等）		

【特記事項】（病気やけが、障害等に関わる事項。改善の可能性等）
平成29年頃より時折転倒し、入院することもあり。
令和3年　肺炎のために3回ほど入退院をしている。
令和4年3月自宅転倒　肋骨骨折している。4月11日呼吸苦あり救急入院となる。
反復性の肺炎の精査をするも癌再発・難病（肺胞タンパク症）等疑うも確定診断できず。体力がどんどん落ちているため本人家族の希望で確定診断を受けても治療するほどの体力もないのでこのまま在宅療養したいと中断。
令和4年6月19日娘さん宅から自宅へ戻り、訪問診療導入する。

主治医からの指導・助言事項。視力障害、聴力障害、麻痺、関節の動き、褥瘡、その他皮膚疾患（以上要介護認定項目）、外傷、内部障害、言語障害、動悸・息切れ、便秘、尿失禁、便失禁、摂食嚥下障害、口腔（炎症・痛み・出血・口臭・虫歯・不良義歯等）に留意のこと。

現在の受診状況（歯科含む）

病　名	心筋梗塞　ステント留置	肺がん、肺炎	便秘症	
薬の有無	☑有　□無	□有　☑無	□有　☑無	□有　□無
受診状況　発症時期 ※主治医意見書を参考に記入	平成30年	平成15年		
受診状況　受診頻度	☑定期（週・⦿1回）□不定期	☑定期（週・⦿2回）□不定期	☑定期（週・⦿1回）□不定期	□定期（週・月　回）□不定期
受診状況　受診状況	☑通院　□往診	☑通院　□往診	☑通院　□往診	□通院　□往診
受診病院　医療機関	H病院	H病院	H病院	
受診病院　診療科	内科	内科	内科	
受診病院　主治医	○○	○○	○○	
受診病院　連絡先	☎	☎	☎	☎
受診方法留意点等	娘夫婦が送迎	同左	同左	

往診可能な医療機関	□無　☑有（ L病院	） ☎ 000-0000-0000
緊急入院できる医療機関	□無　☑有（ H病院	） ☎ 00-0000-0000
相談、処方を受けている薬局（かかりつけ薬局）	□無　☑有（ M薬局	） ☎ 00-0000-0000

【特記、生活上配慮すべき課題など】
近所の歯科へ通院歴あり。（部分入れ歯作製）

〔全社協・在宅版ケアプラン作成方法検討委員会作成　無断転載禁止〕

6 本人の基本動作等の状況と援助内容の詳細

●6-①基本（身体機能・起居）動作

要介護認定項目			
	1-1	麻痺等（複数可）	① 2 3 4 5 6
	1-2	拘縮（複数可）	① 2 3 4 5
	1-3	寝返り	1 ② 3
	1-4	起き上がり	1 ② 3
	1-5	座位保持	1 ② 3 4
	1-6	両足での立位保持	1 ② 3
	1-7	歩行	1 ② 3
	1-8	立ち上がり	1 ② 3
	1-9	片足での立位保持	1 ② 3
	1-10	洗身	1 ② 3 4
	1-11	つめ切り	1 ② 3
	1-12	視力	1 ② 3 4 5
	1-13	聴力	1 2 ③ 4 5
	1-14	関節の動き（複数可）	① 2 3 4 5 6 7

現在、家族が実施している場合は○
時々実施の場合は△

現在、在宅サービス等で実施している場合○

本人・家族がサービス実施を希望する場合○

要援助と判断される場合に✓
計画した場合に○（確認）

体位変換・起居

6-①1-1、1-2関係	援助の現状		希望	要援助→計画
	家族実施	サービス実施		
1)体位変換介助		○	○	✓
2)起居介助		○	○	✓

リハビリの必要性
✓あり→P9
□なし

6-①基本（身体機能・起居）動作（1-10、1-12、1-13は別記）

【特記、解決すべき課題など】
肺炎の原因精査及び治療のために1か月ほど入院していたため、下肢筋力の低下がある。
労作時に湿性の咳嗽が増強し呼吸苦が発生する。医師からも原因がわからないが肺に水が溜まっている状態であると説明を受ける。あまり労作がかからない動きをしていくように福祉用具や介助の人によって援助を受けながら安全な動作を確保する必要がある。

入浴

6-①1-10関係	援助の現状		希望	要援助→計画
	家族実施	サービス実施		
1)準備・後始末		○	○	✓
2)移乗移動介助		○	○	✓
3)洗身介助		○	○	✓
4)洗髪介助		○	○	✓
5)清拭・部分浴		○	○	✓
6)褥瘡・皮膚疾患の対応				

2)移乗移動介助

現状	計画
□見守りのみ ✓介助あり	□見守り必要 ✓介助必要

3)洗身介助

現状	計画
□見守りのみ ✓介助あり	□見守り必要 ✓介助必要

【特記、解決すべき課題など】

浴室出入口の段差が15cmほどあり、踏み台を利用している。以前に転倒し肋骨骨折の既往がある。
少し動くと呼吸苦が出現し痰がらみの咳がでる。浴槽には胸の下までしかつかることができない（呼吸苦出現のため）
暖かいうちはシャワー浴にし、夏の間に住宅改修等も考慮する必要がある。

【特記、解決すべき課題など】

耳がやや遠いので、大きな声でできれば文字を見せて説明したほうが納得がいく様子。返事もしており、理解されているのかと思うとできていないこともあり、よく聞こえずいい加減な返事をしているのか、今後認知面も含め様子をみていく必要がある。

＜コミュニケーションの状況・方法（6-①1-12、1-13関係）＞
ア.視聴覚
　✓眼鏡使用　□コンタクト使用　□補聴器使用
イ.電話
　✓あり　□なし
ウ.言語障害
　□あり（　　　　　）　✓なし
エ.コミュニケーション支援機器の使用
　□あり（　　　　　）　✓なし

〔全社協・在宅版ケアプラン作成方法検討委員会作成　無断転載禁止〕

6-②生活機能（食事・排泄等）

要介護認定項目					
	2-1	移乗	1	② 3 4	
	2-2	移動	1	② 3 4	
	2-3	えん下	1	② 3	
	2-4	食事摂取	1	② 3 4	
	2-5	排尿	1	② 3 4	
	2-6	排便	1	② 3 4	
	2-7	口腔清潔	1	② 3	
	2-8	洗顔	1	② 3	
	2-9	整髪	①	2 3	
	2-10	上衣の着脱	1	② 3 4	
	2-11	ズボン等の着脱	1	2 ③ 4	
	2-12	外出頻度	1	2 ③	
	2-13	飲水摂取	1	② 3 4	

食事

6-②2-1～2-4 関係	援助の現状		希望	要援助→計画
	家族実施	サービス実施		
1)移乗介助		○	○	☑
2)移動介助		○	○	☑
3)摂取介助		○	○	☑

【特記、解決すべき課題など】
食事の味が自分でも変わってしまったとのことで食欲がわかない。
食堂までの移動に距離もあり、少し環境を考えていく必要がある。

主食

現 状	計 画
☑普通食	☑普通食
□粥食	□粥食
□経口栄養	□経口栄養
□経管栄養	□経管栄養
□その他	□その他
（　　　　　）	（　　　　　）

副食

現 状	計 画
☑普通食	☑普通食
□刻み食	□刻み食
□ミキサー食	□ミキサー食
□その他	□その他
（ 水分とろみ ）	（ 水分とろみ ）

摂取介助

☑見守りのみ	☑見守り必要
□介助あり	□介助必要

＜その他食事の現状（6-②2-4関係）＞

ア．食事場所 ☑食堂　□居室ベッド上
　　□布団上　□その他居室内
　　□その他（　　　　　　　　）
イ．食堂までの段差　□あり　☑なし
ウ．咀嚼の状況 ☑問題なし　□問題あり
　→　□噛みにくい　□時々噛みにくい
　　　□とても噛みにくい
エ．食事の内容
　☑一般食　□糖尿食　　Kカロリー
　□高血圧食　　 g　□抗潰瘍食
　□その他（　　　　　　　　　）

排泄等

6-②2-5～2-11 関係	援助の現状		希望	要援助→計画
	家族実施	サービス実施		
1)準備・後始末				
2)移乗移動介助				
3)排尿介助				
4)排便介助	○	○		☑
5)口腔清潔介助				
6)洗面介助				
7)整容介助				
8)更衣介助				

排尿介助（2-5）

現 状	計 画
☑見守りのみ	☑見守り必要
□介助あり	□介助必要
☑トイレ	☑トイレ
□ポータブルトイレ	□ポータブルトイレ
□尿収器	□尿収器
□導尿	□導尿
□おむつ	□おむつ

排便介助（2-6）

現 状	計 画
☑見守りのみ	☑見守り必要
□介助あり	□介助必要
☑トイレ	☑トイレ
□ポータブルトイレ	□ポータブルトイレ
□差し込み便器	□差し込み便器
□おむつ	□おむつ
□摘便	□摘便
□浣腸	□浣腸
□人工肛門	□人工肛門

＜その他排泄の状況（6-②2-5、2-6関係）＞

ア．尿意
　☑ある　□ときどきある　□ない
イ．便意
　☑ある　□ときどきある　□ない

【特記、解決すべき課題など】
便秘のため下剤調整をしており、排便が間に合わず失禁してしまうこともあった。
内服調整を行っている。
下肢のふらつきがあり、ポータブルトイレを勧める。

外出

6-②2-12 関係	援助の現状		希望	要援助→計画
	家族実施	サービス実施		
1)移送・外出介助	○			

【特記、解決すべき課題など】
現在は通院を娘夫婦が介助して土曜日に出かけている。
生活が落ち着いたら、買い物等に時々ご家族に支援を相談する方向。

6-③認知機能

要介護認定項目		1	2	3	4
	3-1　意思の伝達	(1)	2	3	4
	3-2　毎日の日課を理解する	(1)	2		
	3-3　生年月日や年齢を答える	(1)	2		
	3-4　面接調査の直前記憶	(1)	2		
	3-5　自分の名前を答える	(1)	2		
	3-6　今の季節を理解する	(1)	2		
	3-7　自分のいる場所を答える	(1)	2		
	3-8　徘徊	(1)	2	3	
	3-9　外出すると戻れない（迷子）	(1)	2	3	
	3-10　介護者の発言への反応	1	2	(3)	

●6-④精神・行動障害

要介護認定項目		1	2	3
	4-1　被害妄想（物を盗られたなど）	(1)	2	3
	4-2　作話をする	(1)	2	3
	4-3　感情が不安定になる	1	(2)	3
	4-4　昼夜の逆転	1	(2)	3
	4-5　しつこく同じ話をする	1	(2)	3
	4-6　大声を出す	(1)	2	3
	4-7　介護に抵抗する	1	(2)	3
	4-8　落ち着きがない（「家に帰る」等）	(1)	2	3
	4-9　外に出たがり目が離せない	(1)	2	3
	4-10　ものを集める、無断でもってくる	(1)	2	3
	4-11　物を壊す、衣類を破く	(1)	2	3
	4-12　ひどい物忘れ	1	(2)	3
	4-13　独り言や独り笑い	(1)	2	3
	4-14　自分勝手な行動	(1)	2	3
	4-15　話がまとまらない、会話にならない	1	(2)	3
	4-16　幻視・幻聴	(1)	2	3
	4-17　暴言・暴力	(1)	2	3
	4-18　目的なく動き回る	(1)	2	3
	4-19　火の始末・管理	(1)	2	3
	4-20　不潔行為	(1)	2	3
	4-21　異食行動	(1)	2	3

6-③認知機能、6-④精神・行動障害　全般

家族等からの情報と観察

　もともとひとりで暮らしていたので自己中心的な生活になっていたが、ここのところ特に話し合って決めた内容を聞いてない。どうしてそうしなければならないのか？などと言ってくることが多くなった。銀行の暗証番号や、郵便受けのポストの番号等も間違えていることがあり、いろいろと判断能力も心配。

援助の現状

（家族）	（サービス）
買い物 郵便物の管理 金銭管理	

援助の希望（本人）

　自宅のマンションで自分の時間でのんびり生活しながら身体を動かしていきたい。ふらついたり、体調が悪くなったり、心配なことはあるが、皆さんの援助を受けながら元気になっていきますよ。

援助の希望（家族）

　ひとりで転んだり、体調が悪くて苦しんだりする可能性があるので、同居も考えましたが、生活のリズムが合わないことと、父が私たちのリズムにまったくあわせてくれようとしないことが、余計にストレスを生んでいます。とても心苦しいですが、皆さんの援助を受けながらひとりで暮らしていくことができるのか、援助していただければと思います。

援助の計画

　労作時の呼吸苦等があり、在宅酸素が導入となっている。下肢筋力の低下もあり、ふらつき等もある。
　ご本人と相談しながら生活面の援助と医療的なサポートを混ぜながら安心した生活ができるように支援していく。
　困った時、体調不良の時などいつでも連絡が取れるところを確保していく。

【特記、解決すべき課題など】

　本人はできるつもりでいるが、実際にどれくらいの動きが自宅でできるか様子をみていく必要がある。

264　　〔全社協・在宅版ケアプラン作成方法検討委員会作成　無断転載禁止〕

●6-⑤社会生活（への適応）力

要介護認定項目			
	5-1	薬の内服	1 ②3 → 6-⑥医療・健康関係へ
	5-2	金銭の管理	1 ②3
	5-3	日常の意思決定	1 ②3 4
	5-4	集団への不適応	1 ②3
	5-5	買い物	1 2 3 ④
	5-6	簡単な調理	1 2 3 ④
	5-7	電話の利用	①2 3
	5-8	日中の活動(生活)状況等	1 ②3
	5-9	家族・居住環境、社会参加の状況などの変化	1 ②

6-⑤5-2、5-5～5-6関係	援助の現状		希望	要援助→計画
	家族実施	サービス実施		
1)金銭管理	○			
2)買い物	△	○	○	☑
3)調理	△	○	○	☑
4)準備・後始末	△	○	○	☑

6-⑤5-7～5-8関係	援助の現状		希望	要援助→計画
	家族実施	サービス実施		
1)定期的な相談・助言	○	○	○	☑
2)各種書類作成代行	○			
3)余暇活動支援	○			
4)移送・外出介助	○			
5)代読・代筆	○			
6)話し相手	○	○	○	☑
7)安否確認	○	○	○	☑
8)緊急連絡手段の確保	○	○	○	☑
9)家族連絡の確保	○	○	○	☑
10)社会活動への支援	○			

＜社会活動の状況（6-⑤5-8、5-9関係）＞

ア．家族等近親者との交流
　☑あり（　　　　　　　　）　□なし

イ．地域近隣との交流
　□あり（　　　　　　　　）　□なし

ウ．友人知人との交流
　□あり（　　　　　　　　）　□なし

緊急連絡・見守りの方法	娘夫婦に加え、民間の警備会社の通報システム導入を検討中

【特記、解決すべき課題など】

・ひとり暮らしのため、緊急時の迅速な対応を図るため、民間警備会社の通報システムの導入を検討している。

・フルタイムで働いている娘さんが、安心して仕事ができる環境を本人は望んでいる。

　〔全社協・在宅版ケアプラン作成方法検討委員会作成　無断転載禁止〕

●6-⑥医療・健康関係

要介護認定項目

処置内容

1. 点滴の管理
2. 中心静脈栄養
3. 透析
4. ストーマ（人工肛門）の処置
5. 酸素療法 ◯
6. レスピレーター（人工呼吸器）
7. 気管切開の処置
8. 疼痛の看護
9. 経管栄養

特別な対応

10. モニター測定 ◯（血圧、心拍、酸素飽和度等）
11. じょくそうの処置
12. カテーテル（コンドームカテーテル、留置カテーテル、ウロストーマ等）

	援助の現状		希望	要援助→計画
	家族実施	サービス実施		
1）測定・観察		◯	◯	✓
2）薬剤の管理		◯	◯	✓
3）薬剤の使用		◯	◯	✓
4）受診・検査介助		◯	◯	✓
5）リハビリテーション		◯	◯	✓
6）医療処置の管理		◯	◯	✓

【特記、生活上配慮すべき課題など】

肺がん術後
反復性の肺炎

在宅酸素　安静時1ℓ　労作時2ℓ

現状	計画	具体的内容
✓	✓	バイタルサインのチェック
✓	✓	定期的な病状観察
✓	✓	内服薬
☐	☐	坐薬（緩下剤、解熱剤等）
☐	☐	眼・耳・鼻等の外用薬の使用等
☐	☐	温・冷あん法、湿布貼付等
☐	☐	注射
☐	☐	吸引
☐	☐	吸入
☐	☐	自己注射（インスリン療法）
☐	☐	経管栄養法
☐	☐	中心静脈栄養法
✓	✓	酸素療法
☐	☐	人工呼吸療法
☐	☐	気管カニューレ管理
☐	☐	自己導尿
☐	☐	自己腹膜灌流
☐	☐	膀胱留置カテーテル管理
☐	☐	人工肛門・人工膀胱管理
☐	☐	疼痛管理
☐	☐	褥瘡管理

介護に関する医師の意見（「主治医意見書」を転記）

（1）移動

屋外歩行　☐自立　☐介助があればしている　✓していない

車いすの使用　☐用いていない　☐主に自分で操作している　✓主に他人が操作している

歩行補助具・装具の使用（複数選択可）　☐用いていない　☐屋外で使用　✓屋内で使用

（2）栄養・食生活

食事行為　✓自立ないし何とか自分で食べられる　☐全面介助

現在の栄養状態　☐良好　✓不良

→　栄養・食生活上の留意点（　　　　　　　　　　　　　　　　　　　）

（3）現在あるかまたは今後発生の可能性の高い状態とその対処方針

☐尿失禁　✓転倒・骨折　✓移動能力の低下　☐褥瘡　✓心肺機能の低下　☐閉じこもり　✓意欲低下　☐徘徊
✓低栄養　✓摂食・嚥下機能低下　✓脱水　✓易感染性　☐がん等による疼痛　☐その他（　　　　　　　）

→　対処方針（　　　　　　　　　　　　　　　　　　　　　　　　　　　）

（4）サービス利用による生活機能の維持・改善の見通し

✓期待できる　☐期待できない　☐不明

（5）医学的管理の必要性（特に必要性の高いものには下線を引いて下さい。予防給付により提供されるサービスを含みます。）

✓訪問診療　✓訪問看護　☐訪問歯科診療　✓訪問薬剤管理指導
✓訪問リハビリテーション　☐短期入所療養介護　☐訪問歯科衛生指導　✓訪問栄養食事指導
☐通所リハビリテーション　☐老人保健施設　☐介護医療院　☐その他の医療系サービス（　　　　　）
☐特記すべき項目なし

（6）サービス提供時における医学的観点からの留意事項（該当するものを選択するとともに、具体的に記載）

☐血圧（　　　　　　　　　）　✓摂食（栄養面を考慮し、補食など工夫）　✓嚥下（誤嚥性肺炎の既往もあるため要注意）
✓移動（酸素チューブなどに注意）　✓運動（労作時の呼吸苦あるため過度な運動は不可）　☐その他（　　　　　）
☐特記すべき項目なし

（7）感染症の有無（有の場合は具体的に記入して下さい。）

✓無　☐有（　　　　　　　　　　　　　　）　☐不明

〔全社協・在宅版ケアプラン作成方法検討委員会作成　無断転載禁止〕

7 全体のまとめ

【基本（身体機能・起居）動作について】
　肺炎の原因精査及び治療のために1か月ほど入院していたため、下肢筋力の低下がある。労作時に湿性の咳嗽が増強し呼吸苦が発生する。医師からも原因はわからないが肺に水が溜まっている状態であると説明を受ける。あまり労作がかからない動きをしていけるように、福祉用具や介助の人によって援助を受けながら安全な動作を確保する必要がある。動く時には在宅酸素を1→2ℓにする指示あり。
　浴室へのまたぐ段差が15cmほどあり、踏み台を利用している。以前に転倒し肋骨骨折の既往がある。浴槽も高く狭いので現在はシャワー浴のみにしている。冬までに検討する必要がある。
　耳がやや遠いので、大きな声でできれば文字を見せて説明したほうが納得がいく様子。返事もしており、理解されているのかと思うとできていないこともあり、よく聞こえずいい加減な返事をしているのか、今後認知面も含め様子をみていく必要がある。

【生活機能（食事・排泄等）について】
　食事の味が自分でも変わってしまったとのことで食欲がわかない。
　食堂までの移動に距離もあり、少し環境を考えていく必要がある。
　便秘のため下剤調整をしており、排便が間に合わず失禁してしまうこともあった。内服調整を行っている。
　下肢のふらつきがあり、ポータブルトイレを勧めるも拒否があり、トイレまで安全に移動できるように環境設定する。
　現在は通院を娘夫婦が介助して土曜日に出かけている。
　生活が落ち着いたら、買い物等に時々ご家族にお願いする方向。

【認知機能／精神・行動障害について】
　本人はできるつもりでいるが、実際にどれくらいの動きが自宅でできるか様子をみていく必要がある。

【社会生活（への適応）力について】
買い物等近所のスーパーに出かけていきたい気持ちもある様子だが、まずは酸素をした状態での家の生活に慣れていきたい希望。

【医療・健康関係について】
肺がん術後
反復性の肺炎
在宅酸素　安静時1ℓ　労作時2ℓ

災害時の対応の必要性について⇒有の場合	必要性の有無	有	無	個別避難計画策定の有無	有	策定中　無

災害時の連絡先（家族以外／民生委員等）	（氏名）B　　　　　　　　（本人との関係）娘　TEL.　　　FAX.　メール　○○○○○@○○○ne.jp
備考	災害時の酸素ボンベの切り替え方法の指導が必要

権利擁護に関する対応の必要性について⇒有の場合	必要性の有無	有	無
備考	

〔全社協・在宅版ケアプラン作成方法検討委員会作成　無断転載禁止〕

■1日のスケジュール

	本人の生活リズム	①本人が自分でしていること ②したいと思っていること （興味、関心）	援助の現状		要援助と判断される場合に✓計画した場合に〇（確認）
			家族実施	サービス実施	
0 1 2 3 （深夜） 4 5 6 7 （早朝） 8 9 （午前） 10 11 12 13 14 （午後） 15 16 17 18 19 （夜間） 20 21 22 23 （深夜） 24	□ △ TV視聴 △ ■	① 洗面 ② 着替え 洗濯	起床 保育園お迎え 食事の準備 就寝	食事の準備 清潔ケア 夕食の準備	✓ ✓ ✓

◎:排便　　△:食事　　□:起床

〇:排尿　　☆:入浴　　■:就寝

　〔全社協・在宅版ケアプラン作成方法検討委員会作成　無断転載禁止〕

居宅サービス計画書（1）

利用者名　　A　　　　　　　殿　　　生年月日 昭和15 年　1 月　2 日　　住　所

居宅サービス計画作成者氏名　　N

居宅介護支援事業者・事業所名及び所在地　　C区E町

居宅サービス計画作成（変更）日　　R4 年　6 月 23 日　　初回居宅サービス計画作成日　　R4 年　5 月 12 日

認定日　　R4 年　5 月 26 日　　認定の有効期間　　R4 年　4 月 26 日　～　R5 年　4 月 30 日

要介護状態区分	要介護1 ・ 要介護2 ・ 要介護③ ・ 要介護4 ・ 要介護5
利用者及び家族の生活に対する意向を踏まえた課題分析の結果	本人：退院直後の娘の家での生活は生活リズムも違うので、とても世話にはなったが、窮屈だった。自宅でのんびり過ごしたい。動くと苦しくなるので、不安だが自由な時間を楽しみたい。 娘：…ひとり暮らしは心配ですが、自分のペースで過ごしたいという意向を汲みたいと思います。私も仕事があるので、できないことも多いので、皆さんのお力をお借りするなど、相談に乗っていただけると心強いです。 医療面での不安が強いため、相談できる環境を整え、ご自分のペースで体力をつけ、歴史に触れる時間を楽しむなどの生活をする。
介護認定審査会の意見及びサービスの種類の指定	特になし
総合的な援助の方針	既往歴に肺がん・冠動脈ステント・等々の御病気を経験しながらひとりで暮らしていた。今回、繰り返す肺炎の精査をするも原因究明はできなかった。在宅酸素導入となり娘宅で過ごすも、自宅でひとり暮らしを始めることとなる。生活全般の援助を受けながら、自分の自由な時間を楽しみたいという希望を援助していく。 体調面の不安は、すぐに相談できる医療環境を整え、医療・介護の連携をしっかりと行う。 フルタイムで働いている娘は子育て中でもあり、負担が増えないよう、社会資源と役割分担していく。 緊急連絡先：主治医：Lクリニック　電話 ×××　夜間 ○○○ 　　　　　　家族：娘　B　　　　　　電話 △△△ 夜間緊急時コール体制　　○○夜間随時対応型訪問介護　コール・訪問看護ステーション

生活援助中心型の算定理由	①一人暮らし　　2. 家族等が障害、疾病等　　3. その他（　　　　　　　　　　）

居宅サービス計画書（2）

第2表

作成　R4 年 6 月 ○日

利用者名　A　殿　①

生活全般の解決すべき課題（ニーズ）	長期目標	（期間）	短期目標	（期間）	サービス内容	※1	サービス種別	※2	頻度	期間
娘家族とは生活ペースが異なるので、自分のペースで暮らしたい。	体調を整え、室内移動が安全に行える。	R4 6/18- R5 4/30	病状が安定し、困った時には相談できる	R4 6/18- R4 11/30	診察・検査・治療・酸素管理・緊急時の対応等		訪問診療	レクリニック	2回/月	R4/6/18- R4/11/30
					状態観察・療養相談・酸素管理・異常時の連絡相談等	○	訪問看護	○○看護ステーション	2回/W	R4/6/18- R4/11/30
					夜間の緊急コール（コール内容の振り分け）夜間体調不良にとも ない、臨時で介護が必要になった際の訪問	○	夜間対応型訪問介護	○△ヘルパーステーション	随時	R4/6/18- R4/11/30
					日中体調不良にともない臨時で介護が必要になった際の介護全般 在宅酸素	○	訪問介護（身体・生活）	○△ヘルパーステーション	5回/W	R4/6/18- R4/11/30
							酸素会社		随時	R4/6/18- R4/11/30
			おいしく食事を食べ体力をつける	R4 6/18- R4 11/30	買い物・食事つくり・片付け・水分補給等	○	訪問介護（生活援助）		7回/W	R4/6/18- R4/11/30
					買い物（お米・水・調味料・洋服等）・週末に一緒に食事をする。		家族	娘	週末	R4/6/18- R4/11/30

※1「保険給付対象かどうかの区分」について、保険給付対象のサービスについては○印を付す。
※2「当該サービス提供を行う事業所」について記入する。

270

居宅サービス計画書(2)

作成　R4 年 6 月 ○ 日

利用者名　　A　　殿　　②

生活全般の解決すべき課題(ニーズ)	目標 長期目標	(期間)	短期目標	(期間)	サービス内容	援助内容 ※1	サービス種別	※2	頻度	期間
娘には仕事を続けてもらいたいので、自分の身の回りのことは自分で行っていきたい。	体調を整え、室内の移動が安全に行うことができるようになる。	R4 6/18- R5 4/30	転倒しない環境をつくっていく	R4 6/18- R4 11/30	歩行の練習のためのリハビリ・呼吸リハビリ等	○	訪問看護	○○看護ステーション	2回/W	R4/6/18- R4/11/30
					起居動作の援助・呼吸が楽な体位になって臥床できるようなベッド(介護ベッド・付属・手すり)	○	福祉用具貸与	○○会社	随時	R4/6/18- R4/11/30
					てすり(浴室・トイレ)	○	住宅改修		利用	R4/6/18- R4/11/30
					安否確認		民生委員・包括支援センター		1回/W	R4/6/18- R4/11/30
			娘さんの不安や相談を定期的に解決していくことができる	R4 6/18- R4 11/30	サービス事業所の連携ノートにより様子を知らせる。		各サービス事業所		随時	R4/6/18- R4/11/30
					定期的な相談	○	居宅介護支援	○○	随時	R4/6/18- R4/11/30
	安全に排池ができる	R4 6/18- R5 4/30	自分で歩いてトイレまで行くことができる。	R4 6/18- R4 11/30	移動時の手すり	○	福祉用具貸与	○○会社	随時	R4/6/18- R4/11/30
					見守り・声かけ	○	訪問介護 (身体・生活)		7回/W	R4/6/18- R4/11/30
呼吸が苦しくなく入浴がしたい	入浴が安全にできる	R4 6/18- R5 4/30	定期的にシャワー浴ができる	R4 6/18- R4 11/30	シャワー浴・部分浴等清潔ケア	○	訪問看護	○○看護ステーション	2回/W	R4/6/18- R4/11/30
			部分浴ができる	R4 11/30	部分浴・清拭等清潔ケア	○	身体生活	○△ヘルパーステーション	7回/W	R4/6/18- R4/11/30
					入浴に必要な福祉用具		特定福祉用具販売	○○会社	入浴時	R4/6/18- R4/11/30
好きな歴史に触れる時間がほしい。	好きなお城に行くことができる	R4 6/18- R5 4/30	歴史の本を読むことができる	R4 6/18- R4 11/30	本の整理・資料などの準備(本人の本棚などから)		訪問介護			R4/6/18- R4/11/30
					話し相手		家族			
					図書館で本を借りてくる		民生委員・児童委員			

※1「保険給付対象かどうかの区分」について、保険給付対象のサービスについては○印を付す。
※2「当該サービス提供を行う事業所」について記入する。

週間サービス計画表

利用者名　　A　　殿

時間		月	火	水	木	金	土	日	主な日常生活上の活動
0:00	深夜								
2:00									
4:00									
6:00	早朝								
8:00	午前								起床
10:00									
12:00		生活3	生活3	生活3	生活3	生活3	生活3	生活3	ブランチ食
14:00	午後								
16:00		訪問看護	訪問診療 1回／2W		訪問看護				水分補給
18:00			身体1生活1	身体1生活1		身体1生活1	身体1生活1	身体1生活1	
20:00	夜間								夕食
22:00									
24:00	深夜								就寝

週単位以外のサービス	特殊寝台貸与、特殊寝台付属品貸与、手すり）　訪問看護緊急時加算　訪問診療 第2、4火曜日　緊急対応あり） 夜間随時対応型介護　おむつ支給

IX

「居宅サービス計画ガイドライン」
アセスメント・居宅サービス計画書等様式

1 フェースシート

年　月　日相談受付	訪問・電話・来所・その他（　　　　　　）	初回相談受付者					

本人氏名					男・女	年齢	M T S	年　月　日生れ（　歳）		
住　所	〒					☎ 携帯				
緊急連絡先	氏名			男・女	年齢（　歳）	本人との続柄（　　　）				
	住所					☎ 携帯				
相　談　者	氏名			男・女	年齢（　歳）	本人との続柄（　　　）				
	住所					☎ 携帯				
相談経路 （紹介者）										
居宅サービス計画 作成依頼の届出	届出年月日　　　年　月　日									

■相談内容（主訴／本人・家族の希望・困っていることや不安、思い）

（本人）

（介護者・家族）

■これまでの生活の経過（主な生活史）

介護保険	利用者負担割合　　□1割　□2割　□3割		後期高齢者医療 保険（75歳以上）	一部負担金 □1割負担　　□2割負担　　□3割負担			
高額介護 サービス費該当	利用者負担　　（　□第5段階　　□第4段階　　□第3段階　　□第2段階　　□第1段階　）						
要介護認定	済　　➡　非該当・要支援　1・2　要介護　1・2・3・4・5				認定日	年　月　日	
	未（見込み）　➡　非該当・要支援　1・2　要介護　1・2・3・4・5						
身体障害者手帳	□有　□無	等　級	種　　　級		交付日	年　　月	
療育手帳	□有　□無	程　度			交付日	年　　月	
精神障害者 保健福祉手帳	□有　□無	等　級	級		交付日	年　　月	
障害福祉サービス 受給者証の有無	□有　□無	自立支援医療 受給者証の有無	□有　□無	障害支援区分→（　　　　　　　　）			
日常生活自立度	障害高齢者	自立・J1・J2・A1・A2・B1・B2・C1・C2	判 定 者	（機関名　　　　　）	判 定 日	年　月　日	
	認知症	自立・Ⅰ・Ⅱa・Ⅱb・Ⅲa・Ⅲb・Ⅳ・M		（機関名　　　　　）		年　月　日	

アセスメント実施日　｜（初回）　　年　月　日　｜（更新）　　年　月　日

〔全社協・在宅版ケアプラン作成方法検討委員会作成〕

2 家族状況とインフォーマルな支援の状況

■家族構成と介護状況

家族構成図	家族の介護の状況・課題
女性=○,男性=□　分かれば横に年齢を記載 本人=◎,▣ 死亡=●,■　　同居=⸝⸝⸝⸝⸝で囲む	

氏名（主たる介護者には※）	続柄	同別居	就労の状況	健康状態等	特記事項（自治会、ボランティア等社会的活動）
		同・別			
		同・別			
		同・別			
		同・別			
		同・別			

■インフォーマルな支援活用状況（親戚、近隣、友人、同僚、ボランティア、民生委員、自治会等の地域の団体等）

支援提供者	活用している支援内容	特記事項

本人が受けたい支援／今後必要になると思われる支援	支援提供者	特記事項

3 サービス利用状況

（　　年　　月　　日時点）

在宅利用（認定調査を行った月のサービス利用回数を記入。（介護予防）福祉用具貸与は調査日時点の、特定（介護予防）福祉用具販売は過去6カ月の品目数を記載）

□訪問介護(ホームヘルプサービス)	月	回	□（介護予防)特定施設入居者生活介護	月	日
□（介護予防)訪問型サービス	月	回	□看護小規模多機能型居宅介護	月	日
□（介護予防)訪問入浴介護	月	回	□（介護予防)福祉用具貸与		品目
□（介護予防)訪問看護	月	回	□特定(介護予防)福祉用具販売		品目
□（介護予防)訪問リハビリテーション	月	回	□住宅改修		あり・なし
□（介護予防)居宅療養管理指導	月	回	□夜間対応型訪問介護	月	日
□通所介護(デイサービス)	月	回	□（介護予防)認知症対応型通所介護	月	日
□（介護予防)通所型サービス	月	回	□（介護予防)小規模多機能型居宅介護	月	日
□（介護予防)通所リハビリテーション(デイケア)	月	回	□（介護予防)認知症対応型共同生活介護	月	日
□（介護予防)短期入所生活介護(特養等)	月	日	□定期巡回・随時対応型訪問介護看護	月	回
□（介護予防)短期入所療養介護(老健・診療所)	月	日	□（介護予防)その他の生活支援サービス 　(名称：　　　　　　　　)	月	回

〔全社協・在宅版ケアプラン作成方法検討委員会作成〕

□配食サービス　　　　　　　　　　　月　　　回	□生活支援員の訪問（日常生活自立支援事業）月　　回
□洗濯サービス　　　　　　　　　　　月　　　回	□ふれあい・いきいきサロン　　　　　月　　回
□移動または外出支援　　　　　　　　月　　　回	□市町村特別給付　〔　　　　　　　　　　　　　〕
□友愛訪問　　　　　　　　　　　　　月　　　回	□（　　　　　　　　　　　　　　）月　　回
□老人福祉センター　　　　　　　　　月　　　回	
□老人憩いの家　　　　　　　　　　　月　　　回	□（　　　　　　　　　　　　　　）月　　回
□ガイドヘルパー　　　　　　　　　　月　　　回	
□身障／補装具・日常生活用具（　　　　　　　）	

直近の入所・入院	□介護老人福祉施設 □介護老人保健施設 □介護医療院（介護療養型医療施設） □認知症対応型共同生活介護適用施設（グループホーム） □特定施設入居者生活介護適用施設（ケアハウス等）	□医療機関（医療保険適用療養病床） □医療機関（療養病床以外） □その他の施設	施設・機関名＿＿＿＿＿ 所在地　〒 ＿＿＿＿＿＿＿＿＿ ☎

制度利用状況	年金〔□老齢関係→（　　　　　　） 　　□障害関係→（　　　　　　） 　　□遺族・寡婦→（　　　　　　） □恩給 □特別障害者手当 □生活保護 □生活福祉資金貸付 □高齢者住宅整備資金貸付 □日常生活自立支援事業 □成年後見制度⇒　□成年後見　□保佐　□補助 　　　　　　　　　成年後見人等（　　　　　）	健康保険〔□国保　　　　□協会けんぽ（旧・政管健保） 　　　　□組合健保　　□日雇い 　　　　□国公共済　　□地方共済 　　　　□私立学校共済　□船員 　　　　□後期高齢者医療 □労災保険→（　　　　　　　　　　　） その他〔□（　　　　　　　　　　　　） 　　　　□（　　　　　　　　　　　　） 　　　　□（　　　　　　　　　　　　）

４　住居等の状況

□1戸建て　　　　　　　□集合住宅 賃貸・所有・社宅等・公営住宅・その他（　　　　　　　）	家屋（居室を含む）見取図　　※段差には▲を記入

居室等の状況	ア．□専用居室あり　　□専用居室なし イ．□1階　□2階　□その他（　　）階⇒エレベーター□有□無 ウ．□布団　□ベッド⇒□固定式　□ギャッチ　□電動 　　　　　　□その他（　　　　　　　　　　） エ．陽あたり　□良　□普通　□悪 オ．暖房　□あり　□なし　カ．冷房　□あり　□なし

トイレ	ア．□和式　　□洋式 　　□その他（　　　　　） イ．手すり　□あり　□なし ウ．トイレまでの段差　□あり　□なし	移動手段	室外	福祉機器 □使用している　□使用していない ↓使用している場合 □車いす　　□電動車いす □杖　　　　□歩行器 □その他（　　　　　）
浴室	ア．□自宅にあり　　□自宅になし イ．手すり　□あり　□なし ウ．浴室までの段差　□あり　□なし		室内	福祉機器 □使用している　□使用していない ↓使用している場合 □車いす　　□電動車いす □杖　　　　□歩行器 □その他（　　　　　）

諸設備	調理器具	□ガス　□IH	暖房器具	□ガス　□電気　□灯油　□その他（　　　　）

【周辺環境・立地環境・その他住居に関する特記事項】

〔全社協・在宅版ケアプラン作成方法検討委員会作成〕

5 本人の健康状態・受診等の状況

既往歴・現症（必要に応じ「主治医意見書」を転記）	障害等の部位

※要介護状態に関係がある既往歴および現症

障害等の部位

（正面）　　（背面）

△障害部位
×欠損部位
●褥瘡部位

身　長		cm	体　重		kg
歯の状況	□歯あり　　□歯なし　　□総入れ歯　　□局部義歯 ⇨6-②生活機能（食事・排泄等）				

【特記事項】（病気やけが、障害等に関わる事項。改善の可能性等）

主治医からの指導・助言事項。視力障害、聴力障害、麻痺、関節の動き、褥瘡、その他皮膚疾患（以上要介護認定項目）、外傷、内部障害、言語障害、動悸・息切れ、便秘、尿失禁、便失禁、摂食嚥下障害、口腔（炎症・痛み・出血・口臭・虫歯・不良義歯等）に留意のこと。

現在の受診状況（歯科含む）

病　名				
薬の有無	□有　　□無	□有　　□無	□有　　□無	□有　　□無
受診状況	発症時期 ※主治医意見書を参考に記入				
	受診頻度	□定期（週・月　　回） □不定期	□定期（週・月　回） □不定期	□定期（週・月　回） □不定期	□定期（週・月　　回） □不定期
	受診状況	□通院　　□往診	□通院　　□往診	□通院　　□往診	□通院　　□往診
受診病院	医療機関				
	診療科				
	主治医				
	連絡先	☎	☎	☎	☎
受診方法 留意点等					

往診可能な医療機関	□無　□有（　　　　　　　　　　　　　　　　　　　　　　）☎
緊急入院できる医療機関	□無　□有（　　　　　　　　　　　　　　　　　　　　　　）☎
相談、処方を受けている薬局 （かかりつけ薬局）	□無　□有（　　　　　　　　　　　　　　　　　　　　　　）☎

【特記、生活上配慮すべき課題など】

〔全社協・在宅版ケアプラン作成方法検討委員会作成〕

6 本人の基本動作等の状況と援助内容の詳細

●6-①基本(身体機能・起居)動作

	項目		選択肢
要介護認定項目	1-1 麻痺等(複数可)	1	2 3 4 5 6
	1-2 拘縮(複数可)	1	2 3 4 5
	1-3 寝返り	1	2 3
	1-4 起き上がり	1	2 3
	1-5 座位保持	1	2 3 4
	1-6 両足での立位保持	1	2 3
	1-7 歩行	1	2 3
	1-8 立ち上がり	1	2 3
	1-9 片足での立位保持	1	2 3
	1-10 洗身	1	2 3 4
	1-11 つめ切り	1	2 3
	1-12 視力	1	2 3 4 5
	1-13 聴力	1	2 3 4 5
	1-14 関節の動き(複数可)	1	2 3 4 5 6 7

現在、家族が実施している場合は○
時々実施の場合は△

現在、在宅サービス等で実施している場合○

本人・家族がサービス実施を希望する場合○

要援助と判断される場合に✓
計画した場合に○(確認)

体位変換・起居

6-①1-1、1-2関係	援助の現状		希望	要援助→計画
	家族実施	サービス実施		
1)体位変換介助				
2)起居介助				

リハビリの必要性
- □あり→P9
- □なし

6-①基本(身体機能・起居)動作(1-10、1-12、1-13は別記)

【特記、解決すべき課題など】

入浴

6-①1-10関係	援助の現状		希望	要援助→計画
	家族実施	サービス実施		
1)準備・後始末				
2)移乗移動介助				
3)洗身介助				
4)洗髪介助				
5)清拭・部分浴				
6)褥瘡・皮膚疾患の対応				

2)移乗移動介助

現状	計画
□見守りのみ	□見守り必要
□介助あり	□介助必要

3)洗身介助

現状	計画
□見守りのみ	□見守り必要
□介助あり	□介助必要

【特記、解決すべき課題など】

<コミュニケーションの状況・方法(6-①1-12、1-13関係)>

ア.視聴覚
　□眼鏡使用　□コンタクト使用　□補聴器使用

イ.電話
　□あり　□なし

ウ.言語障害
　□あり(　　　　　　)　□なし

エ.コミュニケーション支援機器の使用
　□あり(　　　　　　)　□なし

【特記、解決すべき課題など】

〔全社協・在宅版ケアプラン作成方法検討委員会作成〕

6-②生活機能（食事・排泄等）

要介護認定項目	2-1	移乗	1	2	3	4
	2-2	移動	1	2	3	4
	2-3	えん下	1	2	3	
	2-4	食事摂取	1	2	3	4
	2-5	排尿	1	2	3	4
	2-6	排便	1	2	3	4
	2-7	口腔清潔	1	2	3	
	2-8	洗顔	1	2	3	
	2-9	整髪	1	2	3	
	2-10	上衣の着脱	1	2	3	4
	2-11	ズボン等の着脱	1	2	3	4
	2-12	外出頻度	1	2	3	
	2-13	飲水摂取	1	2	3	4

食事

6-②2-1～2-4関係	援助の現状 家族実施	サービス実施	希望	要援助→計画
1)移乗介助				
2)移動介助				
3)摂取介助				

【特記、解決すべき課題など】

主食

現　状	計　画
□普通食	□普通食
□粥食	□粥食
□経口栄養	□経口栄養
□経管栄養	□経管栄養
□その他	□その他
（　　　　）	（　　　　）

副食

現　状	計　画
□普通食	□普通食
□刻み食	□刻み食
□ミキサー食	□ミキサー食
□その他	□その他
（　　　）	（　　　）

摂取介助

現　状	計　画
□見守りのみ	□見守り必要
□介助あり	□介助必要

排泄等

6-②2-5～2-11関係	援助の現状 家族実施	サービス実施	希望	要援助→計画
1)準備・後始末				
2)移乗移動介助				
3)排尿介助				
4)排便介助				
5)口腔清潔介助				
6)洗面介助				
7)整容介助				
8)更衣介助				

【特記、解決すべき課題など】

排尿介助（2-5）

現　状	計　画
□見守りのみ	□見守り必要
□介助あり	□介助必要
□トイレ	□トイレ
□ポータブルトイレ	□ポータブルトイレ
□尿収器	□尿収器
□導尿	□導尿
□おむつ	□おむつ

排便介助（2-6）

現　状	計　画
□見守りのみ	□見守り必要
□介助あり	□介助必要
□トイレ	□トイレ
□ポータブルトイレ	□ポータブルトイレ
□差し込み便器	□差し込み便器
□おむつ	□おむつ
□摘便	□摘便
□浣腸	□浣腸
□人工肛門	□人工肛門

外出

6-②2-12関係	援助の現状 家族実施	サービス実施	希望	要援助→計画
1)移送・外出介助				

【特記、解決すべき課題など】

＜その他食事の現状（6-②2-4関係）＞

ア．食事場所　□食堂　□居室ベッド上
　　　　□布団上　□その他居室内
　　　　□その他（　　　　　　）
イ．食堂までの段差　□あり　□なし
ウ．咀嚼の状況　□問題なし　□問題あり
　　→　□噛みにくい　□時々噛みにくい
　　　　□とても噛みにくい
エ．食事の内容
　　□一般食　□糖尿食　　Kカロ
　　□高血圧食　　g　□抗潰瘍食
　　□その他（　　　　　　　　　）

＜その他排泄の状況（6-②2-5、2-6関係）＞

ア．尿意
　　□ある　□ときどきある　□ない
イ．便意
　　□ある　□ときどきある　□ない

〔全社協・在宅版ケアプラン作成方法検討委員会作成〕

6- ③認知機能

要介護認定項目	3-1	意思の伝達	1	2	3	4
	3-2	毎日の日課を理解する	1	2		
	3-3	生年月日や年齢を答える	1	2		
	3-4	面接調査の直前記憶	1	2		
	3-5	自分の名前を答える	1	2		
	3-6	今の季節を理解する	1	2		
	3-7	自分のいる場所を答える	1	2		
	3-8	徘徊	1	2	3	
	3-9	外出すると戻れない（迷子）	1	2	3	
	3-10	介護者の発言への反応	1	2	3	

●6- ④精神・行動障害

要介護認定項目	4-1	被害妄想（物を盗られたなど）	1	2	3
	4-2	作話をする	1	2	3
	4-3	感情が不安定になる	1	2	3
	4-4	昼夜の逆転	1	2	3
	4-5	しつこく同じ話をする	1	2	3
	4-6	大声を出す	1	2	3
	4-7	介護に抵抗する	1	2	3
	4-8	落ち着きがない（「家に帰る」等）	1	2	3
	4-9	外に出たがり目が離せない	1	2	3
	4-10	ものを集める、無断でもってくる	1	2	3
	4-11	物を壊す、衣類を破く	1	2	3
	4-12	ひどい物忘れ	1	2	3
	4-13	独り言や独り笑い	1	2	3
	4-14	自分勝手な行動	1	2	3
	4-15	話がまとまらない、会話にならない	1	2	3
	4-16	幻視・幻聴	1	2	3
	4-17	暴言・暴力	1	2	3
	4-18	目的なく動き回る	1	2	3
	4-19	火の始末・管理	1	2	3
	4-20	不潔行為	1	2	3
	4-21	異食行動	1	2	3

6- ③認知機能、6- ④精神・行動障害　全般

家族等からの情報と観察

援助の現状　　（家族）　　（サービス）

援助の希望（本人）

援助の希望（家族）

援助の計画

【特記、解決すべき課題など】

〔全社協・在宅版ケアプラン作成方法検討委員会作成〕

●6-⑤社会生活（への適応）力

要介護認定項目	5-1	薬の内服	1	2 3	→ 6-⑥医療・健康関係へ
	5-2	金銭の管理	1	2 3	
	5-3	日常の意思決定	1	2 3 4	
	5-4	集団への不適応	1	2 3	
	5-5	買い物	1	2 3 4	
	5-6	簡単な調理	1	2 3 4	
	5-7	電話の利用	1	2 3	
	5-8	日中の活動(生活)状況等	1	2 3	
	5-9	家族・居住環境、社会参加の状況などの変化	1	2	

6-⑤5-2、5-5〜5-6関係	援助の現状		希望	要援助→計画
	家族実施	サービス実施		
1) 金銭管理				
2) 買い物				
3) 調理				
4) 準備・後始末				

6-⑤5-7〜5-8関係	援助の現状		希望	要援助→計画
	家族実施	サービス実施		
1) 定期的な相談・助言				
2) 各種書類作成代行				
3) 余暇活動支援				
4) 移送・外出介助				
5) 代読・代筆				
6) 話し相手				
7) 安否確認				
8) 緊急連絡手段の確保				
9) 家族連絡の確保				
10) 社会活動への支援				

＜社会活動の状況（6-⑤5-8、5-9関係）＞

ア．家族等近親者との交流
　　□あり（　　　　　　　　　）　□なし

イ．地域近隣との交流
　　□あり（　　　　　　　　　）　□なし

ウ．友人知人との交流
　　□あり（　　　　　　　　　）　□なし

緊急連絡・見守りの方法	

【特記、解決すべき課題など】

〔全社協・在宅版ケアプラン作成方法検討委員会作成〕

●6-⑥医療・健康関係

※計画をする際には主治医の意見を求める場合あり

要介護認定項目	処置内容	
	1. 点滴の管理	
	2. 中心静脈栄養	
	3. 透析	
	4. ストーマ（人工肛門）の処置	
	5. 酸素療法	
	6. レスピレーター（人工呼吸器）	
	7. 気管切開の処置	
	8. 疼痛の看護	
	9. 経管栄養	
	特別な対応	10. モニター測定（血圧、心拍、酸素飽和度等）
		11. じょくそうの処置
		12. カテーテル（コンドームカテーテル、留置カテーテル、ウロストーマ等）

	援助の現状		希望	要援助→計画
	家族実施	サービス実施		
1）測定・観察				
2）薬剤の管理				
3）薬剤の使用				
4）受診・検査介助				
5）リハビリテーション				
6）医療処置の管理				

【特記、生活上配慮すべき課題など】

現状	計画	具体的内容
□	□	バイタルサインのチェック
□	□	定期的な病状観察
□	□	内服薬
□	□	坐薬（緩下剤、解熱剤等）
□	□	眼・耳・鼻等の外用薬の使用等
□	□	温・冷あん法、湿布貼付等
□	□	注射
□	□	吸引
□	□	吸入
□	□	自己注射（インスリン療法）
□	□	経管栄養法
□	□	中心静脈栄養法
□	□	酸素療法
□	□	人工呼吸療法
□	□	気管カニューレ管理
□	□	自己導尿
□	□	自己腹膜灌流
□	□	膀胱留置カテーテル管理
□	□	人工肛門・人工膀胱管理
□	□	疼痛管理
□	□	褥瘡管理

介護に関する医師の意見（「主治医意見書」を転記）

（1）移動

屋外歩行	□自立	□介助があればしている	□していない
車いすの使用	□用いていない	□主に自分で操作している	□主に他人が操作している
歩行補助具・装具の使用（複数選択可）	□用いていない	□屋外で使用	□屋内で使用

（2）栄養・食生活

食事行為　　□自立ないし何とか自分で食べられる　　□全面介助

現在の栄養状態　　□良好　　□不良

→　栄養・食生活上の留意点（　　　　　　　　　　　　　　　　　　　　　　　　　　　）

（3）現在あるかまたは今後発生の可能性の高い状態とその対処方針

□尿失禁　□転倒・骨折　□移動能力の低下　□褥瘡　□心肺機能の低下　□閉じこもり　□意欲低下　□徘徊

□低栄養　□摂食・嚥下機能低下　□脱水　□易感染性　□がん等による疼痛　□その他（　　　　　　　）

→　対処方針（　　　　　　　　　　　　　　　　　　　　　　　　　　　　　　　　　　　）

（4）サービス利用による生活機能の維持・改善の見通し

□期待できる　　　　　□期待できない　　　　　□不明

（5）医学的管理の必要性（特に必要性の高いものには下線を引いて下さい。予防給付により提供されるサービスを含みます。）

□訪問診療　　　　　　　　　□訪問看護　　　　　　　□訪問歯科診療　　　　□訪問薬剤管理指導
□訪問リハビリテーション　　□短期入所療養介護　　　□訪問歯科衛生指導　　□訪問栄養食事指導
□通所リハビリテーション　　□老人保健施設　　　　　□介護医療院　　　　　□その他の医療系サービス（　　　　　　）
□特記すべき項目なし

（6）サービス提供時における医学的観点からの留意事項（該当するものを選択するとともに、具体的に記載）

□血圧（　　　　　　　　　　）　□摂食（　　　　　　　　　　）　□嚥下（　　　　　　　　　　）
□移動（　　　　　　　　　　）　□運動（　　　　　　　　　　）　□その他（　　　　　　　　　　）
□特記すべき項目なし

（7）感染症の有無（有の場合は具体的に記入して下さい。）

□無　　□有（　　　　　　　　　　　　　　　）　　　□不明

〔全社協・在宅版ケアプラン作成方法検討委員会作成〕

7 全体のまとめ

（記入欄・罫線のみ）

災害時の対応の必要性について ⇒有の場合	必要性の有無	有　　　無	個別避難計画策定の有無	有　策定中　無

災害時の連絡先 （家族以外／民生委員等）	(氏名)＿＿＿＿＿＿＿＿＿＿＿＿＿＿（本人との関係） TEL.　　　　　　　　　FAX. メール
備考	

権利擁護に関する対応の必要性について ⇒有の場合	必要性の有無	有　　　無

備考	

■1日のスケジュール

本人の生活リズム	①本人が自分でしていること ②したいと思っていること (興味、関心)	援助の現状		要援助と判断される場合に✓計画した場合に○(確認)
		家族実施	サービス実施	

(時刻の目盛り)

(深夜) 0 1 2 3 4 5

(早朝) 6 7 8

(午前) 9 10 11

12 13

(午後) 14 15 16 17

18

(夜間) 19 20 21

22

(深夜) 23 24

◎:排便　　△:食事　　□:起床

○:排尿　　☆:入浴　　■:就寝

〔全社協・在宅版ケアプラン作成方法検討委員会作成〕

居宅サービス計画書（1）

作成 ・ 紹介 ・ 継続　　認定済 ・ 申請中

作成　　年　　月　　日　　第1表

利用者名　　　　　　　　　殿　　生年月日　　　　年　　月　　日　　住所

居宅サービス計画作成者氏名

居宅介護支援事業者・事業所名及び所在地

居宅サービス計画作成（変更）日　　年　　月　　日　　初回居宅サービス計画作成日　　年　　月　　日

認定日　　年　　月　　日　　認定の有効期間　　年　　月　　日　～　　年　　月　　日

要介護状態区分	要介護1 ・ 要介護2 ・ 要介護3 ・ 要介護4 ・ 要介護5
利用者及び家族の生活に対する意向を踏まえた課題分析の結果	
介護認定審査会の意見及びサービスの種類の指定	
総合的な援助の方針	
生活援助中心型の算定理由	1. 一人暮らし　　2. 家族等が障害、疾病等　　3. その他（　　　　　）

-12-

居宅サービス計画書（2）

第2表

作成　　年　　月　　日

利用者名 ＿＿＿＿＿＿ 殿

生活全般の解決すべき課題（ニーズ）	目標				援助内容					
	長期目標	(期間)	短期目標	(期間)	サービス内容	※1	サービス種別	※2	頻度	期間

※1「保険給付対象か否かの区分」について、保険給付対象のサービスについては○印を付す。
※2「当該サービス提供を行う事業所」について記入する。

-13-

週間サービス計画表

作成　年　月　日　　第3表

利用者名　　　　　　　　殿

	月	火	水	木	金	土	日	主な日常生活上の活動
0:00 深夜								
2:00								
4:00								
6:00 早朝								
8:00 午前								
10:00								
12:00								
14:00 午後								
16:00								
18:00								
20:00 夜間								
22:00								
24:00 深夜								

週単位以外のサービス	

—14—

サービス担当者会議の要点 　第4表

作成　　年　　月　　日

居宅サービス計画作成者（担当者）氏名

利用者名　　　　　　　殿

開催日	年　月　日	開催場所		開催時間		開催回数	

会議出席者	所　属（職種）	氏　　名	所　属（職種）	氏　　名	所　属（職種）	氏　　名
利用者・家族の出席 本人：〔　〕 家族：〔　〕 （続柄：　　）						
※備考						
検討した項目						
検 討 内 容						
結　　論						
残された課題 （次回の開催時期）						

—15—

居宅介護支援経過

作成　年　月　日

利用者名　　　　　　　殿　　　居宅サービス計画作成者氏名

年　月　日	項　　目	内　　　　容	年　月　日	項　　目	内　　　　容

サービス利用票（兼居宅（介護予防）サービス計画）

第6表

作成　年　月　日

年　月分

認定済・申請中

保険者番号		居宅介護支援事業者事業所名			作成年月日	年　月　日	居宅介護支援事業者→利用者
被保険者番号		フリガナ 被保険者氏名		居宅介護支援事業者担当者名	届出年月日	年　月　日	
生年月日 明・大・昭 年 月 日	性別	要介護状態区分　1 2 3 4 5	変更後 要介護状態区分　1 2 3 4 5	変更日　年 月 日	区分支給限度基準額	単位／月	限度額適用期間 年 月から 年 月まで	前月までの短期入所利用日数 日

月間サービス計画及び実績の記録

サービス事業者事業所名	サービス内容	日付	曜日	予定/実績	1	2	3	4	5	6	7	8	9	10	11	12	13	14	15	16	17	18	19	20	21	22	23	24	25	26	27	28	29	30	31	合計回数	サービス内容の詳細

提供時間帯

-17-

サービス利用票別表

作成　年　月　日　第7表

区分支給限度管理・利用者負担計算

事業所名	事業所番号	サービス内容/種類	サービスコード	単位数	割引適用後率%単位数	回数	サービス単位/金額	給付管理単位数	種類支給限度基準を超える単位数	種類支給限度基準内単位数	区分支給限度基準を超える単位数	区分支給限度基準内単位数	単位数単価	費用総額(保険/事業対象分)	給付率(%)	保険/事業費請求額	定額利用者負担単価金額	利用者負担(保険/事業対象分)	利用者負担(全額負担分)
合計													区分支給限度基準額(単位)						

種類別支給限度管理

サービス種類	種類支給限度基準額(単位)	合計単位数	種類支給限度基準を超える単位数	サービス種類	種類支給限度基準額(単位)	合計単位数	種類支給限度基準を超える単位数
				合計			

要介護認定期間中の短期入所利用日数

前月までの利用日数	当月の計画利用日数	累積利用日数

-18-

サービス提供票

認定済・申請中

年　月分

居宅介護支援事業者→利用者

保険者番号		保険者名	居宅介護支援事業者事業所名 担当者名
被保険者番号		フリガナ 被保険者氏名	

生年月日	明・大・昭　　年　月　日	性別

要介護状態区分	1　2　3　4　5	
変更後 要介護状態区分	1　2　3　4　5	
変更日	年　月　日	

区分支給限度基準額	単位／月	限度額適用期間　年　月から　年　月まで

作成年月日	年　月　日
届出年月日	年　月　日
	前月までの短期入所利用日数　　日

月間サービス計画及び実績の記録

サービス事業者事業所名	サービス内容	提供時間帯	日付	曜日	1	2	3	4	5	6	7	8	9	10	11	12	13	14	15	16	17	18	19	20	21	22	23	24	25	26	27	28	29	30	31	合計回数
			予定																																	
			実績																																	
			予定																																	
			実績																																	
			予定																																	
			実績																																	
			予定																																	
			実績																																	
			予定																																	
			実績																																	
			予定																																	
			実績																																	
			予定																																	
			実績																																	
			予定																																	
			実績																																	
			予定																																	
			実績																																	

サービス内容の詳細

サービス提供票別表

区分支給限度管理・利用者負担計算

事業所名	事業所番号	サービス内容/種類	サービスコード	単位数	割引適用後率% 単位数	回数	サービス単位/金額	給付管理単位数	種類支給限度基準を超える単位数	種類支給限度基準内単位数	区分支給限度基準を超える単位数	区分支給限度基準内単位数	単位数単価	費用総額(保険/事業対象分)	給付率(%)	保険/事業費請求額	定額利用者負担単価金額	利用者負担(保険/事業対象分)	利用者負担(全額負担分)
合計																			
区分支給限度基準額(単位)																			

種類別支給限度管理

サービス種類	種類支給限度基準額(単位)	合計単位数	種類支給限度基準を超える単位数	サービス種類	種類支給限度基準額(単位)	合計単位数	種類支給限度基準を超える単位数
				合計			

要介護認定期間中の短期入所利用日数

前月までの利用日数	当月の計画利用日数	累積利用日数

給付管理票

給付管理票（　　　　年　　月分）

<table>
<tr><td colspan="2">保険者番号</td><td colspan="2">保険者名</td></tr>
<tr><td colspan="2"></td><td colspan="2"></td></tr>
<tr><td colspan="2">被保険者番号</td><td colspan="2">被保険者氏名</td></tr>
<tr><td colspan="2"></td><td colspan="2">フリガナ</td></tr>
<tr><td>生年月日</td><td>性別</td><td colspan="2">要支援・要介護状態区分</td></tr>
<tr><td>明・大・昭
　　年　月　日</td><td>男・女</td><td colspan="2">要支援1・2
経過的要介護・要介護1・2・3・4・5</td></tr>
<tr><td colspan="2">居宅サービス・介護予防サービス
支給限度基準額</td><td colspan="2">限度額適用期間</td></tr>
<tr><td colspan="2">単位／月</td><td colspan="2">年　月　～　年　月</td></tr>
</table>

作成区分

1. 居宅介護支援事業者作成
2. 被保険者自己作成
3. 介護予防支援事業者作成

居宅介護／介護予防
支援事業所番号

担当介護支援専門員番号

居宅介護／介護予防
支援事業者の事業所名

支援事業者の
事業所所在地及び連絡先

委託した場合　委託先の支援事業所番号

委託した場合　介護支援専門員番号

居宅サービス・介護予防サービス

サービス事業者の 事業所名	事業所番号 （県番号－事業所番号）	指定／基準該当／ 地域密着型 サービス識別	サービス 種類名	サービス 種類コード	給付計画単位数
		指定・基準該当・ 地域密着			
		指定・基準該当・ 地域密着			
		指定・基準該当・ 地域密着			
		指定・基準該当・ 地域密着			
		指定・基準該当・ 地域密着			
		指定・基準該当・ 地域密着			
		指定・基準該当・ 地域密着			
		指定・基準該当・ 地域密着			
		指定・基準該当・ 地域密着			
		指定・基準該当・ 地域密着			
		指定・基準該当・ 地域密着			
		指定・基準該当・ 地域密着			
		指定・基準該当・ 地域密着			
		指定・基準該当・ 地域密着			
		指定・基準該当・ 地域密着			
		指定・基準該当・ 地域密着			
		指定・基準該当・ 地域密着			
		指定・基準該当・ 地域密着			
		指定・基準該当・ 地域密着			
		指定・基準該当・ 地域密着			
		合計			

■編集協力
　白澤　政和　国際医療福祉大学大学院医療福祉学研究科教授
　福富　昌城　花園大学社会福祉学部教授
　山田　圭子　前橋市地域包括支援センター西部主幹
　白木　裕子　株式会社フジケア取締役社長・事業部長

□事例提供（50音順）
　稲冨　武志　特定医療法人起生会　大原病院
　大池　由旗　一般社団法人玉名郡市医師会居宅介護支援事業所
　尾崎 由美子　華笑クリニック
　永沼　明美　株式会社ハビタット光が丘訪問看護ステーション

居宅サービス計画ガイドライン Ver.3 地域共生社会の実現に向けてのケアプラン作成

発　行　　2023年2月28日　　初版第1刷発行

定　価　　2,420円（本体2,200円＋税10％）
発行者　　笹尾　勝
発行所　　社会福祉法人　全国社会福祉協議会
　　　　　〒100-8980
　　　　　東京都千代田区霞が関3-3-2　新霞が関ビル
　　　　　電話 03-3581-9511　　振替 00160-5-38440

印　刷　　第一資料印刷株式会社

ISBN978-4-7935-1424-1 C2036 ¥2200E